识干家

企業閱讀　學以致用

重新想象组织

彭剑锋　尚艳玲　主编

北京燕山出版社
BEIJING YANSHAN PRESS

图书在版编目（CIP）数据

重新想象组织／彭剑锋，尚艳玲主编．—北京：
北京燕山出版社，2020.10
ISBN 978－7－5402－5818－4

Ⅰ.①重…　Ⅱ.①彭…　②尚…　Ⅲ.①企业管理－组织管理－研究　Ⅳ.①F272.9

中国版本图书馆CIP数据核字（2020）第194542号

书　　名：重新想象组织
作　　者：彭剑锋　尚艳玲
责任编辑：满　懿
出版发行：北京燕山出版社
地　　址：北京市丰台区东铁匠营苇子坑138号C座
邮　　编：100079
网　　址：http://www.bjyspress.com
电　　话：（010）65240430
电子信箱：bjyspress@126.com
印　　刷：河北宝昌佳彩印刷有限公司
经　　销：新华书店
规　　格：170mm×240mm　　16开本　　15印张　　223千字
版　　次：2020年12月第1版　2020年12月第1次印刷
定　　价：88.00元

编委会成员

主　编：彭剑锋　尚艳玲

学术顾问团队（按姓氏笔画排序）

文跃然　包　政　孙健敏　杨　杜　杨伟国　吴春波
张　维　施　炜　黄卫伟

专家作者团队（按姓氏笔画排序）

王祥伍　王智敏　邢　雷　全怀周　孙　波　孙建恒
杨德民　李志华　何　屹　宋杼宸　张小峰　张文锋
张百舸　陈　明　苗兆光　罗　辑　单　敏　朋　震
荆小娟　饶　征　夏惊鸣　高正贤　郭　伟　郭　星
黄健江　彭剑锋　程绍珊

导读

“方向和机会确定后，核心在于组织变革和能力建设。”——彭剑锋

企业不是永动机，组织也不会自动向好的方向发展。恰恰相反，如果没有通过变革推动企业持续进步，企业无法拥有核心能力，就会发展缓慢，甚至停滞不前，组织的自发演变趋势就显得混乱不堪，使企业逐步走向消亡。中国人民大学商学院教授、华为首席管理科学家黄卫伟说：“华为的所有管理努力都是在向组织的自发演变趋势说不!”

企业如何通过组织变革学习新的能力，逐步进化，向组织自发衰亡的趋势说不；通过建设组织结构，不断提升管理能力，积淀组织的核心能力，为战略目标的实现打下坚实的基础，从而找到成长之道，使企业可持续发展？本书给你提供答案。

深耕与创变，进化与守恒，混沌与秩序，沉淀与激活，这些是我们较为推崇的认识论与方法论。从某种意义上说，它们之间的关系既对立，又统一。我们既要将其视为一个整体，又需要在具体操作时一分为二地采取措施并且保持动态平衡。

《华夏基石管理评论》的价值主张是“从方法论到行动力”。所以本精选集系列分为四个篇章：“洞见篇”提升企业管理者的认知能力，

开拓创新思维，以便研判市场环境；“方法篇”是华夏基石从上千家企业咨询案例中提炼出来的底层逻辑与一般原理；“研讨篇”是通过举办研讨会激发创新思维，以民主讨论的方式进行观点碰撞，汇聚集体的智慧；“案例篇”精选标杆企业的优秀实践案例，不仅展示企业的具体操作方法，更重要的是揭示其深层的运作原理——成功实践背后的假设系统与文化内涵。

本书内容主要来自《华夏基石管理评论》杂志2016—2020年原创文章精选，以及华夏基石管理评论公众号编辑文章，同时收录少量华夏基石专家作者团成员发表在其他媒体上的文章。

目录

重新想象组织

第一篇　洞见篇

一、未来的组织管理

文/包　政

德鲁克的观点是企业要使工作者有成就感，要使工作有效率。面对未来，他在《卓有成效的管理者》一书中说："除了工作要有效率外，工作者做工作要有成就感。"怎么能做到这一点？

随着时代的发展，现在企业面临的情况是供需关系发生逆转，这会带来什么后果？这种变化导致的直接后果是生产领域不再是竞争的强有力武器，而是逐步向两端延伸：一端是商务活动领域（参见拙作《营销的本质》），另一端是研发活动领域。营销和创新才是企业价值创造的职能，生产只是成本。

由此引发一系列变化，知识劳动成为企业管理的主体，互联网时代来临（参见拙作《互联网的本质》《管理随笔》，初稿定名为《互联网创新之我见》《管理者随笔》）。企业管理需要实现从机器系统到知识系统的转变。

（一）营销和创新工作者离开机器如何保障效率

过去是机器系统代替人力，未来是知识系统代替人力，即德鲁克所讲的“以机器代替人力，以知识代替人力”。卓别林在《摩登时代》中所扮演的那个不停拧螺丝的人，在这个岗位上，机器创造了大部分价值，而他无法体现自身的价值。一旦营销和创新工作者离开机器系统，就必须依靠知识系统，使他的工作变得有效率。

企业建立营销系统、销售系统、市场系统后，如果管理者没有运用知识系统来提升员工的工作效率，人均销售收入和人均利润不理想，企业经营就会面临困境。企业管理者必须依靠知识系统使每个工作者在工作中获得成就感，激发其工作的热情，提高其工作效率。

如何建立知识系统？互联网给大家带来的不只是共享单车、共享汽车、共享房子，更重要的是共享人的智慧。Facebook 很好地印证了这一点。华为不是一家互联网企业，但是其管理者看到了未来的发展趋势，投入大量的资源，依据互联网技术实现企业内部的平台化共享。

过去的机器系统只是让工人在每道工序按照要求操作，工人沦为劳动创造的附属品。在那个时代，劳动分工的实质就是分解每道工序，操作人员之间的关系只是工序之间的关系，所以分工之后的一体化是依靠机器来实现的，是技术经济的一体化。现在，营销和创新工作者一旦离开机器系统，如何保证效率？这就要求企业管理者必须构建知识系统，以实现这一目标。

（二）构建知识系统依赖每个知识工作者的贡献

一直以来，我们对知识工作者的概念认知存在偏差。从现代管理视角来看，不应该将劳动简单地分为体力劳动和脑力劳动。按照中国著名围棋职业棋手聂卫平的说法，下围棋是一项重体力劳动。由此可见，下围棋既是脑力劳动，也是体力劳动。同时，个人从事体力劳动的时候也不可能不动脑筋。德鲁克也说过，现在很多工人都是知识劳动者。所以，我们需要明确知识工作者的概念是什么。

从现代管理的视角来说，要把劳动者区分为“做物品的劳动者”和“做事情的劳动者”。如果你是“做物品的劳动者”，就可以依靠机器系统继续发挥长处；如果你是“做事情的劳动者”，一定要依靠知识系统来提高工作效率。

构建知识系统并不依赖于效率工程师，或者是传统意义上的经理人，而是依赖于每一个知识工作者的天赋、创造性和主动性，以及他们创造知识和贡献知识的意愿。这是成功构建知识系统的关键所在。

（三）企业的组织原则：社会心理一体化

我在《企业的本质》这本书的第二章中谈到企业的宗旨是“三喜欢原则”，这是我们在研究怎么写《华为基本法》的过程中学习到的。本田技术研究所的本田宗一郎和本田的创业者藤泽武夫交流如何实现企业永续经营。他们讨论了很久也没有理出头绪，因为企业是否能够永续经营具有不可预测性。于是，他们采用逆向思维的方式思考企业在什么情况下会倒闭。他们认为一家企业倒闭首先会出现现金流断裂的情况。现金流断裂不是本质，比它更关键的是产品出现质量问题。产品出现质量问题也不是本质，最根本的在于人，比如是谁设计了摩托车，谁来经营摩托车生意？如果是人出现问题，制造的东西也会出现问题。最后他们发现管理者必须通过建立良好的理念，吸引优秀的人才为企业发展贡献力量，所以他们为企业确定“喜悦”的经营原则。到现在，该企业的宗旨还是让消费者喜悦，让经销商喜悦，让员工喜悦。

中国人从古至今遵循一条基本原则——“成人达己”，己欲利先利人，己欲达先达人，这与本田汽车的“三喜欢原则”类似。但是现在的企业管理者或许没有意识到这一点，或者是意识到了而没有做到。我们以华为为例子进行说明，方便大家理解。华为对“以顾客为导向”的注解是“要在通信领域实现顾客的梦想，依靠点点滴滴锲而不舍的努力使华为成为世界级公司”。这样的表述存在偏差，如果我们把这句话修改为“依靠点点滴滴锲而不舍的努力实现顾客的梦想”，就能够很好地体现华为“顾客至上”的企业原则。

我们再来看华为现在的员工守则是怎么写的，“认真负责、管理有效的员工队伍是企业的财富……尊重每个人的个性，不迁就有功而落后的员工”，我认为这句话欠妥。在制定《华为基本法》时，我从德鲁克的书上摘录的是“认真负责的员工队伍是企业财富的源泉”。员工是创造财富的源泉，而不是资源。我认为这句话最欠妥的地方是加入了“管理有效”四个字。不能把“管理”加入《华为基本法》。管理是企业的职能，如果承认员工是财富的源泉，就要讲企业跟员工是什么关系。

稻盛和夫讲得很清楚，企业永远是员工生活的保障。这不是雇佣关系，而是心灵的归属，是做人的尊严。这样才能够从根本上唤醒全体员工的良知，使他们协同工作，为顾客做贡献。社会心理一体化不是管理的任务，企业在建立管理系统的时候在组织层面上一定要确立相应的原则，梳理清楚员工跟公司之间的关系。

很多人说我过于理想化。如果我们没有理想，为什么到这里开会？如果我们不知道什么是正确的，在这里开会有什么意义？当你知道什么是正确的，但是没有能力做到的时候；理想和现实背离，没关系，困难是暂时的。我们要创新企业制度，从根本上唤醒全体员工的良知，使其愿意贡献自己的知识，发挥主动性、创造性和天赋，助力企业发展。只有具备这些条件才能构建知识系统，否则一切都是空谈。

现在企业界流行一句话：“管理是赋能。”其实，在目前这种管理层面上，管理无法为员工赋能，如果是行政化管理体系，所谓的管理就是让员工完成 KPI（关键绩效指标考核），赋能无从谈起。

（四）制度创新在于企业层面，而非管理层面

资本主义的生产方式是建立在一定历史条件和社会制度形态上的，现在的企业应该植入人本主义的生产方式，以此唤醒全体员工的良知，使其愿意为组织一体化贡献自己的才能，让大家能够共享知识。我们现在依然处在现代企业制度的条件下，但是我们必须学会自主创新，实现企业层面上的创新，以便适应未来的发展变化。

企业是处于分工基础上的组织，管理者要建立有效的分工一体化关系体系，使每个人在社会心理层面上相互依存、相互作用，以顾客为导向，满足市场需求，谋求长期存在的价值。制度上的创新一定是在企业层面上，而非管理层面上，否则管理无法为员工赋能。

明茨伯格说过："高端人士的头脑中往往有两套观念相左的体系，以便使其有效地了解过去，把握未来，处理好当下的事情。"如果企业管理者不具备前瞻性，就很容易遭遇困境。

（五）将行政体系变成管理体系

在此，我给大家推荐一本书——《梅奥的本质》。这本书的主要内容是讲述梅奥兄弟如何把一个基于产权的行政体系变成管理体系的。

具有诊所性质的医疗机构如何进行公司化运作？19 世纪，美国的梅奥兄弟发现很多知名医生不愿意与他人分享自己积累的知识和经验。他们认为自己应该做出表率，于是他们就把自己名下的所有资产都捐献出来，成立梅奥产业协会。在这个协会当中有 12 个信托人，他们负责管理资产并使其增值，然后把增值的部分用于追加投资，扩大生产规模。同时设立监管机构，避免信托人以权谋私，或者是把自己管理的资产据为己有。

到今天，梅奥产业协会已经拥有 150 年的历史，全世界医药行业的优秀者都在学习梅奥兄弟的做法，为百姓谋福利。梅奥产业协会所在地罗切斯特镇，从一个当年只有 10 万人的小镇一跃成为全世界医药行业从业者心目中的圣地。如今，梅奥产业协会已经成为美国首屈一指的公司化运作医药企业。那么，梅奥产业协会是如何建立起基于人本主义的管理体系的？其具体做法是所有医生把他们积累的经验贡献出来，形成一个系统，在这个系统中衍生出新药开发等功能，医生们会研究新的治疗方案，形成医务人员照顾不同年龄层次患者的知识体系。梅奥产业协会的做法值得所有企业学习。

另外，企业还需要运用市场法则和管理法则，使自身顺利地从行政体系过渡到管理体系。未来，企业将通过互联网以积分的方式实现数字化协调，把每一位员工为企业所做的贡献都通过积分的方式记录下来，由此形成企业和个人共享的产权，解决人类社会实现工业化进程以来长期面临的一个难题——如何让每个人组成劳动的共同体，共同参与劳动，共同占有生产资料？

西方社会解决了资产的人格化问题。而在互联网时代，我们将有机会在解决资产人格化的基础上，实现共同劳动、共同占有生产资料的愿景。

二、组织变革的基点与主流范式

文/彭剑锋

在不确定时代，**企业的变革与创新不仅是战略的转型升级，产品与技术的创新，商业模式的创新；更深层次的变革与创新是组织模式、组织运行机制的创新**。没有组织的变革与创新支撑的企业战略转型与升级难以实现。一些企业往往做出新的战略选择，但由于组织不跟进，新的事业没有新的组织与机制支撑，新事业、新业务难以发育，组织与机制滞后，人才不给力，无法及时配置战略性资源，企业战略无法落地，新的业务增长目标难以达成。那么，组织应该朝着什么方向变革？应该围绕什么变革？变革的路径与基本范式是什么？我们从以下方面对这些问题加以阐述。

（一）组织变革要围绕四大维度展开

企业应该围绕什么来进行组织变革？变革的方向是什么？这是企业进行组织变革和组织设计必须思考的一个命题。我认为一个企业的组织要围绕四个维度变革，这是我们思考组织如何变革的基点。

（1）组织要围绕战略变革，围绕增长变革。战略决定并引领组织发展的方向。战略方向在哪里，组织变革的方向就在哪里；战略性业务在哪里增长，组织能力就在哪里驻扎。

首先，组织变革要围绕战略和业务增长进行，这是毫无疑问的。企业进行组织变革，管理者需要具备支撑企业的战略转型与业务增长的增量思维。战略决定组织发展的方向，组织支撑战略和业务的发展，这一点没有发生改变。整个组织，不管是总部还是分公司、事业业务群，都要围绕着有利于战略目标的实现及业务的增长进行结构设计，企业管理者战略思维的变化会引导组织发生变化。比如战略思维正从非对称性转变为对称性和非对称性交织运用，这种转变对组织提出动态配置资源、动态混序的要求。

其次，要考虑商业模式，战略涉及商业模式，不同的商业模式对组织会提出不同的职能要求。

最后，不同的战略成长机遇期、不同的战略发展期，企业的组织模式选择和组织结构是不一样的。

此外，企业战略还包括核心能力的发育，需要通过组织和人才的优先发展来培育企业的核心能力。对于成熟的业务，企业要优化组织，简化组织结构，因岗设人，减人增效，提高人均效能；对于高成长性业务，企业要扩张组织，因人设岗，增人冲量抢地盘；对于具有发展前景的业务，企业要预设组织，运用创新思维开拓业务范围。

（2）组织要围绕客户变革，围绕客户价值变革。未来的组织一定是围绕着客户的价值与市场的反应速度进行变革，使组织更简单、更敏捷、更灵活，以快速响应客户需求。顾客在哪里，组织的“触角”边界就在哪里。企业应该着力提升客户价值创造能力，使得整个组织围绕市场反应速度进行变革，这是基本出发点。打造客户化的组织，其核心任务就是围绕客户价值，让整个组织贴近客户需求，贴近市场要求，提高市场反应速度。很多企业在探索“组织平台化 + 小微组织”的发展模式。建立“小微组织”其实是为了服务于业务，实际上就是把组织越拆越小。但是职能部门因为既要服务于业务，也要服务于总部，所以它需要集中化、平台化。企业探索“平台化 + 小微组织”的发展模式是为了提高组织整体的客户价值创新协同能力，提高组织内部的资源共享与协同价值，只有这样才能产生价值。企业无论是平台化还是设立小微组织，其实都是围绕着提高组织对客户价值创造的能力而变革，以便提高企业对客户需求变化的响应速度。从组织内部来说，组织价值很重要的一点是围绕效率来进行，所以组织的设计要跟业务流程结合在一起。效率的来源是什么？效率主要包括两个方面，一个是资源共享效率，另一个是流程协同效率。过去是基于分工来提高效率，现在通过协同作业提高效率。组织内部如何提高资源共享效率和流程协同效率，这是组织围绕客户价值进行变革所要考虑的问题。

总结一下，围绕着客户价值进行组织变革，一要提高客户价值创造的能力；二要提高组织对客户需求的反应速度；三要提高内部协同与资源共享的价值。此外，我认为还有很重要的一点是要提高对风险的把控能力，即提升组织风险控制的价值。组织变革不是简单的组织结构变化，而是对组织重新进行定位。哪些机构应该进行风险控制，哪些机构应该提供专业化服务，哪些属于资源共享，哪些属于内部协同，这是设计组织结构时需要把握的原则。围绕客户价值进行变革，这是组织变革的第二轴线。

（3）组织要围绕人才变革，围绕人的价值创造活力与效能变革。现在的普遍趋势是提高人的价值创造活力，提升人的价值效能，围绕着激活个体价值创造活力和价值创造能力而进行组织变革。按照张瑞敏的说法，海尔的管理变革就是围绕着“人是目的，不是工具”而进行。工业文明时代，组织是机器，人是资源，人就像机器上的齿轮，被精准匹配到组织结构图中的岗位上，被当成工具使用。工作在金字塔底层的员工深感工作乏味，没有工作激情，或者是感受不到工作的意义。人工智能时代，组织是一个有智慧的有机系统，是一个不断与外部产生交互作用的开放式生态系统，组织的活力来自于每一个个体的要求，来自于客户的需求，组织不需要通过命令的方式发出指令。组织不再是没有灵魂的笨重机器，而是始终充满活力的有机系统。在这种组织中，“人是目的”，人是价值创造的主体，不再是“工作机器”。华为的任正非指出企业只要战略方向正确即可，但组织始终要充满活力。什么样的组织机制能够保证始终充满活力？从企业的实践来看，首先，构建平台，给个体与团队赋能；其次，有效授权、自主管理、自我驱动；最后，组织要“去中心化”，去领导化，自主管理团队中的每个人都可以成为CEO，团队成员一起处理工作任务，共同确定工作方向和要点，分析问题，制订计划，评估业绩，当需要做出决定的时候，团队成员共担责任。值得注意的是，团队成员之间没有严格的上下级区分，也不拥有完全等同的责任、权利和利益，而是基于每一个成员的专业技能、能力优势、兴趣或参与意愿，获得不同的组织资源调配权与话语权。在每一个特定任务与领域都会有一些成员获得更多的资源与话语权，汇报关系从岗位职务头衔（Title）转向角色（Role）汇报，有时老板要向项目组长或成员汇报支持服务与资源准备情况。组织结构去中心化，避免权力过度集中，每个个体的力量汇聚在一起可以产生巨大的能量。

如何围绕人这条主线来进行组织变革，使得个人价值和组织价值保持一致性？这是京东、百度这些网络平台都在探索的组织命题。京东从组织和人力资源管理的角度切入，提出要打造企业“新三角”——文化、组织发展和人，从人力资源的角度来说，就是要打造价值观、组织发展、人才结构“新三角”。在这种视角下，管理者需要思考如何通过变革使组织为人的发展提供平台，支撑企业的业务发展。要围绕人的价值创造活力与效能来进行组织变革，核心要素就是好的机制。对于组织中的人来说，最重要的就是机制，机制就是责、权、利、能的配置。任正非说：“企业可以保持适度混沌，组织的活力最重要！”围绕激发人的价值创造活力，本着尊重人性这一原则，创建一个好的组织机制，使组织中的人始终处于充满活力的状态，创造更多的价值，这是企业组织变革要解决的问题。

（4）组织要围绕技术变革，围绕技术革命与人的关系变革。技术革命推动组织变革，组织模式的创新与组织结构变革往往是由技术革命带来的，以“蒸汽机＋流水线”为代表的工业技术革命催生了科层制组织与垂直的金字塔式组织结构，而数字化、大连接、智能化的技术革命时代则颠覆了传统的组织模式，推翻过去的组织连接方式、沟通方式、劳动协同方式，重构人与组织之间的关系，使平台化组织、自组织、生态化组织及组织的扁平化与网络化倒逼组织变革成为可能。

（二）消费者和人才需求变化倒逼组织变革

在人工智能时代，组织模式发生了怎样的变化？为什么要进行组织变革？为什么要打造客户化组织与创新型组织？这是因为消费者、企业员工的需求发生变化，倒逼组织变革。

1. 消费者需求的四大变化倒逼组织变革

（1）消费升级，新中产阶级崛起，消费者需求层次提高。从吃饱到吃好、吃健康，从产品的使用价值到体验价值，从低质低价到高质优价，消费者需求的变化要求企业具备使命感，有责任担当意识，只有企业拥有一批具有创新意识的高素质人才，保持价值创造活力，才能真正为消费者提供高品质的产品服务。企业不再是单纯地为了盈利而做生意，而是要有使命感，将企业经营作为一项事业来对待。组织不再依靠劳动力的低成本优势盈利，而是要靠创新驱动企业发展。中国经济发展到今天，已经进入一个高品质发展的时代。高品质发展时代的核心是组织更具有使命感，形成内部驱动力，依靠高素质人才创新驱动企业发展，为消费者提供安全、环保、高品质的产品和服务。

（2）消费者代际的差异与消费者需求变化加速。现在的消费主力军大多是“85 后”“95 后”。他们是数字化的原住民，基本是线上、线下两端消费，买东西不再简单地追求品牌、知名度或者是价格低廉，而是追求性价比。他们一般会经过精细对比，才会做出消费选择。要满足消费者的个性化需求，就要求组织管理层级更少，结构更扁平，决策链条更短，责任下沉，权力下放，员工自主性更强，使得组织的“触角”能够延伸到市场终端，接触到消费者，并且影响他们的消费选择。传统组织现在面临的最大问题就是离客户太远，不了解消费者的需求，人才被动工作，造成资源的浪费，无法产生经济效益。所以，如何贴近客户，洞悉客户需求，快速响应客户需求，使得员工从“要我干”转变为“我要干”，这是企业组织转型必须要考虑的问题。

（3）消费者要求对产品服务信息有知情权。现在的“80 后”“90 后”基本上是购物社交化，大家都在同一个社交圈里面，一个人买到好东西，就会在社交圈内与朋友分享。所以，产品的口碑对商品销售的冲击和影响越来越大。消费者要求对产品服务信息具有知情权，他们会在社交圈内分享购物体验，这些都要求组织必须保持开放的姿态，打破组织与员工之间的边界，内部员工和外部客户之间必须要跨界，身份要互换。从某种意义上说，现在的消费者要参与组织研发、生产、销售的整个过程，以获得更高品质的产品和服务。

（4）消费者更加注重消费体验。消费者的心理需求大于实际需求，消费者的价值诉求不再是简单、单一的功能诉求和碎片化的价值诉求，而是一体化的体验价值和整体的价值诉求。所以，场景化体验和参与式购买体验要求组织打破基于严格分工的功能性组织结构。为什么现在越来越强调组织要跨团队、跨职能协同合作？因为组织整合产业资源其实就是要通过组织内部的自主协同机制让消费者增加场景化和参与式购买的体验感，这就要求打造平台化组织。为什么现在要构建组织新的生态圈？因为组织要从过去的垂直结构过渡到构建“平台化 + 自主经营体 + 生态化”的结构，以适应消费者需求的变化。

2. 人才需求的四大变化倒逼组织变革

(1) 人才结构发生变化，知识型员工成为价值创造的主体，拥有更多剩余价值的索取权和话语权。人才一旦变成企业价值创造的主体，至少会发生两种变化：一是对组织的治理提出全新的要求，要参与企业的经营决策；二是对剩余价值的索取。现在，要通过创新人力资本，建立事业合伙机制，实现人力资本和货币资本的相互融合。为什么现在流行事业合伙机制？就是因为知识型员工已经成为企业价值创造的主体，使得人力资本和货币资本之间不再是单一的雇佣关系，而是事业合作伙伴关系。

(2) 个体力量的崛起。自从有了互联网，个体的力量就改变了组织和员工之间的关系。现代企业主要包括三类核心人才：第一类是经营型人才。企业一定要寻找到具有经营意识的人才，尤其是在互联网时代，这类人才对 AI 技术的发展具有很高的敏感性，对未来的趋势有洞见性，可以成为行业内的领军人物。第二类是技术创新型人才。这类人才可以独当一面，一个技术创新型人才可以抵得上 99 个一般人才，我们把这种现象称为“1：99 效应”，一个技术创新型人才既可以引领一个组织，也可以颠覆一个组织。第三类是高潜质人才，这类人才的学习能力、可塑性、执行能力都很强。这三种新型人才在互联网时代能够借助互联网、共享经济而体现个体价值。过去，组织创造的价值大于个人，现在，从某种意义说，个人创造的价值有时候会大于组织。为什么现在要对组织去中心化？其实就是某一个个体的创新可能会创造更大的价值，这时他就自动变成组织中的核心人物。所以，在现代社会，组织的核心不再是确定的。

（3）万物连接创新了人的组织与劳动价值创造方式，创新了人的沟通与组织协同机制。数字化、大连接与人工智能使人的劳动价值创造方式与协同方式发生革命性的变化。为什么现代企业可以实现“平台化+分布式”的作业？就是因为有了互联网、人工智能。

（4）人才需求层次和参与感的提高，人才对自主个性的尊重、机会的提供、赋能与发展空间的需求越来越强烈。现在很多创新型企业提出了“四个更”的口号：一是创造更宽松的环境，让员工能够更加自主地创造价值；二是赋予更激动人心的工作创造意义，现在的“90后”更强调工作的价值和意义，要让员工有使命感，让他们感到自己不只是为了挣钱而工作，从事这项工作具有更重要的意义和价值；三是让员工有更新鲜的创造技能，我们现在所面临的问题是很多员工的技能和知识结构已经不能满足新的商业模式及客户价值的需求，所以，员工的知识结构、技能结构需要跨界融合，才能提高员工的综合能力，这就需要员工学习更多的创造技能；四是要为员工提供更好的工作场景，提升员工的体验感。

3. 组织发展的四大主题

从组织发展的角度来说，有以下四大主题。

（1）让员工快乐地劳动，快乐地奋斗。企业要创造工作场景的积极体验，把员工在工作场所的积极体验和客户消费体验连接起来，这是目前企业最重要的任务。企业要创造的消费场景并不是单一的客户场景，大家一定要注意，要让员工在消费场景里面获得积极的工作体验，把员工的工作体验和客户消费体验连接起来。换句话说，员工的工作体验和客户的消费体验要融为一体，只有这样，才能让客户产生积极的场景体验。所以，如何将员工在工作场景的积极体验与客户的消费体验连接起来，是组织考虑客户场景创新很重要的一个组成部分。这是现在组织发展的主题，组织既要关注客户的消费体验，也要关注员工的工作体验。只有员工在工作场景产生很好的工作体验，才能为客户提供高品质的服务，提升客户的消费体验。

（2）整个组织必须要开放。现代社会要求企业打破过去的科层制组织，建立开放协同的组织。只有这样，才能让员工的思想发生转变，从过去的“让我干”转变为“我要干”。企业要给员工提供一个想干、能干的环境，并激发员工的组织创新活力，让员工想干事、能干事、干成事。要实现这一目标，就必须进行组织变革，使过去封闭的金字塔式的组织转变为开放协同的组织。企业管理者要强调划分责任，建立倒三角形状的组织结构，归根结底，就是要激发人的价值创造活力，提高人的价值创造效能。

(3) 尊重员工，赋能成长。现在的“90后”更强调自我认知，如何将个体与组织的诉求结合起来？这就要求企业借助互联网来实现个体与组织的高效协同，企业管理者要改变过去垂直命令的管理方式，尊重员工，利用自己的领导力影响员工，为员工赋能，促进其成长，为企业创造更大的价值。

(4) 围绕着激活员工的价值创造活力来进行组织变革。激活员工的价值创造活力就是让员工有使命感，通过使命连接、愿景驱动，让员工具备相应的能力。现代社会提出了互联网生态圈的概念，所谓的互联网生态圈，就是互联网发展到一定的程度，趋于成形阶段，线下、线上结合得更加紧密，人们对互联网的依赖程度加深，这使我们的生活开始与互联网几乎完全融合，互联网就起到一个类似生态圈的作用。随着互联网生态圈的影响越来越广泛，企业管理者要让员工相信企业未来的发展愿景，激活员工的价值创造活力，就必须进行组织变革。

(三) 三大技术变化改变组织模式

科学技术发展到今天，人类社会已经进入数字化、大连接与人工智能的时代，随着数字化、大连接、人工智能三大技术的出现，企业的组织模式也相应地发生改变。

1. 数字化

这个时代最大的特点之一是重构人与组织之间的关系。未来，对组织变化影响最大的因素是数字化与数字经济。

从第一次工业革命到第四次工业革命，科学技术进步依靠什么驱动？一定是靠数字驱动。企业通过数字驱动真正实现线上、线下的高度融合。从技术层面说，现在是人工智能技术应用的时代，企业通过数字化的商业场景、智能商业引领组织发展。

数字化时代，中国企业面临的最大问题就是如何通过数字化实现转型，以提高市场竞争力。数字化不仅是一种技术革命，更是一种思维方式、认知方式的革命。所以，企业通过数字化进行转型的时候，最重要的是转变观念。

数字化不是简单的信息化，对企业来说，更重要的是业务活动的数据化，对整个经营管理活动进行数字化转型。数字化转型主要体现在以下六个方面。

（1）建立数字化的战略思维与商业模式，创新思维。

（2）数字化的领导力。

（3）组织跟人的关系的数字化重构。

（4）要构建数字化的运营平台体系。

（5）塑造客户需求连接与数字化的营销模式。

（6）数字化人才管理与人才社区。

数字化是一个系统的转型。从人力资源管理的角度说，最近我们提出要有数字化生存能力，构建数字化的组织与人。其实，未来人们所有的需求也是通过数字化来表达、传递。未来的人才供应链是实现组织战略业务数字化与人才数字化的连接与交互作用。

未来，个人能力的发展体现为数字化的经营与管理意识，数字化的知识体系与任职资格。以人力资源管理为例，数字化应用的工作技能、数字化的沟通与协同能力、数字化的文化与伦理道德行为、数字化的领导力、数字化的人力资源管理平台、数字化的价值创造过程与成果的数字化含量等，对我们来说都是全新的挑战。

为什么说未来企业不需要采用现在的考核方式？就是因为员工在价值创造过程中的所有考核结果都可以通过数字化的方式呈现在管理者面前。人的价值创造过程及成果可以精确到每一个流程节点、每一分钟，企业管理者可以通过数字化分析完成绩效考核。

未来企业经营面临的一定是数字化的工作任务与数字化的人才团队。消费者的需求数字化形成工作任务的数字化，工作任务的数字化形成人才的数字化需求与组合，再形成数字化的工作合作团队，倒逼组织变革。企业过去是先设立目标，对目标进行层层分解，然后建立组织机构，招募人才。现代社会完全颠覆了以往的做法，企业根据消费者需求调整组织结构，形成内部工作任务数字化。所以，未来的人力资源管理是工作任务的数字化分配。这对传统组织模式提出了全新的挑战，涉及组织跟人的关系数字化重构，人与岗位的数字化动态比例，人与人之间沟通协同的数字化，组织共用关系、合作关系的数字化连接。

企业未来会形成数字化工作场景体验与数字化的员工激励，积分制可能会成为一种人才激励的手段。

企业建立人才区块链以后，每一个员工通过创造价值完成任务，就可以通过市场化的交换方式获得一种虚拟货币，这就是我们所讲的价值认同。员工可以使用虚拟货币在企业内部跟其他人进行价值交换。

这会对未来的组织与人力资源管理提出全新的挑战，所以大家看到华为的使命已经发生改变，华为的使命现在是“把数字世界带入每个人、每个家庭、每个组织，构建万物互联的智能世界”。华为的途径就是“技术创新与客户需求双轮驱动，做多联结，撑大管道，使行业数字转型”。华为非常敏感地发出了未来的战略成长点是使行业数字转型，未来的业务增长点就是万物互联、万物感知、万物智能。

腾讯的马化腾也提出未来中国经济创新的新动能是数字经济。

大家可以看到华为在往虚拟的方向发展，腾讯在往线下发展，一个叫“＋互联网”，一个叫“互联网＋”，现在已经成为一种新的发展趋势。

另外，从传统企业来看，韩都衣舍最早在互联网企业里面进行数字化转型。韩都衣舍采取的很重要的一种方式就是创新组织模式。整个组织变成一个划小核算单位的赋能型组织结构。从过去金字塔式的职能结构转换为以客户为中心的自主经营体，形成几百个小组；每个小组独立面对客户，面对市场，设计产品，确立自己的销售任务和销售目标，变成一个个独立核算的经营体。组织变成 12 个平台，为各个小组提供服务，平台跟小组之间的关系就是一种工作任务市场化的交易关系，可以做实体的交易，也可以做虚拟的交易。组织与个体之间不再是一种管控关系，完全是一种赋能的关系。12 个职能部门要快速响应几百个小组的需求，这时候的组织一定是基于数字化的组织，所以，韩都衣舍的经营就是依靠数字化驱动。

我们再来看一下新兴组织的组织结构图。这跟传统的组织结构图不一样，完全是数据驱动。有了数据驱动以后，传统的监督层、中间层、中介层都消失了。人才的价值创造依据两个驱动：一个是消费者数据驱动；另一个是愿景驱动、文化驱动。这就是未来的组织。

最近，传统药企哈药集团提出要构建高效数字化的运营新生态，其实就是要通过数字化运营来打通整个产业价值链，从生产的数字化、产品流向的数字化到物流管理的数字化，从采购数字化到销售市场的数字化，围绕消费者需求来实现数字化转型。数字化不再是单纯的信息的数字化，而是运用多种 IT 技术实现全程采集产品流向的大数据，从产品制造到物流和销售的全程数字化。

企业通过运作大数据来实现决策，形成生态链的互动模式，提高整个企业高效管控的机制，包括产品流向的数字化全连接，供应链的全程数字化。企业只要实现了数字化，组织一定是扁平化的，不再是一个垂直结构，一切是基于数字化来实现组织之间的连接与交互作用。这是数字化时代企业在进行组织变革时必须考虑的问题。

2. 人工智能

随着社会进入人工智能时代，中国可能在顶层设计上跟德国、美国这些发达国家相比还是存在很大差距。但是在应用层面上，因为没有工会和个人隐私权的约束，中国人工智能应用技术呈现出迅速增长的状况。

近几年，中国的人工智能技术发展势头强劲，已经渗透到各类产业中。大家可以看到京东最近两年在推出无人仓储业务，现在叫无人送货，已经在北京加以应用。青岛港推出无人码头，过去需要上万人作业的码头现在已经不需要大量人工作业。2017 年 12 月，上海的洋山港码头成为全球最大的自动化装卸码头。富士康已经全面推进人工智能技术，工厂里基本上没有人工作业。上海也已经出现无人酒店。一些公司还利用人工智能技术推出无人财务业务，以后企业不再需要大量的财务人员，财务经理面临失业。人力资源管理80%的职能将被人工智能技术取代，人力资源经理将会面临失业。但是，我认为人力资源中更富有创新性的、跟战略业务对接的职能是不可能被取代的。如果人工智能医生大量出现，医生的数量就会相应地减少。中医比较深奥，需要通过“望闻问切”给病人对症下药，因此可能暂时无法取代，而西医涉及技术分析的部分则可能会被取代。

3. 大连接

互联网的大连接时代可以改变组织模式。这几年，我一直在讲温氏的案例，温氏为什么能够赚钱？很重要的一个原因是20世纪90年代温氏就在进行信息化、数字化转型，建立了覆盖整个价值链的信息化管理体系。很多企业学习温氏的管理经验，复制了温氏花费将近20年所构建起的这套覆盖全产业链的信息化体系。温氏在中国企业里面最早推出数字化决策体系，也是通过大连接来实现的。

温氏通过将物联网数字化，把56000个家庭农场连接到一起，实现数字化、可视化。虽然绝大多数农场都不是温氏参与投资建设的，但是温氏将它们集中在一个平台上，从育种到配饲料，再到标准化养殖、上市销售，一整套流程都是通过数字化来进行管理。

温氏通过将物联网数字化而提升了决策速度，提高了工作效率。企业管理者通过分析大数据来进行总体决策。企业运用大数据建立透明化的考核与激励体系，构建内部的共享机制，加强风险管控。

所以，温氏作为一家传统企业，即使在2017年遭遇禽流感疫情，还是赚了70多亿元。20多年来，温氏的净利润超过15%，靠的是什么？靠的是将物联网数字化，靠的是数字化的组织模式创新。

（四）传统组织体系的六大问题

现在中国企业面临的问题是传统的组织体系不适应现在新的技术变革及人才需求。传统组织体系存在以下六大问题。

（1）传统的组织运行是以权力为导向，而非以客户为导向，企业管理者的官本位意识严重，管理企业依靠权力驱动，无法适应人工智能时代的要求。

（2）决策重心过高，组织层级多，有的企业组织层级甚至达到9级，无法及时响应市场需求，提高反应速度。美的集团的组织变革把组织层级从8个减少到4个。2012年，美的集团有17万名员工，销售收入1200多亿元；2017年，美的集团有11万名员工，销售收入2400多亿元。美的集团通过组织变革减少了6万名员工，销售收入却增长了一倍，这是组织变革所带来的对企业战略的支撑作用。方洪波上任以后，致力于去中心化、去威权化、去行政化、组织扁平化，建设“789”工程——7个平台、8个职能体系、9大事业部，最近又建设“10/11/12”工程——10个平台、11个支撑体系、12个事业部体系。

（3）我认为中国企业目前存在的最大问题就是人浮于事，所以企业需要精简机构，辞退五类人员——“搭便车”的人员、懒人、庸人、占着位子不作为的人员、不创造价值的人员。我们发现中国的企业如果把人员减少1/3，企业减负后运行得更好。现在中国企业普遍存在人员过剩的情况，企业需要提高人均效能，减员增效，原来5个人干的活，现在可以让3个人干，拿4个人的工资。

（4）传统组织体系普遍存在“部门墙”“流程桶”。企业要建立新的生态圈，提高协同作业能力，就必须拆除“部门墙”“流程桶”，通过机制创新实现跨团队、跨职能的合作。

（5）传统组织过于封闭，功能模块板结，机制僵化。

（6）传统组织内部价值观不统一，企业通常采取垂直管理的模式，上级下达命令，下级按照规定执行任务，无法产生高绩效。在现代企业中，建设组织文化必须统一价值体系。互联网企业普遍强调企业文化是企业人力资源管理的第一抓手，阿里巴巴、京东、腾讯等互联网公司都把企业文化管理作为企业工作的核心任务，致力于建设优秀的企业文化，统一价值观，为企业可持续发展助力。

（五）组织变革的“五个去”趋势

未来组织要变得更简单、更敏捷、更灵活，以便满足客户需求，贴近市场要求，提高市场反应速度。我认为组织变革表现为“五个去”，即去中介化、去边界化、去戒律化、去威权化、去中心化。

1. 去中介化

组织正变得越来越扁平，无论是百度提倡的未来组织就是由价值观和兴趣一致的人员组成的“圈子”；还是阿里巴巴所说的公司将消失，未来只有平台；抑或是传统企业所探索的项目制、事业部制、蜂窝式结构、矩阵式结构等，都呈现出去中介化。去中介化主要表现在以下两个方面。

一是企业和终端消费者之间去中介化，生产者和消费者直接接触，进行对话。就外部交易来说，过去企业通过建立传统的销售渠道推销产品；而现在生产者和消费者可以通过互联网直接沟通、洽谈业务，减少了很多中间环节。生产者降低了销售成本，可以让利于消费者。

二是管理者和被管理者之间去中介化，减少了很多中间环节。就内部管理来说，过去是层层传达指令，才能取得组织和员工目标一致的结果；而现在组织越来越扁平化，中间管理层级大幅减少。领导者和员工之间的信息传递和沟通正变得直接有效。

所以，去中介化就是要尽量优化中间环节，简化流程，简化层级，使组织更灵活、更敏捷，资源配置能力更强、更有效，提高对一线作业单位和人员的支持和服务能力，以快速响应市场的变化和客户需求。与此同时，为了提高团队和员工的自主经营能力，组织会化整为零，分解成各个小的组织，让这些小的组织主动面对市场，承担责任，自负盈亏。

2. 去边界化

《无边界组织》一书的作者认为互联网时代组织成功核心要素的规模、角色清晰、专业化、控制，已经转变为速度、灵活性、整合、创新。而为了适应新的成功要素，组织必须对垂直边界、横向边界、内外部边界和全球化（时空边界）进行重构。

在当代社会，我们常常很难定义某个企业的性质。因为它可能不再单纯的是一家农业企业，或者是一家制造型企业；它可能是一个跨界的产业生态群。去边界化的核心是融合，具体表现在两个方面：一方面企业组织与外界的连接方式发生变化，企业与社会各种组织体之间通过商业模式、投资、业务、产品等方式发生连接与融合，相互进行自由转换，出现“你中有我，我中有你”这种共生共荣的产业生态现象，极大地减少了交易成本；另一方面从组织内部来讲，去边界化就是破除“部门墙”“流程桶”，实现跨团队、跨职能的快速高效协同。要提高组织对市场的反应速度，使得一切要素围绕市场、围绕客户高效协同，组织就必须去边界化。只有打破边界才能实现无障碍沟通，进行知识共享，提高协同能力，对市场变化快速做出反应。

3. 去戒律化

这里所讲的戒律主要是指规定动作，也可以说是约束规则。去戒律化并不是说不要规则约束，而是说要破除过去基于指令产生的对个体发挥主观能动性造成束缚的因素。

高度戒律化的组织模式会产生以下三个方面的负面影响。

第一，基于高度分工、标准作业、管控为主、高度戒律化的组织模式会对个体自主创新产生抑制作用。在这种环境下，个体没有发挥空间，无法进行创新。

第二，高度戒律化的组织模式会对个体的潜能产生约束作用。

第三，高度戒律化的组织模式是对人性的压制。

现在，企业要在不确定的市场环境下快速响应客户需求，创造客户价值，提供差异化的产品和服务，就不能完全采用标准化动作，全部按照规定的程序执行任务；而是要采取一些非标准化动作进行创新，增加成功的概率。这就要求企业围绕如何提高个体的自我驱动性来进行组织变革。通俗地说，就是要解放人性，解放人才，解放生产力，其背后的逻辑就是尊重个体，激活个性，开发人的潜能。

去戒律化不是说组织不需要规则，而是指组织要转变观念：从过去组织给员工规定动作转变为告诉员工目标或愿景，让员工自己想办法实现目标；从过去组织凌驾于个体之上转变为组织为每个个体提供支持与服务，既要实现组织目标，也要实现个体目标；从过去组织强制性地要求员工做事转变为让员工自发工作，即从“要我干”转变为“我要干”。总之，人与组织之间是一种动态的相互平衡的关系，不再是单一的被动接受的关系。

当然，组织还是要规定哪些事情不能干，明确组织行为的底线和边界，并且提出清晰的目标或愿景。至于如何做才能达成目标、实现愿景，则不再由组织来规定并下达指令，而是要由员工根据客户价值和目标来进行自主判断，如此才能提高整个组织对市场的反应能力。

4. 去威权化

去威权化是指组织内部要打破“官本位”思想带来的权力至上、官僚主义等作风。过去，管理者下达命令，层层传递，致使上下级之间信息不对称，造成沟通成本巨大；现在，组织需要做的是“让听得见炮火的人呼唤战争，做出决策”，由一线员工根据市场反馈和客户的真实需求来做出判断，自主决策，并且为此承担责任，组织为一线员工提供各种资源，协助员工完成任务。

因此，可以说**去威权化是组织内部责、权、利结构和资源的重新配置**。组织的运行机制不再是基于威权来运行，而是基于客户价值和员工的自主性运行；资源配置不再由上级来调动和分配，而是基于创造客户价值的需求进行分配。过去，谁的权力越大，谁拥有的资源就越多；现在，谁拥有的客户更多，谁更贴近客户需求，其调动资源的权力就越大。

去威权化的根本目的在于尊重人性、激活个体，提高人的价值创造活力，使得“人人都是创客”“人人都可以是 CEO”，人人都可能成为创新中心、价值创造中心与资源调配中心，让人从组织驱动走向自主驱动。

5. 去中心化

过去，组织中心是垂直式的，组织围绕一个中心来进行资源配置。而现在组织呈现出去中心化的特征，组织可能有很多个中心，且并不固定。组织中心会根据外部环境的变化及客户价值创造能级的变化而不断进行调整。

（六）未来组织的主要形态

对大型企业而言，组织的主要形态就是“平台 + 生态化 + 自主经

营体"；对于中小企业而言，组织的主要形态可能更多地强调"生态化"。企业必须有生态战略、生态意识，要么建立大的生态体系，构建生态平台，要么生态化，或者是被生态化，还可能是参与生态化建设。这是未来的一种主体经营模式。我认为未来的主流组织模式是"大平台+小前端+富生态"。

未来的组织模式应该是适应互联网和智能化的需求，适应技术变革、人才变革的需求，以及客户的需求。未来，平台化组织将会成为一种主流化的组织模式，一方面可以提高对市场的反应速度；另一方面可以降低试错成本，由很多小团队、自主经营体试错，组织的作用就是不断发现哪个团队的创新能够代表未来的组织发展方向，就在平台上加以推广，这样做可以大大提高创新的速度。同时，团队的创新可以呈现出指数型增长，通过"平台+连接"的方式实现价值创新。

从全球来看，苹果、谷歌、Microsoft、Facebook、亚马逊等都是平台化组织，都是生态型组织，通过"平台+生态"的组织模式构建各种小的作业单元。

华为现在也提出"平台+生态"的战略商业模式，助力企业发展壮大。怡亚通通过平台化线上连接几千个品牌商，线下连接几百万家零售商，这几年怡亚通的成长速度非常快，从创立初期的几十亿元迅速扩大到2017年1200亿元的销售规模，只要整个平台能够跟得上，企业很快就可以发展成为万亿级企业，因为它构建了生态体系。现在大家都在关注小米的产品，未来如果小米能够构建基于数字化的平台体系，实现生态连接，那么小米就会成为一家世界知名企业；如果做不到数字驱动的平台化管理，小米的生态圈也只是个体户的聚集地。韩都衣舍就是通过数字化连接完成企业战略转型。永辉超市这几年发展速度非常快，它也是通过平台化、生态化的组织变革来完成战略转型。美的这几年的变革之所以成功，在于"789"平台化的管理变革，过去是没有平台的，美的的成功之处就在于构建了7大平台（现在叫10大平台），提高了整个组织的效率。海尔、芬尼克兹内部的创业体系基本上都是"平台化+项目/小组制+生态化"。京东提出的客户导向型组织、价值契约的钻石型组织、竹林共生的生态型组织，都代表着未来组织变革的方向，企业在其中发挥着平台的作用。

在这里，我需要跟大家说明一点：未来的客户化组织，其核心一定是“平台架构＋网状关系＋基于客户需求建立内部任务市场”。这三个要点非常重要，这是对传统组织的一次颠覆。因为传统组织并非平台化组织，是线状结构，而不是网状结构。组织依据所要达成的目标，把任务层级往下派发。现在的平台化组织是主动将消费者需求转化成工作任务，把工作任务转化成组织，把组织转化成人才，与传统的组织模式正好相反。传统的组织模式是金字塔结构，而现在的组织模式是倒三角结构。

（七）平台＋分布式经营体＋生态组织的48字管理方针

未来组织模式到底是什么样的？我研究了20多家企业的**平台＋分布式前端（项目、自主经营体）＋生态组织的模式，归结为48字管理方针**。未来的平台化经营与组织管理模式，我认为离不开这个范围。

1. 生态布局，网状结构

在战略上，企业必须要有生态的战略思维和业务布局，对平台化与生态有长远的战略意识、足够的战略耐心与战略定力。同时，通过变革，打破科层制组织的垂直结构，建立扁平化的网状组织结构。组织不再封闭，要开放合作，跟客户与外部生态之间要融合构建生态优势。整个组织的结构体系不再是一种垂直结构——指挥命令系统，而是一种串联和并联交织在一起的网状结构；是多头、多中心并行、交织的网状结构。

2. 数据驱动，平台管理

在生态布局和网状结构的组织中，组织的有效运行必须具备以下两个基础条件。

第一个基础条件是数据驱动。没有数据驱动就谈不上生态布局及网状结构的运行，所以企业必须要实现数据驱动。数据驱动不仅是信息数字化、业务数字化，更需要企业在经营管理模式上进行数字化转型。整个企业内部的运行不再依靠上级下达指令进行驱动，而是依据消费者需求端所产生的任务市场和任务所转化的业务数据实现数据驱动。

第二个基础条件是管理平台化。有了数据上移、数字驱动，组织就可以构建管控与赋能平台，为一线员工配置资源并赋能，给一线员工提供支持，提高一线员工的综合能力，使其在市场竞争中占据优势。

3. 责任下沉，权力下放

有了数据和平台做保障，经营责任就可以下沉，而不是往上推。组织中的端对端都在承担经营责任。企业一定要建立责任共担体系，在责任下沉的同时，还要做到权力下放。没有责任下沉、权力下放，自主经营就无从谈起，更不用说分布式经营与管理。

4. 领导赋能，任务市场

领导不再是“威权”化领导，一定是“愿景+赋能”式领导，愿景使得全员对应目标，用规范化、体系化取代领导化，领导的角色转变为对整个组织建立标准、规范、体系、机制负责，确保整个体系的运转和优化，这就需要组织在层级减少、实现扁平化后，真正走向赋能式领导、愿景式领导。

最重要的是内部任务要市场化。企业内部的任务基于数据进行资源（包括资金资源、人才资源）的配置，企业内部的任务将来一定是市场化交易。也就是说，各个经营单元跟平台之间的关系主要是市场化的交易关系，具体包括两种形式：一种形式是内部任务可以进行市场化交易，另一种形式是内部任务可以外包。前提条件是必须建立内部的任务市场交易体系。

5. 独立核算，自主经营

没有独立核算体系，就谈不上分布式自主经营。企业内部必须建立独立核算体系，重构财务核算系统。只有这样，才能做到内部任务市场依据标准建立模块，真正实现任务市场的市场化交易。依据任务市场的市场化交易来组合人才、整合资源，这就是未来企业为什么会没有那么多职能部门、没有那么多领导的原因。所有的职能部门都是动态化、模块化、标准化、插件化的，依据任务市场来形成新的机构和新的人才组合，前提条件就是必须要独立核算，自主经营。

6. 共识共担，共创共享

组织的整个机制必须建立在合伙机制的基础上，这就是我们所讲的要建立在共识共担、共创共享的机制之上。共识就是共享愿景与目标，共担就是共担风险与共治责任，共创就是发挥个体优势，团队协同共创价值，依据价值贡献，分享公司取得的成果。

以上是我总结的中国企业组织管理的48字方针，希望对采用平台+分布式前端（项目、自主经营体）+生态组织模式的企业有所帮助。

三、企业成长的组织机制：学习、数字、负熵

文/施　炜

我们讨论企业成长问题时，往往将其与转型联系在一起。也就是说，在目前语境下，成长蕴含着转型。这是因为许多企业只有转型才能成长。对于企业转型，我们可以将其形象地理解为生命体变化，与生物进化类似。

从广义（种群/生态）及长期的角度看，生命体成长包含进化。如果时间永无止境，万物生长等同于万物进化。但从个体生命的角度看，在一定的时间边界内，成长和进化是两个相对独立的范畴，即成长未必进化，但进化常常有利于成长。在种群中，个体生命率先发生基因变异，往往是对于成长需要的呼应。

我们可以从个体的角度来研究某个企业进化的方向及路径，以此对企业进化进行定义，这样做可能偏离了生物学从种群角度对生物进化做出的严格定义（进化是相对于种群而言的）。从某种意义上说，我们使用进化一词是一种类比，这样我们在描述、分析企业进化时就带有一些生物学理论的意味。

需要特别指出的是我们分析的重点在于企业转型（进化），企业只有转型（进化）才能成长，只要企业转型（进化）就会成长。

（一）学习

对于生物种群来说，进化就是学习。生物种群在适应环境的过程中探索宇宙的奥秘，逐步掌握环境变化的规律，不断进化，以便获得生存的机会。在市场竞争中，组织中的成员可以向领先者学习；在相互交往中，组织中的成员可以向合作者学习，提高自身的综合能力。在组织内部，我们倡导团队成员相互学习，实现知识共享，开发、积累、扩充知识资产。

组织中的成员必须围绕实现顾客价值增量这一核心目标展开学习，目的在于提高创造顾客价值所需的员工平均素质，提升解决问题的能力。组织中的成员应该尽可能避免开展不符合顾客价值目标的无效学习。在企业中经常存在一些组织成员无效学习的情况，浪费了企业的大量资源。这里有病急乱投医的心态问题，有急于求成的机会主义理念作祟，也有组织成员的认知和能力问题。究竟什么才是有效的学习？

我认为组织成员有效的学习包括以下几个方面。

（1）干中学。在实践过程中学习，组织成员要在价值创造的场景中学习，训战结合。组织成员要带着问题学习，注重学习实用、科学的方法。随着顾客价值的迭代，学习内容和方式也要不断更新。

（2）重视模仿。组织成员要找到模仿、借鉴的标杆和来源，引入外部知识，在自身不具备知识基础和能力积累的领域不盲目探索和创新，直接借鉴被实践证明符合科学原理和规律，并且行之有效的方法体系。组织成员在模仿时不要过于强调自身的特殊性；在植入外部基因的时候，组织成员不过分强调自身基因的优势，要做到“先僵化，后固化，再优化”。如果没有这样的态度，就会连模仿都做不到，更不用说创新。对许多基础较差的企业来说，模仿是组织进化的第一步。关键是要浓缩模仿过程，以空间换时间。

（3）传承经验。组织要形成经验代际传承机制（师徒制等），将积累的隐性知识（以有经验的老员工为载体）显性化，形成可传播和共享的显性知识（以软件、书本、课件、音视频媒体为载体），并构建两类知识发生的循环机制。

（4）营造知识“场”。组织要汇集企业内外部知识，借助互联网手段，构建企业知识平台、云服务机制和传播网络，形成知识赋能的“场”（知识有一定密度且作用于每个个体的氛围和环境）。在这一“场”中，知识是流动、共创和共享的。

（5）加大强度。和前面所说的“密度”相对应，学习也需要加大强度。企业应该提高知识引进、借鉴的速度和频次，扩大所学知识体量和规模，延伸学习的深度，提高知识学习的效率。对于一些员工知识基础薄弱的企业来说，一段时间内大水漫灌式的学习方式是必要的，否则组织难以持续进化，更不用说从量变到质变。

（6）倡导讨论。企业需要营造和构建平等、民主的组织氛围和机制，鼓励自由探讨和质疑、辩驳，并为讨论提供组织保证（比如设立蓝军）及技术平台（比如网上社区、论坛，等等）。

明茨伯格说过：“管理者的绩效取决于如何学习特有的思维方式，以便有效解决问题。”（《简单管理》）企业的所有学习中最重要的学习是培养员工，尤其是管理者正确的思维方式，帮助他们构建有助于企业及自身生存和发展的底层认知结构。

（二）数字

这里的数字指的是数字资产。互联网时代，数字化既是外部环境对所有企业提出的进化要求，也是企业自身转型成长的有效途径和有力手段。数字化既是当今企业进化的契机，也是企业进化的方向。

所谓数字化，是指在企业信息化建设和运行的基础上，实现内外部的数字连接，开发和积累数字资产，增进和创新顾客价值和体验，提高价值创造活动的效率。也就是说，顾客价值及价值创造活动依托信息系统运行，呈现出数字化形态。

企业数字化建设包括以下内容。

（1）实现顾客价值（产品/服务）形态数字化，增强顾客的数字化

体验。一些本身就属于信息、知识服务类或内容提供类的产品/服务转变为数字化形态是顺理成章的，比如线上教育、线上诊断，等等。更多的产品/服务过去以实物、行为、场景为主要要素，则需增加数字化含量，丰富和增加数字供给，使数字化成为融合在其中的主要要素。我们要站在顾客的角度思考问题，使顾客在价值链（实现价值的过程）的各个环节中都能得到数字化服务，获得良好的体验。

（2）将价值创造活动（包括直接创造价值的核心流程，也包括支持核心价值活动的辅助流程）数字化，使流程的运行表现为数字化形态，做到流程、数字一体化。在端对端的价值流中，通过数字化更好、更快、更直接地理解顾客需求，无缝隙、无边界地与顾客交互，满足顾客的个性化需求，支持多品种、少批量、多频次、快节奏的供应链运行模式，借助数字化提高企业所有流程的运行效率及数字化驱动的程度。

（3）在流程和数字一体化的基础上，形成横向到边、纵向到底的数据流；通过对数据流的管理，使之资产化。同时，通过各种途径将外部数据内部化，使之成为企业所能利用的资源。无论数据来源如何，企业均需不断扩充、丰富数据资产的种类、规模，拓展数据资产的用途，利用数据资产创造效益，使数据资产增值。在所有数据资产中，顾客类数据资产，包括作为顾客核心价值来源的技术、知识类资产，以及作为管理经验积淀的管理体系资产显得尤为宝贵和重要。

（4）在各个领域和环节，在组织的各个层级，尽可能构建与导入公开、透明、可测试和计算的数字化标准，作为提高品质和效率、持续改进的手段。这些标准和我们前面所说的“密度”“迭代”两种基本方法及“参数”“模板”“战法”三个杠杆、抓手密切相关，是这些要素和变量产生作用的条件和依据。

（5）将数据和人工智能相结合，利用信息系统和数据进行辅助决策。

（6）构建企业内部数字化服务平台，提高信息、知识共享程度，增进组织内外部的沟通和协同，为弹性、无边界组织及自组织的运行提供保障和支持，更好地实现组织赋能。

（三）负熵

熵是物理学、信息学及系统科学的概念。在管理学中，熵是对组织复杂程度、活力程度的测度。负熵就是指减少组织的复杂程度，提升组织的活力。借用物理学语言，即消减组织中不做功的能量，或者是使不做功的物体重新做功，使低功效能量变成高功效能量，改变低能效平衡的状况，形成非平衡势能。具体有以下几种做法。

（1）调整人员队伍结构，补充高素质、高能量人才。

（2）在组织转型和成长之初，适度加大人员的流动性，强化淘汰机制。

（3）抓住组织活力中最关键的变量—干部，他们是影响企业成长的“关键少数”。企业管理者不能总是将目光投向企业之外，要坚信三步之内必有芳草。在客观、科学的基础上，通过公开、公平的组织机制选拔一批优秀干部，这样做既能激活组织，又能重塑企业文化。这是代价最小、见效最快的负熵举措。同时，浓缩年轻干部的职业生涯，加快其职业转换的节奏，从中发现具有实力的干部。

（4）一方面适当削减人员，提高人均效率；另一方面提高人均薪酬水平，并且适当地向创造价值的人才倾斜。根据企业的实际情况，不同程度地扩大内部分配差距，提高组织内部的张力，打破“低绩效—低报酬—低能力—低绩效”的不良循环模式。在实现顾客价值增量的同时，设计、安排、实施员工薪酬增量计划。

（5）对以一当百、以一当千，甚至以一当万的核心、关键人才（比如营销领军人才、研发领军人才）采取“超级人力资本”行为，以极具吸引力的分享机制、合伙人机制吸引其加入团队。

（6）按照结构产生能量的理念，调整组织的形态、架构和运行机制，为激发团队和个人的主动性、积极性创造条件。在管理体制上，增加员工自主运作、决策的空间；按照顾客价值创造的要求扩大一线人员的权限，切实将权责下移；在组织形态上，根据环境对组织进化的多向、多重要求，丰富组织的属性，增加组织的弹性和流动性，使组织既是大企业，也是小企业；既能聚合，也能分解；既是集中式的，又是分布式的。这样做既激发了个体活力，又实现了组织协同。

制度上的创新一定体现在企业层面，而非管理层面，否则管理无法为员工赋能。

四、组织进化的现实困境与未来分布式组织

文/施　炜

（一）企业组织所处环境发生了哪些变化

从竞争维度和需求维度来说，企业组织所处环境发生了以下变化。

（1）竞争强度提高

①竞争主体发生变化。在很多产业的市场竞争中，一些小品牌已经被淘汰，行业龙头之间展开博弈，抢占市场份额。由于竞争日益激烈，一些实力强劲的企业把目光转向以前看不上的传统行业，进行降维竞争。

②竞争资源增加。随着竞争日益激烈，在一些产业中，所有竞争主体在竞争中投入资源的体量、规模、结构、属性都跟以前不一样。比如ofo、摩拜在共享单车领域投入的资金都在几十亿元，还有的商家投入巨额资金在电梯里打二手车的广告。

③竞争手段更加丰富。过去各个行业的商家只在线下布局，参与市场竞争，现在增加了线上竞争。过去线上终端是固定的，现在是移动的，实现了全场景、全通路、立体化竞争。

④价值“边际”产生的难度越来越大。价值“边际”就是价值增量。比如西装已经有几百年的历史，如果你想建立一个西装品牌，竞争非常激烈。

（2）竞争速度加快

①所有品牌领先时间都呈现出缩短的态势。过去某个知名品牌能够在该行业领先其他企业10年以上，现在能领先一两年就算不错了。品

牌迭代加速。

②成长过程浓缩。以前成就一个知名品牌可能需要花费10年的时间，现在两三年就可以铸就一个知名品牌，这与竞争强度的增加有关。引用《左传》中的一句话来形容，就是“其兴也勃焉，其亡也忽焉”。

③全产业要素流动、信息流动、价值流动的节奏变快。所有企业价值链及价值流运行的平均速度加快。

④产业整合和结构调整加剧。很多产业集中度的提升有加速的迹象。

（3）不确定性增加

①几乎所有事物和系统都在增加不确定性。有一部印度电影叫《神秘巨星》，影片中的爸爸很辛苦，每天工作十几个小时，一直出差，对待妻女态度粗暴。爸爸怎么也想不到在机场老婆会突然提出跟他离婚。对于电影中的爸爸来说，就是遭遇了原先根本不可能出现的不确定性事件。

②系统中局部的细小变化引发全局变化。这是自组织的特点，一个边缘的变化通过自发的机制和过程，使整个组织发生了变化。

③与跨界竞争者、替代者、新（黑）科技三者不期而遇。企业在完全没有准备的情况下就被来源不明的竞争者淘汰。这也提醒企业不能一味地依赖过往的路径，只有不断创新，才能提高生存的概率。

④竞争规则/商业模式创新层出不穷。竞争的焦点往往不在于局部要素和环节，而在于全要素、全环节的新的组合结构。

（4）需求侧占主导地位

①魔方式的顾客结构。我出版了一本书，书名是《连接》。我在这本书里提到未来的市场是魔方式结构。魔方有三维：一维是收入维，收入维度在拉长；一维是生活方式维，不同人群生活方式的差异在逐渐扩大；还有一维是场景维（生活情境维），这一维度也在不断丰富。三个维度都变长，魔方的体积就会增加。这里面有一个市场细分的驱动力，还有一个驱动力就是“内卷化”。原来的一个小方块被分解成两个小方块。比如原来ThinkPad电脑不会区分男性女性消费者，后来中国台湾的华硕等品牌进入内地市场，开始区分男用和女用电脑。魔方式结构说

明细分时代已经到来。

②供需之间信息及知识的不对称情况减少。以前不少企业在做品牌推广、营销运作的时候，认为顾客什么都不懂。其实在很多领域，顾客已经成长为专家。

③个体顾客的组织化。这个组织化不是指消费者协会把顾客组织起来，而是人们通过互联网的连接形成社群。比如一些年轻人聚餐，会在美团网或大众点评网参与团购，事后会发表评论，讲述自己的消费体验，这就是组织化的一种形式。我在看电影之前会先看豆瓣网电影社区里别人对这部电影的评价，凡是评分在8.5分以下的电影都不会看。

④连接不上顾客。从心理连接来说，以前只要有资源，通过在电视上播放广告的方式对顾客进行知识的狂轰滥炸，总是能够让顾客认知和了解产品。现在已经步入互联网时代，媒体呈现出碎片化的趋势，和顾客的交互效率很低。从交易连接来说，在线上、线下这样的渠道进行布局和管理都非常困难。

（二）环境变化对企业组织提出了哪些新的要求

显然，当下及未来的环境变化对组织进化提出了新的要求，在不同的环境下，企业组织应该朝什么方向进化？

我认为有以下五个进化方向。

（1）独特专长比平均能力更重要。为了生存，非洲大草原上的动物都有自己的独特专长。豹子能瞬间提升速度，在空中旋转360°，运气好的话，每天可以捕捉到一只羚羊；鬣狗虽然长得很难看，但奔跑时间长，耐力好，而且不挑食，可以吃腐肉，不会饿着；狮子的专长是组织化围猎，几头母狮子协作可以把一头大公牛拽倒；大象体积大，当它走过来的时候，狮子也要退避三舍。如果一只动物的奔跑速度比不上豹子，耐力比不上鬣狗，组织化程度比不上狮子，也没有其他专长，在物竞天择的大草原上就会惨遭淘汰。

（2）发展能力和抗击能力的两极对称。组织既要发展，又要抵御各种风险。两极意味着这两种能力都要发育和动态增强。

(3) 既适应高强度竞争，又适应高机动性/灵活性竞争。高强度就是要大规模地协同，也意味着资源聚集，而高机动性又要求分散化、多中心及弹性化，这两种要求构成了矛盾统一体。

(4) 形成洞察未来、整合战略、引领实践的认知方式。从过去的机械论到现在的概率论、系统论、量子论，企业认知方式一直在变化。

(5) 深层价值理念保持正确的方向。从组织伦理来看，价值理念也在发生变化，例如从过去的以竞争为导向转变为现在的以客户为中心，以及无边界合作等，而检验企业价值理念是否正确的标准是绩效和人性。

顺便说一下，在人类的进化历程中有两类价值观一直是交织在一起的。一类价值观是负面的价值观，比如仇恨、杀戮、侵占、欺骗，等等。还有一类是正面的价值观，比如合作、信任、关爱、公正，等等。对企业来说，要考虑顾客法则和竞争法则在文化上的平衡。

(三) 从结构角度分析组织进化的起点：科层制

前面讲的是进化的必要性及进化的方向。那么，组织具体如何进化呢？我们现在不探讨认知方式和价值观的进化问题，那是一个大命题；我们只从结构角度来讲组织进化。

过往所有的组织结构可以用一句话概括，就是科层制。这是分析组织结构演变的起点。**科层制组织包括以下五个特点。**

(1) 从上到下，层层分解责任和权力；从上到下，目标一致。

(2) 权力中心处于组织结构的上部，并且只有一个。组织驱动和连接的基本方式是权力。从运行方式看，纵向发布命令，逐层传递信息。

(3) 可以构建大规模的组织。纵向结构的最大优势在于广泛、深入的动员能力，可以聚集力量办大事。

(4) 不对称激励。组织的动力和活力来自于不对称激励，谁有多大的权力，就要承担多大的责任。不对称激励的典范是“一将功成万骨枯”。所有将士竞争将军的职位，大部分人都会落选，但是只要成为将军，就可以获得巨大的激励成果。

（5）“硬控制”。“硬控制”是指通过权力、规则控制组织。规则包括正向激励和负向激励。“硬控制”在很多情形下行之有效，但是这种方式显得比较僵硬，没有弹性，适应性比较差。控制一件小事情往往要动用巨大的力量，其对外界的反应常常是滞后的。

到目前为止，科层制依然是组织的基本形式。回到企业中来，直线职能制肯定是科层制，事业部制是什么？事业部制是企业集团的概念，包括两层企业。事业部内部往往采用科层制进行管理。如果把整个企业集团看作一个大的企业，比较集权的事业部制偏向于科层制管理（总部控制事业部），比较放权的事业部制则偏向于分布式管理。

矩阵式组织形式是什么？矩阵式组织形式是多维权力结构。一般的科层制是一个权力方向，一位下级只向一位上级汇报工作。矩阵式组织形式则有两个或三个权力方向，一位下级要向两三位上级汇报工作，实际上是多个科层制结构的组合。当然，矩阵式和标准科层制结构相比，在权力上是分散的。标准科层制的权力是一个中心，非常集中；矩阵式组织形式的权力则有些分散，但是分散程度没有分布式组织形式深。它是对科层制的改进。

（四）互联网时代的组织结构：分布式

未来，互联网时代的组织结构是什么？现在已经比较清晰地显示出来，就是分布式组织。我在这里没有使用平台化组织这一概念。我觉得用分布式组织表述更为准确。因为平台化组织侧重于平台层面，其实我们更多的是要分析平台上面的多个并联组织，这些并联组织才是直接创造价值的主体。

分布式组织的特点包括以下几个方面。

（1）多中心，分散控制。大家都知道分布式能源，在农村，每户家庭就是一个太阳能发电站，能够自己采集太阳能用电，或者是集中并网发电。多中心是指在一个平台上有多个个体或团队，也可以有多个组织，他们是相对独立的经营单元，彼此之间有一定的联系，但是没有垂直的控制关系。多中心、分散控制意味着分权。

（2）多“触角”、多方向。分布式组织可以多“触角”、多方向地探索生存空间和生存方式，更有利于发现机会。同时，可以通过控制局部损失来化解全局性风险。

（3）灵活机动，能够快速应变。针对突然出现的具体情境，分布式组织可以快速做出反应。

（4）可能存在自组织、自适应（修复）机制。自组织是自我发育、自我成长，受了伤之后自我修复。自组织和分布式组织之间存在什么关系？自组织一定是分布式组织，而分布式组织未必是自组织。因为分布式组织之间可以不进行联系。

（5）组织内部无边界。因为是多中心，而且是动态的，处在变化之中，组织内部边界自然被打破，可以进行自组织连接。

（6）组织外部边界消失。因为每个中心或单元都可以自主地与外部合作，组织的外部边界就会消失。

（五）分布式组织案例：《平原作战》

我在寻找分布式组织案例的时候，发现抗战时期八路军敌后武工队的故事最合适。

有一部京剧叫作《平原作战》，是1974年拍摄的。我把这部京剧的故事背景给大家讲一下。平原是指华北平原，河北省保定市一带，左侧是太行山，八路军的总部在太行山，故事发生在1941年左右，抗日战争处于双方对峙阶段。日本华北指挥部对太行山区进行疯狂扫荡，命令在平原上驻扎部队的龟田队长将军火和粮食输送给进入山区的部队。八路军指挥部采取的策略是派出很多小分队来到平原上组建敌后武工队，佯装大部队下山，拖住平原上的日军。有一个小分队的领导叫赵勇刚，他是一个排长，带着一群人“披星戴月下太行，流水疾风赴战场”，这就是任务小组，其任务是“为山区获全胜粉碎扫荡，要截断敌增援，保住公粮”。具体采用分布式组织，“子弟兵化整为零驰骋在平川上，怒涛漫卷敌后方”。

赵勇刚下山之后，是怎么打仗的？在京剧《平原作战》中，演员是这么唱的："霹雳一声春雷响，平原上谁不晓工农的儿子赵勇刚。"——品牌已经树立起来，影响广泛。"战斗的足迹踏遍了太行山上，抗日的声威震撼着铁路两旁。"——可以在一个很大的空间里自由地运作。"你找他苍茫大地无踪影。"——无边界竞争灵活机动，十几个人躲这里也行，躲那里也行，敌人根本找不到他。"他打你神兵天降难提防。"——打破原有的做法，把游击战上升到战略层面。"鱼在水鸟在林自由来往，哪里有人民哪里就有赵勇刚。"——生态模式，融入人民群众，跟顾客、伙伴完全是无边界的。

这个故事其实已经讲清楚了什么是分布式组织。**多中心，并且经常是并联的——肯定不止一个武工队；有一套实战中锤炼的作战模式和操作程序；有勇敢、坚定、具有使命感的团队领导人；有广大人民群众，即生态系统的支持。**

（六）如何巩固分布式组织结构

企业应该如何巩固分布式组织结构？这是企业面临的重大问题。如何防止组织中的各个中心彼此独立，互不往来，出现离心倾向？如何防止多中心组织被蚕食？如何避免组织力量和资源出现分散情况？竞争强度加大，如果组织力量过于分散将不利于企业发展，企业管理者要解决分布式组织结构下各个中心的关联和协同问题。

另外，分布式组织结构要求激活个体，但个体被激活之后，如何积聚力量，集中发力？分布式组织是开放式的组织，如何让组织成员之间相互信任？这些都涉及企业管理的本质问题。

我在这里为大家提供一个思路：重点关注分布式组织的三个基础性平台和纽带。

分布式组织依靠什么形成整体协同？我认为三个基础性平台构成连接分布式组织各个中心的纽带，使分布式组织整体协同。具体包括以下三个基础性平台。

（1）价值观平台。这是最重要的平台。如果没有坚实、统一的价值观基础，分布式组织就如同一盘散沙，最后必然分崩离析。组织中的成员要修炼自己的文化素养，同时提升组织文化，组织文化会反过来促进个人的成长。个人和组织在文化层面形成互动，企业发展就会进入良性循环。

（2）信息和数据平台。在网络平台上，数据是公开、透明的，组织成员可以相互监督，共享共用数据。

（3）赋能平台。企业构建分布式组织后，组织成员需要认真学习新的知识，并且在实践中加以运用，否则容易在严酷的竞争环境下失利。企业管理者必须对分布式组织成员进行认知教育，实施技能培训，传播共享经验，构建组织智慧支持机制。

此外，企业管理者也可以借鉴和导入区块链思维，此处就不做阐述了。

五、人与组织关系重构的驱动因素

文/孙 波

“人与组织关系重构”成为管理领域最关键的一个命题。我们应该如何理解人与组织关系重构？人与组织关系重构的驱动因素是什么？要回答这些问题，我们需要回顾人与组织关系的发展历程。

在不同的时代，人力资源管理理念也各不相同。从农业社会到工业社会早期，社会生产力落后，个体需要从事大量的体力劳动，管理者采取的是垂直管理的方式，由组织下达命令，逐层传递信息，个体遵照执行，个体没有自主决策权，沦为劳动的工具。工业革命开始后，企业管理者提出了人和岗位的配置关系理论，通过将人员有效地配置到适合的岗位上，充分发挥个体的主观能动性，大大提高了生产效率。今天，关注组织成员的个人发展成为组织经营的目的，组织为个体的发展提供了保障，人和组织之间的关系发生了巨大变化。为了进一步激发个体的创造价值活力，促进组织进一步发展，我们提出了人与组织关系重构的课题。

无论企业的人力资源管理发展到哪个阶段，都是在漫长的实践中通过不断总结规律逐步形成人与组织的关系。很多时候，企业的管理理论是在实践中产生的，如果我们不能找到人与组织关系变化的驱动因素，就无法预测组织和个体关系会如何演变。怎样才能找到人与组织关系重构的驱动因素？这就需要我们从人和组织两个方面着手，探寻答案。

（一）第一动因：技术不断突破和应用

我认为组织形态发生变化的第一个驱动因素更多来自技术的不断突破和应用。

我们先来看一首诗："双眸剪秋水，一手弹春风；弹尽琵琶怨，醉难入梦中。"你可能跟我一样震惊，这首充满意境的诗出自机器人之手，人工智能技术向人的大脑发起挑战。谷歌也曾展示运用 AI 技术处理复杂事务，那是人脑无法企及的高度。

我们必须正视这种变化，要认真思考这种变化会对组织产生怎样的影响。

李开复在世界经济论坛上说："在未来的 10 年之内，世界上有 50% 的工作将会被人工智能所取代，尤其是翻译、记者、助理、保安、司机、销售、客服等岗位。"这些工作都被人工智能替代的时候，组织内部的架构一定会发生变化。

2017 年 1 月初，我应邀参加了阿里巴巴研究院主办的"远见 2046——第二届经济智库大会"，此行彻底改变了我原来对阿里巴巴不太美好的印象。会上有嘉宾提出在未来的 10～20 年，有 710 万个岗位将会消失，在 702 种职业中有 47% 的工作会被人工智能取代，数据在整个经济活动中充当了主要角色，其价值会超过石油、土地，用数字技术和互联网、云计算、人工智能武装起来的新的实体经济会取代旧的实体经济。

我非常认同阿里巴巴研究院对前沿事物的很多判断和观点，阿里巴巴将不再是虚拟经济体，将发展为新的实体经济。而新的实体经济对于在当下经济体中生存和发展的组织一定会产生巨大影响。因此，驱动人和组织关系变化的最主要因素是技术的不断发展和应用。

麦肯锡全球研究院的院长在演讲中说：“我们过去做咨询的主要方式是依据我们的逻辑所展现出来的严密思考来引导客户的过程，现在不是这样了。现在，人工智能比人的逻辑性更强，并且能够处理大量的数据，这是人所不能企及的。”麦肯锡今后在全球范围内招聘管理咨询师的时候，不会再像过去那样只招聘 MBA、EMBA 这些具有经济学与管理学背景的人。**他们希望招聘一些艺术类的人才来做管理咨询师，因为时代需要一种截然不同的思维方式和创新思维。这是不得了的变化，它一定会带来整个组织内部工作模式的重组。**我们对此应该如何理解？

阿里巴巴研究院的人员认为，人工智能技术会推动组织形态演变，比如在新的实体经济里，新的组织形态叫作平台经济体，它把组织的分工协作提升到前所未有的高度。阿里巴巴研究院的人员认为，平台经济体具有四个特征，即数据驱动、平台支撑、开放协同和普惠共存。阿里巴巴研究院院长高红冰说：“在互联网经济之初，我们把它称作一代数字经济。互联网经济对数据和技术的应用带来了更大的贫富差距，但是平台经济是具有普惠性的。”

随着人工智能技术不断突破和应用，新的实体经济将会取代旧的实体经济，使得企业从传统组织向平台经济体转型。

那么，阿里巴巴所说的新的实体经济是什么？我发现新的实体经济有以下几个关键点。

（1）个人成为实体经济中的主体。

（2）当企业是公司的时候，公司与就业者签订劳动合同，但企业从公司演变为平台经济体的时候，开始以个人为中心，公司和个人之间所建立的劳资关系不会继续成为社会经济关系的主体。

当我试图对新的实体经济的概念进行总结的时候，看到了国务院发展研究中心产业经济研究部研究室主任魏际刚提出的新经济的八大特征。这八大特征基本上印证了技术推动整个组织变革的过程。

新经济具有以下八大特征。

（1）以人为中心。在新经济当中，企业间的关系不再构成社会的

主体，而是以个人为主体，劳资关系也不再是社会经济主体，而是以交易关系、市场关系为主体。

（2）实现数字化连接。

（3）新经济基于新的要素，其中最重要的要素是数据。

（4）全方位的协同和集成。

（5）自动化，包括全价值链的自动化。

（6）智能化。

（7）一切皆服务。

（8）大生态化。我们现在所谈到的生态圈、服务等内容其实都是新经济体的特征。

据此，我认为组织结构演变的一个很重要的驱动因素是来自技术的不断突破和应用，尤其是 AI 技术的不断突破和应用。

（二）第二动因：社会需求基准不断提高

从人的角度来说，新生代的产生对传统的企业管理模式提出了挑战。现在，企业管理者会发现传统的激励手段无法对新员工产生作用。是因为人发生了变化吗？代际之间出现的沟通问题是如何产生的？这就需要我们回归事物的本原，转换视角，重新看待问题；思考是什么原因导致传统的激励手段对新生代不起作用。

其实，我们可以将这种现象理解为社会需求层次发生了改变，也就是社会需求基准不断抬高，这是驱动人与组织关系重构的第二个重要因素。

“社会需求基准”是我创造的词汇，它所包含的意思是什么呢？

我们可以用马斯洛需求层次理论进行分析。在研究、思考社会整体需求变化的时候，给出了以下三个基本假设。

（1）社会整体的需求层次也应该呈现出金字塔式的分布结构，大多数需求应该是底层需求。

（2）社会需求基准会随着社会财富的积累而不断提高，越来越多的人脱离了最基本的生存需求，开始寻求更高层次的需求。

（3）社会需求基准决定主流组织形态。众所周知，在很长一段时间里，政府提倡让一部分人先富起来，这或许表明一些人早已脱离了最基本的需求，但是社会整体没有达到这个层面。而我认为的主流组织形态是由社会需求基准决定的。

当整体的社会需求基准达到了情感与归属需求的标准时，就意味着绝大多数人已经脱离了基本的生存需求。

哪一个群体的需求基准在这个点位附近？就是现在的“90后”，尤其是城市家庭的“90后”。这部分人大多是独生子女，父母已经为家庭积累了一定的财富，当他们进入职场的时候，其需求基准已经提高，生存需求不再是他们的基本需求。他们的需求是什么？我认为是尊重的需求，甚至超越了这一阶段，直接上升到最高需求，也就是自我实现的需求。

关于这个问题，凯恩斯在20世纪30年代所著的《我们孙子辈的经济可能性》中提出：“从满足每个人的生存需求角度来说，经济问题可能会在100年之后得到解决，随后工作量减少到每天3个小时，也就是一周工作15个小时。”

那么，当人工智能技术可以满足我们最基本的生存需求，社会整体需求基准提高的时候，会带来什么问题？我认为是人与组织关系重构的问题。

所以，从人的角度来看，随着人们需求层次的不断提高，人与组织之间的关系必须重构。

（三）未来最本质的问题——价值

既然找到了社会经济发展的两个驱动因素，我们就可以展望未来。人与组织关系重构之后，接下来可能发生哪些变化？

当人工智能技术广泛应用，机器人取代了人类的绝大部分工作，并且满足了人类最基本的需求后，就业不再是主要问题。此时，人们会思考这样一个问题：“剩余时间用来干什么？”经济学、管理学的问题由此演变为哲学问题。

经济学家凯恩斯说：“随着工作量减少到每天3个小时，就会出现如何打发剩余时光的问题。人们可能需要建立一种全新的道德规范，把社会从经济需要的‘隧道’中带入‘日光’中来。在此之前，全世界的人都不得不信守一种异化的，建立在与资本积累相关联的贪婪和剥削之上的丑就是美的道德标准。”

哲学家亚里士多德很早就提出一个经典命题：什么叫美好生活？这个问题比较复杂，但有两种主流的观点，一种是活力主义观点，一种是实用主义观点。活力主义者说人们要主动寻找需要克服的障碍和解决的问题，如果实在找不到，就要改变自己的生活方式去寻找问题并加以解决。实用主义者说人总得做事情，不管做什么事，都有可能会遇到障碍。不管你的职业目标是什么，必须发挥聪明才智，全身心投入，以此来解决问题。这本身就是美好生活的一部分。

我们把这两种观点加以总结就会发现两者之间存在共性。无论是经济学家还是哲学家，他们讨论的都是同一个问题，也就是价值的问题。假设未来会呈现出某种趋势，就必然存在价值的重新定义，以便与这种发展趋势相匹配。而价值包括组织的价值、个体的价值、用户的价值、社会的价值等。

六、人才梯队构成组织的核心能力

文/夏惊鸣

人才梯队是组织的生命力；管理机制是组织的驱动力；组织体系是组织的“能力营盘”，是营盘力；企业文化是组织的“导向”，是向心力。

（一）人才梯队：组织的“腰”

单一的人才概念不能转化为组织能力，只有人才梯队才具有组织能力。

1. 人才梯队是组织能力的第一“构件”

从组织能力建设的角度来看，组织能力主要由四部分构成，我把它们称为“四个构件”，即人才梯队、管理机制、组织体系、企业文化。

这“四个构件”之间的内在逻辑是：首先一定要有人，人是最关键的因素；能够激发人的工作动力的是管理机制；激发人的工作动力后，组织体系决定一个企业（平台）及员工的工作效率；企业文化则是前三个“构件”所体现出的导向、理念和原则。四者形成一个闭环。

但是，**组织能力的第一“构件”一定是人才梯队，而不是人才。**单一的人才概念不能转化为组织能力，只有人才梯队才具有组织能力。

企业发展固然需要依靠能人，可是如果过分依赖能人，就会面临很大的风险。一旦某个能人出了问题，就会对组织产生很大的破坏作用。

企业过分依赖能人是由于企业没有实现组织化。如果企业形成人才梯队，即便某个能人出了问题，也不会对组织发展造成很大影响。因此，我一直强调一点：如果企业没有建设人才梯队，组织机制就会失灵。企业拥有自己的人才梯队，就可以保证人才供给，使企业发展进入良性循环。人才梯队是一个企业的核心能力。

2. 人才梯队是企业管理的“腰”、业务发展的“剑”

人才梯队在企业中所处的位置如同一个人的腰，**没有人才梯队，企业管理的“腰”就硬不起来。**

当企业管理者发现某个能人的行为不符合组织规范而想予以处理时，发现没有更合适的人选接替他的工作。于是为了不影响业务的开展，就对这位能人采取纵容的态度，久而久之，这位能人就会将自己的利益凌驾于组织利益之上，对企业发展造成极大的破坏作用。

在没有人才梯队，只有人才的企业内部，人才之间很容易形成相互博弈的局面，不利于企业管理。一些能人担心“带了徒弟，饿死师傅”，为了维护自身的既得利益，不愿意手把手带新人；新人的能力得不到提升，没有成长的空间，就会选择离职，给企业造成巨大损失，其中包括招聘的成本、培训的成本，还浪费了人力资源部门大量的时间和精力。

企业如果没有建立自己的人才梯队，当业务快速发展的时候，就会无人可用，给企业带来巨大损失。在企业成长的过程中，根据业务扩张计划培育人才梯队显得尤为重要。

企业建设人才梯队一方面需要大量的“空降部队”进行组织能力

的突击性、战略性、结构性调整与提升；另一方面必须根据业务增长情况，招聘应届生进行培养，从中选拔优秀人才承担重要岗位的工作任务。经过长期积累，企业就会拥有自己的人才梯队，支持公司的战略落地，实现稳健发展的目标。

（二）培育人才梯队的三个核心原则

企业培育人才梯队必须坚持以下三个核心原则。

1. 必须匹配业务发展

人才梯队建设必须有一个前提，就是公司有明确的事业增长空间。如果没有业务增长，企业招那么多人干什么？

企业必须紧扣业务发展战略，培育人才梯队，精简机构，使组织结构更加合理，功能齐全，运转协调，灵活高效，以适应业务发展的需要。

2. “牛犊式培养”为主，“空降”为辅

当企业处于转型期，而企业存在人才匮乏的情况，选择跳槽的“空降部队”不失为一个不错的解决方法，但选择应届生进行“牛犊式培养”对于企业未来发展具有极其重要的作用。

如果单纯依靠“空降部队”解决企业人才紧缺的问题，这个组织就始终无法稳定下来。原因在于“空降部队”不是通过层层选拔而来，组织成员之间容易形成相互博弈的局面，造成企业队伍稳定性差，人才流失严重。

由应届生组成的人才梯队是通过层层选拔而来，企业自己培养的队伍稳定性强。

此外，“牛犊式培养”还具有一个优势：相较于跳槽的“空降部队”，应届生刚刚步入社会，对自己选择的企业更容易产生认同感、忠诚感和荣誉感，愿意将个人的成长与企业的发展联系在一起，为企业发展贡献力量。

3. 渐进式生长、选择性培养

如果一家企业强行将组织扩张，会产生什么后果？结果必然是组织扭曲，欲速则不达。企业建设人才梯队的过程是与业务扩张同步渐进式生长的，唯有如此，企业才能拥有自己的人才梯队，为企业发展持续提供人才保障。苏宁的“1200 工程”是由苏宁董事长张近东先生 2002 年亲自发起并延续至今的人才工程，每一期 1200 名员工进入公司，张近东先生都会参与沟通、高度关注并充满期待。经过十多年的发展，苏宁形成了自己的组织人才梯队。

另外，企业建设人才梯队不仅是一个培养人才的工程，也是一个长期磨合、历练和考察的过程。培养的过程事实上是一个优胜劣汰的选择过程。只有在竞争中胜出，在实践中成长起来的人才才能进入企业的核心人才梯队，勇担重任，为企业发展注入活力。

（三）人才梯队建设的三大要素

建设人才梯队的关键在于组织评价，而不在于分成多少个等级，**通过组织评价对人才加以区分，自然会形成人才梯队。**

刚才我们谈到企业的人才梯队是企业管理的“腰”，是组织动力机制的主要实施对象。如果企业没有建设自己的人才梯队，考核机制、用人机制就会失效。当然，没有组织动力机制，企业的人才梯队就无法发挥作用。

组织动力机制包括“等级—评价—竞争（分配）”，本质上就是价值分配机制。人才梯队只有与组织动力机制有机结合起来，才能成为企业价值创造的原动力。因此，我把“人才梯队—价值评价—竞争流动”称为组织持续奋斗机制。在企业中，即便某个人丧失斗志，也不会对组织发展造成太大影响，组织仍然可以持续奋斗。当然，我们培育人才梯队的根本目的不是为了换人，而是为企业发展提供人才保障。

1. 等级：有层次、有落差才叫人才梯队

等级是价值分配机制的价值区分，包括职位等级、薪酬等级、人才梯队。为什么企业要有等级体系？因为我们首先需要有一个区分不同价值高度的“梯子”，不然，我们就不能区分出不同的价值，就无法激发个体的价值创造活力。就像湖面，水面一直都是平静的，水不流动，就无法产生动能。如果我们将湖掘开一个口子，有了落差，水流动起来，自然就会产生动能。

等级是建设人才梯队的一个核心要素，一定要有落差。但是在实践中，很多企业存在一个误区，认为多设置一些副职，或者是助理岗位，就会形成人才梯队，企业就拥有了后备力量。有的企业设置很多个级别的岗位，认为这样做就可以形成职业通道。其实，建设人才梯队关键不在于此，而是取决于以下两个要素。

（1）业务增长。人才梯队是在业务增长的过程中形成的，业务增长能够带动组织培养人才梯队。

（2）组织评价。建设人才梯队的关键在于组织评价，而不在于设置多少个等级。组织要对绩效优秀的人员予以激励，优先给予发展机会，对绩效差的员工进行处罚，这样自然会形成人才梯队。夸张一点说，一个企业哪怕只有两个等级，也可以形成上升通道，企业要奉行"能者上，庸者下"的原则，而不是通过设置很多个级别来体现个体价值。

在一些企业，员工工作没有激情，感觉自己没有前途，我们通常会认为这是因为企业缺乏职业发展通道。事实上，出现这种现象一方面是因为企业业务增长出现问题；另一方面，企业中没有形成明确的"能者上，庸者下"的机制，让员工感觉自己即便做得很好，也没有前途。这叫有通道但不通。其实，**通过组织评价对人才加以区分，自然会形成人才梯队。**

2. 评价：突破两大评价难题

企业需要通过组织评价对人才加以区分，建设人才梯队。

如何评价是一个难题，我们在做评价的时候，经常会遇到以下两个难题。

评价难题一：员工业绩卓越，组织业绩进步不大。

出现这个问题，关键在于组织评价的内容不是企业所需要的。

解决之道：要做到组织评价的内容是企业需要的，关键是要进行目标管理，企业经理人要从上至下对目标进行分解。组织评价不是坐在办公室里确定指标，而是经理人集中在一起讨论实现企业目标的路径是什么，存在哪些问题，应该如何解决问题。所有经理人要踏踏实实地做好目标管理，这才是解决评价难题的关键。如果做不到这一点，必然出现组织评价的内容不是企业需要的情况。

评价难题二：如何衡量价值贡献？有人抱怨“多做多错”，有人抱怨组织评价不公平。

解决之道：我们首先要确立一个观念，就是不要追求评价的数量，而是要追求评价的导向明确。

其次，衡量价值贡献的关键在于改进，只有及时加以改进才是真正的价值贡献；只有通过衡量改进后的效果，我们才知道评价分数高就是在推动个体进步。

最后，改进的关键在于“对标”。比如你比过去进步，你比竞争对手进步快。假设企业要成为行业内的标杆企业，就要“对标”行业内排名前列的企业；接下来，我们又应该如何制定考核目标呢？答案是超越竞争对手，只要达到目标，企业就可以成为行业内的标杆企业。

考核如何做到导向明确

2012 年，我辅导过一家成长型企业。这家企业招募了一批人才，由于企业规模比较小，加上老板不太擅长沟通，经理们总是与老板讨价还价。通常是他提出要解决一些事情，经理就会说出很多理由，告诉他无法解决，这些需要解决的事情也就不了了之，工作进展太慢，老板干着急。当他问我应该怎么办的时候，我告诉他：“很简单，只要做到这几条，这些问题就迎刃而解。”

具体包括以下几种做法。

一是明确股权激励。

二是进行考核。考核也很简单，除了考核业绩和关键任务指标完成情况，还要对四个行为指标（权重为 40%）进行考核。四个行为指标如下。

- 交代的任务马上行动；
- 能够不断发现问题；

- 能够提出问题的解决方案；
- 能够推动解决问题。

当年年底，这位老板告诉我现在部门经理行动迅速，能够不断地提出新的问题，同时提出解决方案，还能够主动解决问题。

如果各部门把上述四个行为落实到位，企业就会产生新的业绩，这就是导向明确带来的好处。

对于组织评价，我曾经这样加以总结：**没有组织评价，企业的管理机制会失效。薪酬的问题往往是评价的问题，任用的问题往往是评价的问题，建设人才梯队的问题往往是评价的问题。**

在这里需要强调的是一家企业如果想让评价真正发挥作用，要提前2～3年布局，因为企业的评价体系不仅可以影响员工的薪酬，还可以培养员工的管理能力，有利于选拔优秀人才。企业建设管理体系，评价要先行。

3. 竞争："能者上，庸者下"

竞争就是"能者上，庸者下"。但在实际操作中，一些企业管理者由于担心引发冲突，影响组织和谐，因而对"能者上，庸者下"这一原则执行不坚决，或者是流于形式。在竞争这个环节，如果企业管理者不严格按照原则执行，组织评价就无法区分人才，建设人才梯队就无从谈起。所以，**企业建设人才梯队，实施动力机制，一定要敢于落实"能者上，庸者下"的策略。**

2012年，我为一家企业起草文化纲领，纲领中确立了用人原则、分配原则等，但要将纲领落地的时候，企业家下不了决心，有可能他不愿意面对这种冲突。后来他给我打电话，问我应该怎么办。我说："文化纲领之所以起作用，就在于'用'，如果让企业的文化纲领成为一张废纸，就不必让其落地，如果你真的想把企业做得更好，让文化纲领发挥作用，就必须按照文化纲领中确立的用人原则去处理问题。"

这位企业家说："我明白了。"他立刻行动，把两个不称职的人撤掉，结果没有给企业运作带来负面影响，因为这些原则是组织成员参与讨论后达成的共识，员工不但没有提出异议，反而看到了晋升的希望，激发了员工创造价值的活力。

没有竞争流动机制，组织就会僵化。因此，对于竞争策略，企业管理者一定要坚决执行，这也是企业管理真正发挥作用的关键。

重新想象组织

第二篇　方法篇

一、“人性想定”的管理塑造高能组织

文/施 炜

要激发一个团队的活力，关键在于打造一支“铁军”，核心是进行人性化管理。

我曾经走访过很多企业，同时为一些企业提供咨询服务，经常遇到的问题是有的企业一旦参与市场竞争，总是显得疲软无力。我们今天不谈业绩差的企业，先带大家看一下优秀企业为什么干劲十足。

为什么这种组织能快速成长

人大商学院有一个转型创新特训营到苏州参观学习。我作为教练，和学员们一起参观了汇川技术公司。这家企业总部在深圳，主体工厂在苏州，生产组成自动化控制系统的设备，比如变频器、控制器、伺服电机，等等。现在公司业务逐步向轨道、新能源汽车等领域延伸。汇川技术公司成立于2003年，2011年上市，公司发展很快，利润长期保持30%以上的增长率。这家企业带有鲜明的“华为特色”，因为19个创始人当中有16个人是从华为出来创业的。

参观完这家企业，大家都很激动，因为在目前经济不景气的情况下，作为一家电机企业，汇川技术公司面临的对手是西门子、施耐德等国际巨头，却能够逆周期成长。参观结束后，我跟宁波单车侠自行车公司的老板刘鹏冒雨开车去宁波。在路上，他问我一个问题："为什么这种企业能够这么快速地成长？"

刘鹏的问题让我陷入沉思。我没有马上回答他，而是对汇川技术公司的发展状况进行分析，企业成长会受到内外部因素的影响。从外部因素来看，这家企业所处的市场环境不能说特别好；又因为是寡头竞争行业，也不能说不好，但是一定不属于风口行业。电机这个行业的技术门槛很高，要经历很长时间，企业后发超越的势头才会逐渐显现。从内部因素来看，这家企业有着很好的组织基因和组织能量。

汇川技术公司属于工业品行业，其2014—2017年的业绩如图2－1所示。

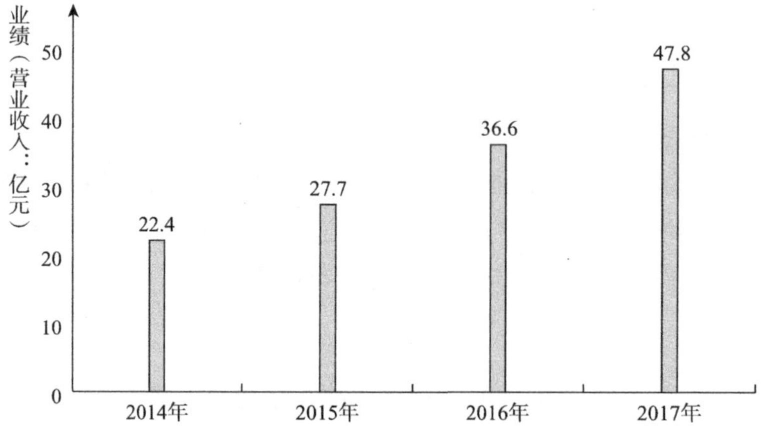

图2－1　汇川技术公司业绩图

我们再来看一下消费品行业中的顾家家居，其属于传统行业。从2014年起，顾家家居业绩复合增长率在30%左右。

顾家家居业绩如图2－2所示。

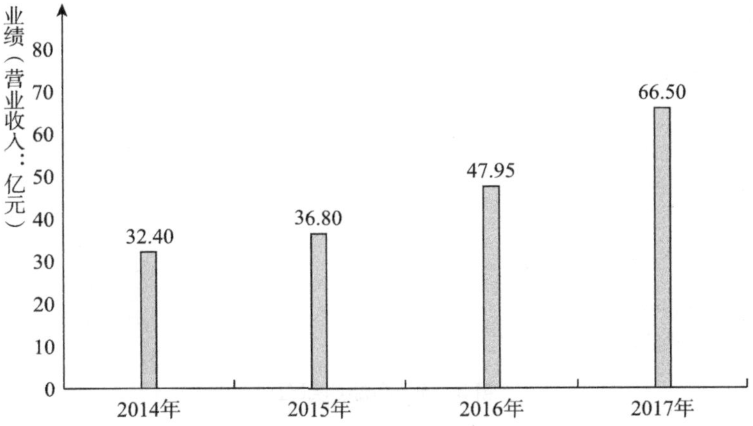

图2－2　顾家家居业绩图

中国有一批这样的企业，我把它们定义为“高能组织”。这是我创造的概念，因为有高能物理，我想也可以有高能组织。

（一）高能组织的“三高”

高能组织的“三高”如下。

（1）高能量。企业在外部的市场竞争中具有很强的竞争力和战斗力。不管处在什么行业，它们一旦介入，就能赶超对手，能够在比较短的时间内形成优势并保持优势。我把这种现象叫作高能量。

（2）高绩效。高能量也反映在高绩效上。高绩效就是有比较高的顾客价值和企业价值。其中一个特点就是毛利水平较高。汇川技术公司近几年的年报信息显示其年均毛利保持在40%以上，可以创造比较好的顾客价值。如果这样的高绩效企业是上市公司，那么企业价值就会比较大，估值比较高。

（3）高能力。高能量的背后有一个高素质的专业团队。这批人具有独特的知识，包括专业技术知识、经营管理知识，以及营销知识等。同时，这批人还具有高行动力、高执行力。

我把这样的高能组织的特点概括为“三高”，高能组织公式如图2－3所示。

“铁军”是怎样炼成的？

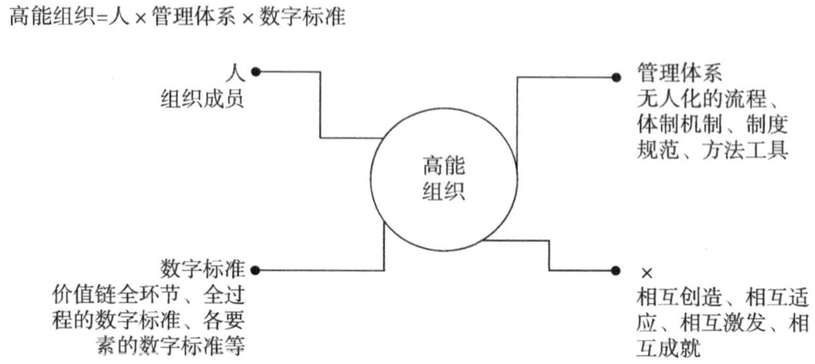

图 2－3　高能组织公式

通过研究华为、美的等多家企业的人力资源政策和人力资源管理模式，我概括了**高能组织炼成“铁军”的 7 条经验**，具体如下。

（1）招聘应届高才生。高能组织主要招聘应届高才生，很少从其他渠道招人。这次我们去汇川技术公司参观，其规模最大的事业部的总经理对我们说：“最主要的经验就是全部招聘学生，他们比较听话。不仅要招聘学生，还要招聘高才生。中国参加高考的学生体量庞大，大学扩招使得大学生之间的差距迅速拉大。华为率先发现了这个奥秘，就先下手为强。其他企业也迅速觉醒，导致校招的竞争越来越激烈，好的学校里面人山人海，说明大家意识到要从源头上解决问题。”

学过物理的人都知道高能粒子带电。首先，粒子本身要强；其次，要有加速器。高才生就是强悍的粒子，企业就是加速器。

（2）给人才设计一个待遇金字塔。在人才的待遇上要有一个增量，要充分利用薪酬杠杆。薪酬杠杆是指给一个大学生的报酬比一般平均水平高 30%，但是他所创造的业绩要比一般平均水平高 50%，业绩曲线的斜率一下就上去了。实践证明，高才生创造的价值更高。

（3）用“前置”方式发现、争夺人才。给出好的待遇，是不是就能招到高才生？不一定。招聘工作技术性很强，有测试、面试、评价等环节，最重要的是要了解学生的基本信息。我在大学里面做过多年的班主任，我可以负责任地告诉大家：同班同学中，学生之间的差距非常大，远远超出我们的想象。一个班里只有 20% 的优秀学生，要把他们找出来，正确的方法是工作“前置”，事先介入，比如设置奖学金，跟班主任谈话，用多种方式预先选出班里的优秀学生，提前争夺人才。要是等别人到校园招聘结束，你再去招聘人员，就无法招聘到高素质人才。

（4）高目标牵引。企业招聘高才生后，应该如何使用？响鼓要用重锤击打，企业要用高目标牵引的方式考核新员工。高目标就是高压力，顶得住压力的人员就留用，顶不住压力的人员就淘汰。

（5）高组织张力。高组织张力就是不对称激励。所谓不对称激励，就是薪酬向关键岗位倾斜。比如一个普通的主管年薪 12 万元，做到经理层级年薪 50 万元，做到总监级别年薪 200 万元。企业采用这种方式对管理层进行不对称激励，组织的张力就会增大，企业要引入竞争机制，优胜劣汰。我们分析过，企业在高速成长时期，团队（包括厂长、车间主任、营销人员等）是高速度流动的。这个时候不要考虑流动问题，流动 30% 也没关系，不行就换人，最后剩下的就是优秀人才。

（6）给人才提供一个舞台，建立人才后备营。企业要做到不怕人员流动，关键是多储备后备人员。所以，在人力资源的规划上一定不能“一个萝卜一个坑”，而是要“一个坑两个萝卜甚至三个萝卜”，要有人才储备，要有长远的成长目标。同时，要大胆起用年轻人，给年轻人提供一个发挥才能的舞台。如果起用的干部平均年龄比其他企业小 5 岁以上，一定是最好的人力资源管理模式。最不好的人力资源管理模式是从一些知名企业招聘一批人过来。这些人到企业工作后，并不一定能够适应企业的发展节奏，不一定具备“打硬仗”的本事。

此外，机制比人才更重要，企业建立良好的机制，就会吸引优秀人才加入组织。

很多企业老板对我说：“我们企业的人不自信。我经常这样鼓励他们：‘你挺好的，没什么问题，我们又不进行登月行动，不需要那么复杂的劳动方式，也不需要高精尖的人才。一般人也可以完成大部分的企业任务。’”

企业一旦建立后备营干部机制，一般人的能量可以被激发出 30%。什么是后备营？我们举例说明，方便大家理解。

销售系统中有区域经理，在任命区域经理的同时，设立一个后备区域经理的训练营，配比1∶2或1∶3，最少也要1∶2。不是一个人对一个人接班，而是一群人对一群人接班。因为如果是“点对点”接班，在位的人员就会打击报复后备人员。如果是一群人接班就不会存在这个问题。形象地说，后备营机制就是“抽驴赶马”，后面的驴一叫，马就着急，回头一看驴赶上来了。驴其实也很着急，马怎么还不下来？现在有些企业连驴后面的狗都准备好了，这就是双层干部后备营。

人的潜力是无限的，大家一定要对自己的团队充满信心。我曾经为很多企业提供咨询服务，发现对于团队问题不能采用形而上的理论加以阐述，大家要坚信“三步之内必有芳草”。没有芳草是因为你没看到，或者是你没有培育出让芳草长大、茂盛的土壤。

（7）高浓度组织文化。高能组织的团队一定拥有高密度、高质量的组织文化。大家学习华为的“以奋斗者为本”，就要营造像华为那样具有极强奋斗精神的文化氛围。这就是场，是高密度的精神场，也可以理解为产生精神力量的加速器。

以上7条经验是操作层面的总结。

（二）基于人性的管理：高能组织的内核

基于人性的管理是高能组织的内核，具体包括以下几个方面的内容。

1. 人性想定

如果进一步思考，我们就会发现要想激发一个团队的价值创造活力，打造一支“铁军”，关键在于基于人性的管理。由此形成三个层次：第一个层次是企业文化的鼻祖沙因所说的“人性假设”。这个词不好理解，我将其改为人性想定，就是对人性的理解，对人性的设想。第二个层次是与人性对应的管理理念和原则。第三个层次是由管理理念、原则衍生出来的管理政策、机制、方法等，这就是《道德经》中所说的“道生一，一生二，二生三，三生万物”。

基于人性的管理模型如图2-4所示。

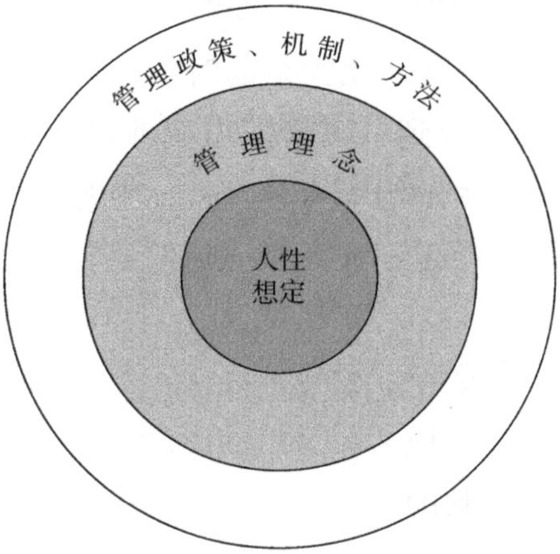

图2-4　基于人性的管理模型

人性有什么内涵？人性是人的本质属性，既与人作为生物的本能有关，也与人在社会发展的过程中形成的一些具有社会含义的特征有关。

我思考了一下，觉得人性可以用以下六个词语来概括。

（1）善恶。人是有伦理道德感的，不同的人拥有不同的价值观。

（2）荣辱。中国人把荣誉感称为面子。很多组织行为学专家专门研究面子和中国管理的关系。《菊与刀》是研究日本文化的，书中提出，日本文化是耻感文化。耻感文化就是荣辱文化，在一个群体里面，别人好好干，而我不好好干，我就会有耻辱感。

（3）是非。有人将其称为罪感文化，是非观是人性中非常重要的一个属性。一个民族的性格里面如果只有荣辱感，没有是非观，这个民族就会出现问题。

（4）利害。这是人性的重要组成部分，赵履宽教授说过，人性就是四个字——趋利避害。本能、欲望等都属于利益的范畴。

（5）爱恨。这是指人对他人或事物的情感。

（6）勇怯。人在态度上有勇敢和怯懦两种表现。

2. 对应6种人性，可以形成6种新的管理理念

（1）意义、使命、价值。为什么愿景和使命很重要？这是因为每个人不仅追求个人的价值，还追求群体、团队的价值，这样才能从内心生成能量。

（2）尊重、荣誉、自尊、参与。要激发员工的荣誉感，让他们积极参与组织建设。我在写企业文化大纲的时候，经常会加上一条内容——“参与也是激励”。我曾经到一家研发型企业进行管理指导。这家企业采用项目式管理方式，大的组织有几百人，小的组织有几十人；他们上下班不用打卡，薪酬差距也不大。我问他们：“是什么驱动你们努力工作?”他们说是自尊心。

（3）真相、辩驳、数字、公正。

（4）利益、机会、惩戒。

（5）关爱、团队、救助。

（6）氛围、赋能、表率。

这些都是高能组织的管理理念，也是高能组织行动的内在驱动力。

基于人性的管理理念如图2－5所示。

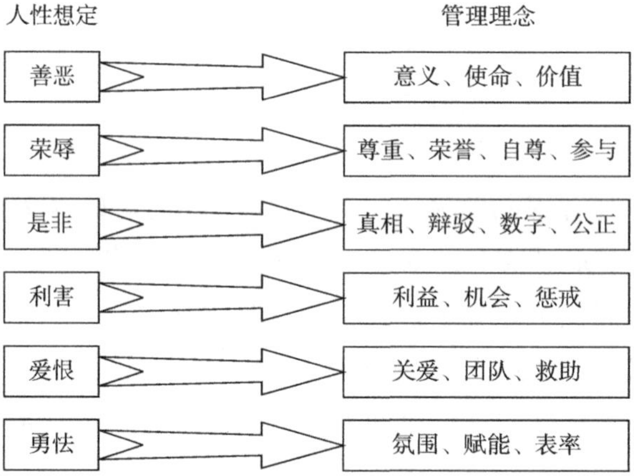

图2－5　基于人性的管理理念

（三）高能领导者：高能组织的力量源泉

所有高能组织的力量源泉是高能领导者。

如果你想成为一名高能领导者，就需要做到以下几点。

（1）高强度思考。很多企业管理者做不好事情是因为他没把事情想清楚，想得不够多，或者是想得太粗略。用一句话概括就是思维的密度不够。

（2）行动力。王阳明说过："知中有行，行中有知。"做就是了，不要天天光想不做。

（3）逢山开路，遇水架桥。当企业面临困难的时候，企业管理者不要有畏难情绪。很多企业老板经常跟我说缺人，我说缺人就去招，缺会计就招会计，缺出纳就招出纳，赶紧去做，这样就不会再纠结。

（4）企业有时候要准备后备力量。有时候企业缺10个人，可能会招100个人，在实际工作中优胜劣汰，建设人才梯队，增强企业活力，这样企业管理者就不用再担心人才流失。

（5）在管理体系建设上，有的时候要以空间换时间，迅速建立体系，有的时候要以时间换空间，慢慢打磨队伍。刚开始搭建组织框架的时候，要以空间换时间，不能拖。当每个项目建立起组织框架之后，就要以时间换空间，要有工匠精神，不要急于求成。

（6）企业管理者要相信"一分耕耘，一分收获"。

真正的高能领导者会破除"心中贼"。"心中贼"包括以下内容。

（1）偏离真相、常识、规律的"自我设定"。

（2）推崇投机主义，走捷径来抢占市场，抢夺客户（这是企业管理者最容易犯的错误）。

（3）狭隘本位主义导致利令智昏。

（4）权力意识的膨胀。有的老板在公司里面高高在上，经常发号施令，置组织规则于不顾。现在，"90后"和"00后"已经成为企业发展的生力军，这样的企业管理模式会导致员工反感，造成人才流失。

总的来说，中国的很多优秀企业的高能领导者都不存在这些问题。

在我国，每一个行业都会涌现出一批优秀企业。比如服装行业，人们的基本需求就是衣食住行，在中国，服装的需求量非常大，是万亿级别的市场，却没有做得特别好的服装企业。就这一点来说，中国企业要向日本企业学习，不仅向优衣库学习，还有镰仓衬衣。镰仓一年在全世界销售10亿件衬衣，成为世界级企业。只要企业按照高能组织的要求去做，我相信每个行业都存在巨大的商机。

二、做正确的事，形成组织能力

文/陈　闯

优秀的企业管理者刚开始创业的时候都是抓住机会，在解决问题中形成自己独特的核心能力。现在一些企业管理者急于求成，没有静下心来解决问题，试图用所谓的商业模式绕开问题，这样做会得不偿失。

重复完成某项任务的流程其实就是企业的能力，而这正是德鲁克所说的正确的做事能力。这个能力对于处在创业阶段的中小企业来说非常重要。现在一些企业过于强调“做正确的事情”而忽略了这一点。**今天看来，很多优秀的企业当初都是因为正确地做事，形成了自己独特的核心能力，才能够打败竞争对手**。正确地做事就是发现问题并加以解决。

（一）沃尔玛、宜家、永辉超市如何“正确地做事”

沃尔玛成立之时就有两个实力强劲的竞争对手。1961 年，凯马特、沃尔玛、塔吉特三家公司同时成立。刚开始凯马特掌握了更多的资源，其在大城市里面发展业务，服务于大客户。当时业内流传着一条经验法则：企业不能在低于 10 万人的小镇上建立超市，只有 10 万人以上规模的城镇才能养活一家超市。可是沃尔玛的老板因为他太太特别喜欢小村庄，不愿意离开小村庄，而选择在几万人的地方开超市。

他所面临的问题是没有供应商愿意跑到一个小村庄给他提供产品。他是如何解决这个问题的？为了得到更便宜的产品，他被迫建设配送中心，为他的门店配送货物。这种做法反而给沃尔玛带来了采购方面的优势，以至于沃尔玛后来的扩张模式是“一个配送中心加上一定数量的门店”，企业以整体扩张的方式开拓业务。

配送中心加上一定数量的门店成为沃尔玛的基本竞争单元。大家都知道三家企业竞争的结果，沃尔玛打败竞争对手，而沃尔玛的供应链管理成为很多企业效仿的对象。

同样的事情发生在宜家身上。宜家的创始人坎普拉德立志为普通人提供便宜的家具，并为此创立了邮购与商场销售合二为一的经营模式。虽然消费者喜欢他们的产品，但是业内同行都排挤他们，甚至一度出现供应商拒绝向宜家供货的情况，宜家即便将结算周期缩短到 10 天，仍然无法解决问题。要知道当时结账期的行业标准是 4 个月。

消费者很喜欢宜家的产品，宜家成长的速度很快。可是，没有稳定的供应商，影响了宜家的发展。创始人坎普拉德决定放弃与瑞典厂家的合作，自己设计产品，指导生产成本更为低廉的波兰厂家生产出质量过硬的家具。而这一行动为宜家增添了新的竞争元素：宜家风格。

正如坎普拉德所说："当我们无法从供应商那里进货时，我们不得不自己设计产品，这样一来我们就有了自己的设计风格。上帝在关闭一扇窗户的同时也给我们打开了一个全新的世界，这一举措对确保宜家货源稳定是很有必要的。"

中国内地也有类似的案例。福建有一家企业，名叫永辉超市，最近这家企业提出"新物种"概念，引人注目。其实永辉超市起初的核心能力是在"农改超"的过程中抓住机会，形成了卖生鲜挣钱的能力。这家企业总结了一套生鲜产品的售卖方法，具体到怎么估算每天的销量，如何让水果保持新鲜度。沃尔玛卖生鲜不挣钱，永辉超市卖生鲜就挣钱，这家企业在实践的过程中逐步形成了自己独特的核心能力，打败了竞争对手。

以上这三个故事都是关于如何正确做事情。创业型企业因为解决某类问题，完成某项任务而创造价值。**解决问题、完成任务就是一种能力，一种正确做事的能力**。中国一些企业，尤其是互联网企业，在发展过程中面临很多问题，比如供应链的问题、配送的问题，但是这些企业的管理者并没有想办法解决问题，反而投机取巧，试图走捷径，运用所谓的商业模式创新绕开问题。在此，我再次强调中小企业在创业初期要抓住机会，在解决问题中形成自己独特的核心能力，如果试图用所谓的商业模式绕开问题，这样做会得不偿失。不做正确的事，企业永远无法形成自己的组织能力。

（二）中小企业如何发育组织能力

困难往往是企业形成组织能力的契机。

中小企业如何发育组织能力？“承诺”“学习”这两个概念很重要。很多人都在研究这两个概念，在这里我就不多谈了。我觉得有一个概念能够帮助创业型企业发育组织能力。美国创意写作指导者罗伯特·麦基所写的《故事》一书中提到“激励事件”，《重新定义战略》这本书的作者进一步解释“激励事件”指的是“能够引发战略性的、关键性的转变的事件”。实际上是这些创业型企业在发展过程中遭遇困境，被迫解决某个问题，在解决问题的过程中逐步形成了自己独特的核心能力。比如沃尔玛是因为当时没有供应商给其供应货物，被迫解决供应链的问题，由此形成了自己的风格。

企业能力的形成跟解决问题，跟任务是紧密相关的。同样一种任务、同样一个问题，不同的企业会运用不同的方式解决问题，由此形成不同的能力。所以中小企业必须要在这个过程中投入资源，培养自己解决问题的能力。

其实，困难是企业形成组织能力的契机。很多企业都是遭遇意外事件后，在被迫解决问题的过程中形成自己独特的核心能力。比如ZARA。ZARA具备快速响应快时尚的能力，这是因为ZARA一开始做销售服装的门店生意，大量的货积压在仓库里卖不出去，企业必须要解决这个问题，就把管理重心从门店迁移到后端，形成了这样的能力。中小企业在面临问题的时候要想方设法调动各种资源解决问题，由此形成自己独特的核心能力，打败竞争对手，不断壮大企业的实力。

“激励事件”往往看上去是不好的事件，会对传统的商业模式发起挑战。企业为了解决这样的问题，不断创新，便形成了自身的独特优势。**坎普拉德说：“新问题创造了绝佳的机会。”所以，创业者应该以积极的态度看待问题，把出现问题当作发育组织能力的契机，克服困难，解决问题，由此形成自己独特的核心能力，在市场竞争中立于不败之地。**

(三) 大企业组织能力重构

在自然界中，最厉害的物种不一定能够适应环境的变化；在市场竞争激烈的背景下，大企业也面临这一问题。大企业如何在效率和适应性之间取得平衡？我认为企业需要进行组织变革，企业的组织变革是在提高组织效率与适应环境变化之间取得平衡。

我认为在这方面理解得最透彻的是詹姆斯·马奇。詹姆斯·马奇被称为组织决策研究领域最有贡献的学者之一。针对组织增强适应性，建设学习型组织，他提出了两个核心概念：探索、利用。**这是组织的两种学习方式：一种学习方式是探索新的知识，企业可以建立中央研究院、研发机构，用于探索新的知识；另一种学习方式就是把新的知识转化为生产力，提高效率。**

企业总是需要在效率和适应性之间取得平衡。要做到这一点，企业可以采取两种方式：**一种方式是“间断性平衡”，就是先做好一件事情，做完以后突然把这件事情推倒，然后重新做一件事情。**这个平衡效果可能很好，但代价也很惨痛。因为在这个过程中会大量地推倒过去好不容易建立起来的流程，长期积累的知识、经验都会被否定，企业重新建立一个体系的过程充满艰辛。**另一种理想模式就是实现“同时平衡”，也就是既做这件事情，又做那件事情，企业需要具备“双元能力”，既具备探索的能力，又拥有开发的能力。**现在很多研究组织学习的人都在探索这一课题。

企业除了在效率和适应性之间取得平衡，还要进行颠覆性创新。克里斯坦森教授关于颠覆性创新的核心观点是：越优秀的企业，越会被其客户利用。大企业之所以优秀，是由于为客户提供了优质的服务，但最后企业会发现自己的主流客户锁定了资源配置的方法，同时锁定了企业的流程和能力。而当市场、技术等外部环境发生变化的时候，这种企业往往很容易消亡，这就是大企业的宿命论。但在克里斯坦森的书里，我们找不到解决办法。

克里斯坦森的观点是：大企业之所以卓越，是因为把主流客户照顾得很好，弊端在于一旦出现具有颠覆性的创新，那些大企业之前不会去关注的用户在其需求得到满足后会逐步逆袭，把大企业彻底摧毁。

一旦出现具有颠覆性的创新，对于大企业来说就是致命一击，不是说大企业提前做好预防工作，设立事业部就能解决这个问题，因为颠覆性创新具有不确定性，大企业根本没有机会提前做好准备。

现在有学者提出一种观点：**组织除了具备系统能力，还应该具备改变组织能力的能力，也就是战略变革的能力，简称为“组织的元能力”**。我注意到彭剑锋老师和其他几位老师也在讲企业家要加强战略变革能力，以及对未来的洞察能力，这实际上是从系统能力回归到个人能力。但到了个人能力这个层面后，可能就真的只能像柳传志所说的那样，“无论如何让企业活下去，在续命的过程中等待英雄”。IBM 就是这样的一家企业，一位优秀企业家领导 IBM 取得成功，企业在红火了一段时间之后又归于沉寂，随后又有一位强人崛起，让企业的生命得以延续。

最近有很多人在关注企业的“即兴发挥能力”。原来乐队通常演奏“管弦乐”，这是一种有既定曲目的组织活动，但现在很多乐队即兴表演，就是演出只有一个大致的框架，乐队会在节目现场根据观众的要求即兴表演，与观众互动，为观众提供优质的服务。这本来是美国艺术的一种形态，但有些研究组织的学者认为现在的组织也应该是这样的，**保持大部分的既定流程，但是在某些环节要有即兴发挥，这些即兴发挥就是大组织创造力的源泉。**

三、组织的价值是为业务赋能

文/苗兆光

（一）如何理顺业务和组织的关系

企业管理者如果想理顺业务和组织的关系，就需要做到以下两点。

（1）首先是思考生意，再思考组织怎么做生意；业务决定组织。

美国著名管理学家，近代管理理论奠基人巴纳德提出系统组织理论。他认为社会的各级组织，包括军事、宗教、学术、企业等多种类型的组织都是一个协作的系统。这些协作组织是正式组织，都包含三个要素：协作的意愿、共同的目标和信息联系。**现在从企业范畴将企业的命题分为两类：一类是业务，属于生意问题；另一类是组织问题，就是如何落实生意。**企业首先要思考自己的生意，再思考组织怎么实现生意。

企业的生意是什么，怎么建立自己的生意？有三个要素：一是顾客，顾客对价值的认定、顾客的需求、顾客自身行为的变化等；二是完成顾客的需求，要考虑满足顾客需求需要什么样的资源，自己有什么样的资源形态；三是如何把资源与客户需求连接在一起，即业务过程。这三个要素的演变决定了企业的生意模式，组织会因此受到影响。

(2) 洞察生意，开辟业务时，要先思考组织出现了哪些变化。无论身处顺境还是逆境，组织以顾客为中心的理念不会变，顾客的立场也没有发生改变。顾客永远是从自己的需求出发选择产品。

变的是资源。比如以前资源的形态相对固定，土地、资本在所有资源形态里占据重要地位。现在，对技术资源的拥有在所有资源形态里显得尤为重要。笼统地说，就是拥有知识的人成为商业的关键资源变量里的主要变量，这个变化影响了现在的商业逻辑。

变的是组织的技术。工业化时代，企业也是以客户为中心，只是受到当时的技术条件限制，无法满足消费者的需求。工业技术、生产技术、研发技术等都无法为组织提供支持。在技术约束的情况下，组织只能在资源和需求之间取得平衡。现在，互联网等新技术的应用给人们的生活带来了巨大变化，比如智能手机、智能家居能够把你的生活方式展示得清清楚楚，消费者对需求有了更深层次的理解。

变的是人在组织中的地位。知识边界扩大，技术更迭，而知识和技术是服务于人类的，所以人在组织中的地位就变高了，人的诉求发生变化，由此带来组织的变化。

（二）组织如何为业务赋能

想了解组织如何为业务赋能，就需要了解什么是组织化赋能。

组织化赋能就是把能力建立在组织之上。如果一家企业的能力建立在组织之上，就很容易为业务赋能，尤其是在企业开拓新业务的时候。

很多企业的能力没有建立在组织之上，而是加载在个人身上。比如个人拥有客户资源，个人的客户资源没有共享在公司的平台上，资源没有组织化，而是游离在个人或利益小群体之间。

一家能力和资源没有组织化的企业很难给新业务赋能。

阿里巴巴建立中台、后台，才完成了能力和资源的组织化。华为建立十大管理平台，这也是企业能力组织化的大工程。拥有组织化能力体系，阿里人、华为人做新业务就比没完成组织化的企业容易得多，组织丰富的能力和资源在同一个大平台上不断沉淀、积累，雄厚的组织化能力不断进化、提升，这些能力很容易叠加到新业务上。

组织化程度高的企业新业务做起来相对容易，因为组织赋予企业得天独厚的条件；组织化程度低的企业新业务做起来很困难，如同一支正发起进攻的队伍却呼唤不到炮火的支援。

搞定客户是一项重要的组织能力，阿里巴巴把客户资源组织化，中台掌握所有客户信息，前端开展新业务时可以调用中台的客户信息，通过分析特定客户群的需求开发新产品。**阿里巴巴的能力分享做得更彻底，它建立了著名的组织模式——强后台、大中台、小前台，前台的业务部门包括淘宝、天猫、聚划算、口碑、阿里妈妈、菜鸟等，这些业务的背后是强大的能力中台**。阿里巴巴早期是从老业务里提取出中台体系，比如用户中心，所有阿里巴巴客户结构化的信息都放在用户中心，商品中心也是一个共享资源中心，天猫和淘宝等销售前端共用商品中心。

我们再来看一下阿里巴巴的交易结构和交易评价，比如店铺搜索、整体数据和营销推广等，这些能力和资源都沉淀在业务中台。如果天猫平台想做新业务，就能从业务中台调出聚划算、口碑等业务前端的资源。**如此，在信息赋能和组织化能力加持下，各业务单元创新的难度大为降低，新业务成功更有保障。**

华为的十大管理平台是中国企业组织化成果的标杆

华为的十大管理平台包括技术研发平台、中间试验平台、产品制造平台、全球采购平台、市场营销平台、人力资源平台、财务融资平台、行政服务平台、知识管理平台、公共数据平台，在这些平台上分别嵌入高绩效文化、战略方向、客户化组织、流程化管理、信息化系统、管理工具、衡量方法、求助体系和激励约束。这个严整有序的体系既是华为内部的多元化大生态，又是一个自运转的价值传递、价值创造的组织闭环。华为从2004年开始大规模建设十大管理平台，到2011年，在这个体系里，上层是公共平台，下层是3个事业群，每个BG都共享这些能力平台。

在这个能力和资源充分组织化的体系里，当各个事业部的客户有了新需求，业务团队就能从客户需求出发，定义新的产品和服务。在十大平台共享的组织化能力支持下，新业务团队不需要什么能力都具备，什么资源都拥有；如果需要研发、人力资源等部门提供支持，可以调动平台的对口资源。

组织化程度低的企业开展业务对个体依赖性很强。比如在一些医药企业，一位优秀的销售人员能够独当一面，协调好某个地区的医院、院长、医生、药房等方面的关系；如果企业要开发新业务，就必须把这个拥有核心资源的销售人员调配到新的岗位上，但是这样做会使老业务停滞不前。因此，**能力和资源没有组织化的企业很难做到既维护好老业务，又有余力不断开拓新业务。**

当企业开展一项新业务时，如果项目团队需要不断弥补不足之处，项目就会进展缓慢。

企业开发一个新产品，从技术研发到产品制造，从供应链到销售端，项目团队不可能自己完成所有环节，因为很多能力需要长时间的积淀，很多资源需要耗费精力去获取。在储备了组织化资源和能力的企业，新业务团队面临的障碍大大降低，它可以借助很多平台的能力，自己只需要集中力量单点突破，新业务成功的概率就会大幅提升。

企业需要深入建设组织能力。一些企业存在着一种“游击习性”，做业务是机会主义导向，核心业务对企业的所谓能人、牛人特别依赖。要克服这种机会主义的习性，在组织能力建设上舍得花时间，投入人力、物力、财力，才能真正建设好组织化工程。

即便在华为、阿里巴巴、美的这样的大型企业，人才也在不断流失，大家可以看到人才市场上有很多来自这几个企业的各类职业经理人，但这些企业依然人才济济。为什么这些企业还能够源源不断地输送人才，没有出现人才断层的现象？**这是因为当企业组织能力很强的时候，可以为人才提供宽广的平台，让人才更好地施展自己的才能，借助这个平台，人才更容易得到成长，也更加容易成功。在能力和资源充分组织化的环境里，职场人在早期不需要耗费过多时间和精力把自己打磨成一个“完人”，他只需要在自己擅长的环节上展示特有的能力，跟自己的组织角色做好匹配就可以了。**

如何打造组织能力？

这个问题比较复杂，我有一门课程叫作“企业的二次创业”，专门讲述这个问题。企业创立初期，企业创始人往往凭借个人能力抓住机会，通过风险投资，带领创业团队不断奋斗，使企业发展到一定的规模。但**企业初创时期的这种发展模式是不可持续的，因为不可能所有人都能够和企业一起成长，企业创始人和其带领的团队也不一定能够持续保持旺盛的创业激情。**

正因为如此，企业必须经历组织化的阶段，完成它的二次创业。很多优秀企业都经历了这个阶段。

华为从1995年开始，历时10年，从机会导向走上了组织化的道路。在这期间，华为管理者制定了《华为基本法》，统一干部的思想，通过对人力资源系统进行改造完成了管理团队的职业化进程。华为对业务流程进行大规模的整合，通过一系列变革，完成了组织能力建设的二次创业。

在几个大的历史阶段，美的可以说是一个和华为同步成长、蜕变的企业。有意思的是华为早期做2B，在业界名气比较大，美的做2C业务，但是很低调。美的从1996年开始变革，历时10年，几乎与华为同时期完成了二次创业的系列变革。1995年美的的销售额为26亿元，1996年萎缩到20亿元，停止增长，美的于当年进行事业部改造，搭建了控制体系、人力资源体系、营销体系、研发和生产体系，花费10年时间完成了管理体系的组织化进程。

自从2018年企业上市以来，小米的动作也特别大，第一轮变革就是调整干部队伍，对很多业务部门进行调整，将一些担任中层管理者的年轻人提拔为业务负责人，成立组织部、参谋部，这都是在完成二次创业的过程。过去小米强调速度和效率，现在小米力争使组织化建设迈上一个新的台阶。雷军率先做出表率，说自己也要适应时代发展变化，进行角色转型。

蜕变虽然是痛苦的，但是只有经历蜕变，才能完成组织能力的升级，企业成长才能获得新的动能。

如果一家企业的组织能力强，企业就会呈现出一派朝气蓬勃的景象，就像一块肥沃的土地能够长出各种植物，而一家企业如果缺乏组织能力，就像一片荒漠，除了仙人掌，别的植物很难生存，企业开发不了新的业务，就无法实现可持续发展。

企业经营之道是老业务的资源和能力完成组织化，具备为新业务进行组织化赋能的能力。唯有如此，企业才具备“造血”能力，才能持续发展壮大。

四、围绕业务战略进行组织设计的三要素

文/苗兆光

（一）能力

长期以来，主流的管理研究者认为企业的失败多数源于对外部机会的误判，企业开出的“药方”往往集中于关注机会的变化，紧跟环境

的变化。

在研究企业成长的过程中我们发现这一观点并不正确，至少在夸大机会在企业战略制定中的作用，同时低估了企业家对市场环境的判断力，以及企业内部能力的调整难度。

事实上，企业失败只有少部分原因是对外部机会的误判，绝大部分原因是因为无法调整内部组织，以适应已经改变的环境。诺基亚、摩托罗拉这类企业之所以“陨落”，不是因为没有看到移动互联时代手机的智能化趋势，而是无法及时调整在功能型手机时代积攒的组织惯性。传统企业面临的最大问题不是看不到移动互联网给企业带来了转型的机会，同时也对组织能力发起挑战，而是无法及时调整组织的“航道”，建立与企业转型相匹配的组织能力。

企业的组织能力由以下三个要素构成。

（1）资源。资源是组织能力的基础，如果没有资源，企业什么事都干不成。**资源包括人、技术、品牌、资金、信息、设备、土地等，企业成长的过程也是资源积累的过程；资源也会随着企业的成长不断改变，战略空间也会增加。资源结构也会对企业转型形成制约。**

（2）结构与流程。结构与流程决定了资源的组合方式和企业的组织方式；不同的组合方式和企业的组织方式会使相同的资源产生不同的能力。**企业在成长的过程中需要不断根据外部机会调整业务方向，也必然需要调整资源的组合方式和企业的组织方式，正所谓“结构追随战略”。**

（3）价值观。**价值观体现了决策的优先次序和选择标准，也决定了企业能做什么事，一个把控制成本作为优先决策次序的企业很难从事高附加值业务。同样，一个以高附加值为优先选择的企业也适应不了大众化市场，比如小米公司做不了苹果公司正在做的事情，苹果公司也做不了小米公司正在做的事情。**

企业价值观是建立在企业从事的业务之上的，当企业成长对业务提出转型要求时，价值观也必须随之调整。

企业在建立新的组织结构时需要具备一定条件，而这种条件往往在上一类组织结构的成长过程中形成。如果没有直线职能制时代建立起来

的垂直分工的基础，企业在推行事业部制时就很容易流于形式。如果没有直线职能制时代确立的流程化素养，企业推行矩阵制将会成为一种灾难。

（二）体系

组织治理体系包括哪些内容？企业应该如何围绕业务构建组织治理体系？

组织治理体系的五个要素如下。

（1）组织结构设置。当竞争环境变得越来越复杂，企业的组织结构就要做出相应的调整，组织决策是否正确关系到企业的前途。

（2）有效的决策体系。从大的治理观来看，企业的董事会、经营班子会、股东大会三者之间的分配区别实质上是不同的决策权归属和决策程序分配。通俗地说，就是由谁来做决定，如何做出正确的决定。企业的新业务组织也是如此，企业建立适合新业务特点的组织结构，目的是为了使决策更有质量。

（3）评价体系。公司整体的评价体系应对新业务和老业务加以区分，并与新业务和老业务建立有机的对接，企业管理者要对不同业务完成的质量及进展情况做出客观的评价。

（4）管控体系。当业务形态呈现出多元化的态势，企业要针对不同的业务形态采取不同的管控方式。如果“一刀切”，很有可能阻碍新业务的发展。

（5）利益激励体系。企业管理者要思考如何分配利益，怎样引导和激励业务团队积极开拓新业务，执行企业的战略决策。

（三）目标

企业明确目标后，在构建内容和具体实施上就能做到弹性处理，如果外部环境发生变化，企业需要及时调整内容，采取具体措施的时候做到富有柔性，落地效果更佳。

组织治理体系的目标包括以下四个方面。

（1）组织治理体系的目标是实现企业战略，组织治理体系和企业战略共同构成一个整体。美国商业史学家钱德勒（1918—2007）在《战略与结构：美国工商企业成长的若干篇章》一书中以杜邦公司、通用汽车、新泽西标准石油公司和西尔斯公司为代表，论述了分部制管理结构的产生和完善过程。书中明确提出结构追随战略的观点，即战略决定结构。如果企业业务复杂，那么组织结构也必定复杂。

后来钱德勒说这种表述不够准确，**企业的战略和结构其实是一体的，很多时候不是战略决定结构，而是结构反过来影响业务和战略的执行**。这就是为什么往往是企业的能力决定企业发展的方向，一旦组织结构稳固下来，企业员工全部适应了这种结构，你再想改就很困难。

企业在刚开始创业的时候是业务决定结构，当组织定型后，会反过来影响业务。组织就像一个逐渐成形的河道，业务和战略是水流，刚开始，水流冲击出河道的雏形，到后来，河道变得稳定，水流越来越受到河道的牵引和制约。企业管理者制定企业战略的时候会深切感受到一个事实：因为组织的限制，很多机会并不属于你。

我们在这里达成一个共识：**要把组织和战略作为一个整体来考虑，**这二者是一体的。

（2）组织治理体系的目标是服务于企业和新业务的市场竞争力，而不是服务于某些群体的利益，尤其是大股东的利益。为什么要强调这一点？因为个别企业将组织治理体系服务于某个群体的利益，尤其是用于保护大股东的利益。

我帮一些公司做新业务方案时无法开展业务规划，究其原因，是公司的治理结构改造没有完成，企业还是老板说了算，组织结构形同虚设。老板把自己的利益置于企业利益之上，他认为企业是属于自己的，把企业作为实现自己人生理想的舞台，而不是把它当成一个人人可以发光的公共平台。在这种组织体系下，无法激发出新业务团队的创业热情。

总之，**建立业务的治理体系一定要服从于业务的市场竞争目标，要让业务具备竞争力，企业就应该设置相应的治理结构**。

（3）保证企业能够及时做出正确决策。对于新业务而言企业是一个对抗性组织，要明确规定职责和权力的归属问题，决策者不能擅自破坏规定。外部市场竞争激烈的时候，组织治理体系必须有利于企业管理者迅速做出决策，这样才能响应外部变化，满足外部环境提出的要求。

（4）理顺内部关系，使之充满扩张的力量，不限制业务发展，也不纵容其无限扩张，管而不死，活而不乱。这句话是任正非说的，对这句话进行阐释就是企业要通过组织治理体系理顺内部关系，比如研、产、销之间应该是什么关系，高层、中层、基层之间是什么关系，核心团队与外围团队之间是什么关系，等等。

以上四点就是企业治理体系的目标，企业管理者应该牢记目标，细化每个治理板块的内容。

五、以客户为导向打造平台化组织

文/全怀周

打造平台化组织是企业经营思维的一种转变，是对企业经营模式的一种变革。因此，平台化组织并非简单的关注如何设计组织形式，而是要站在企业经营的角度来思考问题。

（一）把员工当客户：重构人与组织之间的关系

在现代组织建设中，企业管理者需要转变思路，重构人与组织之间的关系，把员工当成客户来看待，具体体现在以下几个方面。

1. 以经营为导向解决各类管理难题

近几年，面对日益复杂的经营环境，企业人力资源管理也逐渐从专业“深井”中走出来，以企业经营为导向思考和解决管理问题。所以，当我们谈论人力资源管理时，其实已经不是在简单谈一项专业的管理职能，从专业的角度看待企业管理问题是自下而上的思考问题，是从局部到全局，而从经营的角度看待企业管理问题则是自上而下的思考问题，是从全局到局部。人力资源管理不再是割裂地、单一地解决某一种专业职能问题，比如薪酬如何设计，岗位如何配置，而是要系统地、整体性地解决经营给企业管理带来的一系列问题。由此，人力资源管理模式就要和企业经营方式相匹配。

当代企业一定是以经营为切入点思考如何解决管理问题，以经营为导向来解决包括人力资源在内的管理难题，这就要求人力资源管理者必须要从“非专业”的角度来思考人力资源管理问题。问题由此产生，当我们摆脱专业的局限性，从经营的角度来审视人力资源管理问题时，应该从哪里着手解决问题？接下来我们进一步分析，探寻答案。

2. 企业的核心是客户，员工同样也是客户

这几年，华夏基石一直在强调企业在不确定性日益增加的时代要回归到经营客户、经营人才的本质上来。从企业人力资源管理的角度理解，就是要强化客户概念，即真正把员工当作客户，所有的管理理念都应该是立足于这个基本前提。

当前企业经营环境发生了一些根本性的变化，比如企业发展阶段、市场环境、管理的对象都不同于以往。自 2018 年以来，受到多方面不确定因素的叠加影响，当前企业的生存环境虽不至于用恶劣来形容，但复杂程度也是前所未有。在这种情况下，采用传统的管理方式已经不能完全支持企业的发展，企业管理者需要打造一种新的人力资源管理方式，使其与企业发展相匹配。

企业的核心是客户，员工同样也是客户。人力资源管理应该围绕“以客户为中心”这个基本概念来进行变革。

3. 员工的活力与效率来自于企业如何看待员工

海尔的平台化、创客化引得很多企业管理者关注，甚至加以效仿。但我想说平台化、创业化并不是提高员工活力与效率的唯一方法。

员工的活力与效率来自于企业如何看待员工。当企业管理者意识到企业是员工施展才能的平台，员工与企业的利益紧密相关，员工是这个平台里面的用户，企业制定人力资源政策的出发点就会发生改变，企业管理者考虑的不再是怎样实现对员工“通过最小的支出获取最大的收益”，而是考虑企业应该给员工提供哪些支持，怎样做好资源配置，使员工更好地施展才能，怎么把员工和组织的目标捆绑在一起，实现共同

发展。

如果企业管理者不转变思路，不把员工当作客户看待，组织目标（提高企业的活力与效率）就很难实现。

“以员工为中心，把员工当客户”是新时期以经营为导向的人力资源管理的新思路。就方法而言，每个企业都可能有自己独到的解决方案，但我们需要强调一点：当企业人力资源管理在面对复杂、不确定的内外部环境时，要建立一种结构化和系统化的思维方式。简单地说，就是紧紧围绕经营，围绕活力与效率的“不变”命题来系统地、结构化地思考解决之道，以应对各种变化，告别过去“头痛医头，脚痛医脚”的专业化、模块化思维方式。

（二）活力与效率命题新解：“力出一孔”“利出一孔”

企业管理者要提高员工的活力与效率，就需要转变思维，以经营为导向，建立新的人力资源管理方式。

1. 人力资源的效率和活力追求是企业经营的本质命题

人力资源的效率和活力追求是企业经营的本质命题，也是人力资源不变的主题。

在新的外部环境下，变化的是转变企业和员工之间的关系，强化员工客户化意识，不变的是如何激发员工的活力，提升工作效率，企业所有的激励、考核、评价工作都围绕这条主线来进行。

多年来这条主线一直没有变，但是这个问题也一直没有得到解决，这是为什么？

这是因为外部环境在不断变化。在不同的市场环境、不同的发展阶段，企业会采取不同的手段激发员工的效率与活力。以前企业通过提高薪酬可以激发员工的效率和活力，现在随着社会需求基准不断提高，企业不仅要采用物质激励手段，还要考虑员工的其他需求，为员工提供成长的机会。不同的发展阶段，企业关注的重点不同，但是激发员工的活力，提升工作效率始终是人力资源管理的核心工作。

2. 员工激励的多维化

随着社会的发展，企业对员工的激励手段也呈现出多维化的趋势，就目前来讲，这种多维化主要体现在以下三个方面。

（1）从经济性的角度来说，企业要考虑到员工短期激励和中长期激励相结合的问题。但是大部分企业目前都是以短期激励为主，这跟企业所处的发展阶段有关。我认为短期激励还是要与中长期激励适度结合。

（2）从非经济性的角度来讲，企业一方面要关注员工的发展，给员工创造一个发展的环境；另一方面，企业要考虑员工的个性化需求并加以满足。现在企业的激励手段有很多，比如华夏基石提出的全面认可激励，从业绩考核到劳动态度、自主性等，对员工进行全面评价，使企业管理更加人性化。

（3）自助福利和弹性福利。现在很多企业把自助福利当作激发员工工作积极性的重要手段，这的确是一种有效激发员工活力的手段。企业关注员工的生活，帮助员工解决生活中遇到的问题。除了员工的基本发展需求之外，企业还会满足员工的个性化需求，对于住得比较远的员工来说，弹性的上班时间就是一个非常好的非经济性的激励手段。

3. 如何解决“力出一孔”“利出一孔”的问题

在企业转型突破谋求持续发展的过程中，人力资源管理面临的一个迫切问题是如何让个人与组织目标一致，把所有人的力量聚焦到执行企业经营战略上来，即所谓的“力出一孔”“利出一孔”的问题。

“力出一孔”是华为的一个观点，华为做到了这一点。它把价值观贯彻到员工的行为中，“力出一孔”的作用是非常大的。

从企业经营的角度来说，企业如何做到让员工“力出一孔”？我认为要把握以下几个原则。

（1）让员工知道企业所要达成的目标。我们不谈战略，只说目标。首先，必须让每位员工知道企业要达成什么样的目标，他们应该做什么。这是从企业对员工管理的角度来讲的，目标一定要清晰，就是要告诉员工力往哪里使。

（2）给员工提供相应的服务和支持，让员工能够有能力做这件事情。

（3）把员工当成客户，从“以客户为中心”的角度出发，对员工给予支持，使其顺利完成任务。

“力出一孔”和“利出一孔”两者密不可分。员工价值多元化并不影响企业目标的多元化，两者之间不能画等号。我们可以采用多种手段满足员工多元化的需求，如果企业管理者对企业发展目标的多元化不了解，就不能胡乱指挥，以免影响员工达成目标。企业管理者或许不了解企业发展的方向，但对于具体事务，比如现在能做什么事，要做成什么样子，企业管理者一定要有清醒的认识，要跟员工讲明白，这是“力出一孔”的前提。

彭剑锋老师以前讲到过人力资源有四大机制，即牵引机制、监督机制、激励机制、淘汰机制。这四大机制会产生四种力量：拉力、推力、压力和约束力。我认为企业在人力资源管理中仍然需要这四种力量，但在新的时期需要注入新的内涵。比如牵引力，在现在这样的状态下，就要改变过去在传统职能思维下的以绩效考核为牵引的方式，应该体现为三种牵引：一个是公司价值观的牵引，如果你认可企业的文化，就将自己与企业的利益绑定在一起，共同发展；第二个是目标的牵引；第三个是用发展牵引。

从推动力的角度说，现在更多的是公司提供平台和资源支持员工创造价值，而不是单纯依靠培训提升员工能力。

当然，企业还要对员工形成压力和约束力，从经营的角度来看，可以把压力和约束力融合到刚才说的“一拉一推”中。比如约束力实际上就是目标约束，目标本身就是一种约束，当然可能还会有行为约束。企业可以把行为约束作为价值观牵引里面的一项要求。

我们强调要把员工当作客户。无论是“推”还是“拉”，首先是让员工认同企业的价值观，如果员工不认同企业的价值观，双方目标不一致，就无法合作。企业要站在为员工服务、为员工提供支持的角度来推动员工和企业一起向着目标前进。

（三）平台化组织建设的主旨、内涵与挑战

1. 平台化组织变革的三个主旨

企业要贯彻用户思维，在经营过程中采用多种方法变革组织模式，

以贴近市场需求，快速响应市场变化，而打造平台化组织就是一种有效的方法。以海尔为例，其组织变革的核心是拉近企业与用户之间的距离，根据用户需求制造产品，由传统的科层制组织模式转变为多“触角”、直达用户的生态组织模式，借以实现企业组织平台化。

因此，平台化组织变革主要围绕以下三个主旨展开。

（1）实现对外部环境的快速响应。贴近用户需求，通过变革组织模式，及时把握用户需求，打破由企业少数人观察市场、制定对策、层层上报的决策机制，通过开放式、灵活性的组织模式快速迎合市场需求变化。处于“风口”上的小米通过用户模式创造手机生态圈产品，其他企业的组织模式变革可以借鉴这一方式。

（2）实现企业内部组织单元之间的有机协同，提高信息传递和决策的效率。打造平台化组织并不是简单地将组织扁平化，而是强调用户思维。目前没有实践表明分工理论已经过时，也没有迹象表明打破组织边界是企业的必然选择，各司其职仍是组织管理的核心内容。无论是封闭式的组织还是开放式的组织，都是靠“做事”来落实目标，这也是企业中组织存在的理由。在平台化组织中，需要改变的是企业内部组织单元之间的责、权、利关系，以及与外部市场的接口关系。

（3）实现对效益与效率的科学匹配。效益与效率犹如紧密结合的DNA链条，二者缺一不可，只是在企业不同发展阶段侧重点有所区别。基于对外部环境的快速反应和内部组织单元的有机协同，提高组织的运行效率，进而提升企业经营效益，组织要围绕效益和效率来制定企业战略。

平台化组织的基本形式如图2－6所示。

2. 平台化组织的三个基本内涵

如果我们仅仅把平台化定义为企业组织模式变革的范畴，似乎过于狭隘。企业通过转变思维对经营模式进行变革，而打造平台化组织就是一种有效的方式。企业打造平台化组织并非简单地关注如何设计组织形式，而是要站在企业经营的角度来思考问题。

笔者认为平台化组织包括以下三个方面的基本内涵。

（1）平台化组织是以分工为前提。无论企业采用什么样的管理理

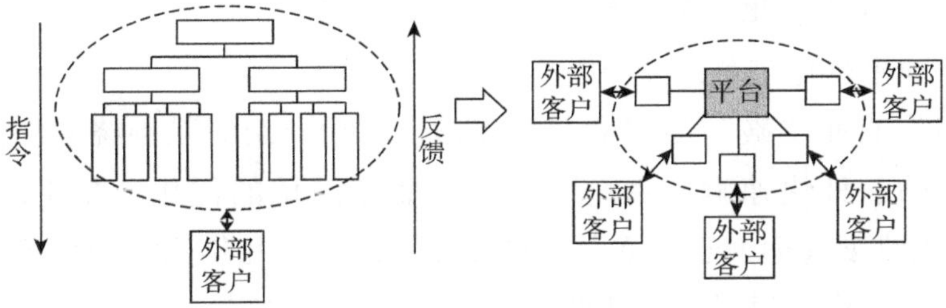

图 2-6　平台化组织的基本形式

念构建组织形式，科层制也好，生态圈也罢，企业组织存在的本质仍然是以分工为前提。作为一个整体，企业扮演的是整个社会经济中的一个小单元，从事的是某些方面的业务。在企业内部，各个经营单元承担着不同的业务，主要变化在于业务的运作机理有所不同，开放性、扩展性有所差异。

（2）平台化组织是以客户为中心。现在普遍流行的科层制管理模式是典型的指令式模式，自上而下层层传递指令，自下而上层层反馈信息，管理决策往往聚焦于金字塔顶端。在互联网时代，这种经营决策机制对外部市场需求的反应速度已经明显滞后，企业打造平台化组织的目的就是拉近企业与外部客户之间的距离，及时响应客户需求。企业与外部客户的需求贴合越紧密，对企业内部的服务与支持要求就越多，由此会导致内部组织单元分工和定位发生变化，形成内部员工客户化。

（3）平台化组织既相互独立，又紧密协同。我们举一个形象的例子加以说明，方便大家理解。

在一片森林中，植物、动物、土地、溪流都有各自的功能。在这样的生态环境中，如果缺乏任何一方，生态环境就会被打破，没有溪水，植物就会干枯，土地就会风化，久而久之就形成恶性循环，生态圈就不复存在。

平台化组织的构建过程与此类似，是一个系统工程，需要不断平衡才能实现自我进化。

3. 企业平台化变革过程中的三个难题

企业平台化变革过程中面临以下三个难题。

（1）直面“破”与“立”的挑战。平台化组织是围绕客户需求建立起来的一种快速响应系统，是变革而非简单的优化。在此过程中，“破”的难度远远大于“立”的难度。在海尔近几年的平台化组织变革实践中，去除中间层，通过小微化、创客化延伸客户需求“触角”，由被动指令向主动迎合转化，总部实行的是服务与资源支持角色定位的策略。这种模式可以说是一种“伤筋动骨”的变革。要做到这一点，首先需要企业家具有做大事的魄力与勇气。在既有组织框架下，企业是否能够打破现有的职能边界和利益格局，促进各方实现角色定位的转变，决定着平台化组织变革是否能够获得成功。

（2）直面“僵”与“活”的挑战。把握“势”与打破“惯性”对于企业而言难度同样大。所谓管理惯性就是企业长期以来形成的一种管理思维和管理模式。纵观中国企业的发展历程，在经历野蛮成长阶段后，企业逐步迈入规范化管理阶段，管理模式基本定形，形成严谨的组织结构、标准化的业务流程、严谨的管理制度，“按部就班”成为组织常态化的工作方式。但长此以往组织将变得僵化，如果没有持续优化机制跟进，在一定程度上就会导致企业丧失活力和灵活性。企业建设平台化组织的目的就是解决这个问题，在最大程度上激活组织效率。如此一来，企业就需要解决灵活性与既有机制之间的冲突问题。

（3）直面“统”与“分”的挑战。无论企业采取何种组织模式，都必须围绕一个基本命题来展开工作，这个基本命题就是企业存在的价值。企业价值定位是贯穿所有经营管理活动的主线，也是组织落实的主线。统与分的问题其实就是目标、活力、效率三者之间的平衡问题。从组织学理论上来讲，三者之间是一致的，不存在根本性的冲突，然而企业在实践中会面临很多方面的问题，比如组织单元之间的分工和定位、管控力度、利益分配机制，等等。

（四）客户化导向下的平台化组织构建基本路径

平台化组织在形式上具有多样化的特点，企业构建平台化组织需要遵循的核心理念是“形散神凝”。如前面所述，平台化组织是以分工为前提，以客户为中心的系统。

笔者认为构建平台化组织应当把握以下三个要点。

1. 转变经营理念

客户化必须贯穿于组织体系设计的全过程。客户化经营理念下的组织模式如图 2－7 所示。

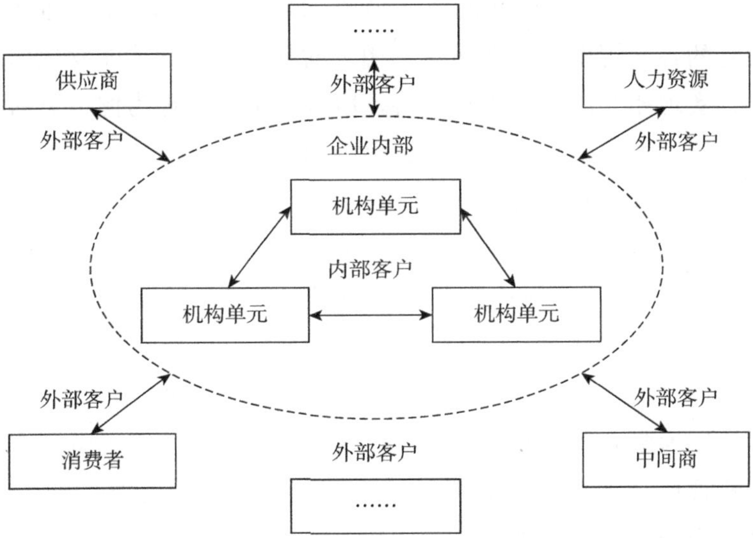

图 2－7　“客户化”经营理念下的组织模式

对内而言，客户化是指视同组织单元、员工为内部客户，以满足内部客户的需求为组织设计的基本理念。在具体落实过程中，“共享中心”模式可以作为此种理念的诠释与参照。以华为为例，通过打造人力资源共享服务中心、财务共享服务中心、IT 共享服务中心、全球技术支持中心、投标共享中心，将事务性、服务性等相对辅助性的职能集中到“中心”，面向全公司提供服务，通过对事务工作的集中处理提高效率和专业化程度，最大限度地满足员工的需求。

对外而言，客户化是指建立与多方相关的利益主体，包括最终客户、上游供应商、合作伙伴、社会资源等的“零距离”关系。这就要求企业建立适度灵活的机制，尤其是要赋予一线人员一定的灵活性和决策自主权，并且通过一定的激励约束机制提高一线人员的主动性和创造性。在此情况下，就要将传统的利益共同体转变为事业共同体。在平台化组织模式下，将“企业给员工发工资”转变为“员工主动挣工资”。海尔的小微化管理实践具有典型的借鉴意义。

2. 转变协同关系

我认为在平台化组织中协同包括两个基本概念：一个是 BP（Business Partner）；另一个是 SP（Service Partner）。

从 BP 业务伙伴的角度说，就是要加强不同管理部门之间的联系，打破原有的各个管理部门之间互不相干的状态，如此才能发现内部客户的需求，实现相互渗透，相互支持。以人力资源管理为例，美国人力资源领域的管理大师戴维·尤里奇提出的 HR 三支柱模型明确了人力资源专业部门在企业中的价值定位和工作方式，HR 三支柱模型包括 COE（专家中心）、HRBP（人力资源业务伙伴）和 SSC（共享服务中心）。其中，HRBP 是人力资源内部与各业务经理沟通的桥梁。

从 SP 服务伙伴的角度来说，更多是指企业总部的价值定位。在平台化组织模式下，为了有效提高业务单元的活力与效率，就要求企业由管控者转变为服务者、资源支持者。在此情况下，传统组织模式下的目标计划式管理（下目标、定计划、监督实施、沟通反馈）和职能式管理都将受到冲击，发生改变。

企业要让 SP 概念落地，关键在于借助供方、需方和资源三个基本要素识别内外部客户需求，给业务单元的员工提供资源，支持他完成任务，满足外部客户需求，促进企业持续发展。以企业内部为例，我们要让“听得见炮火的人”做决策，企业就要及时提供资源，而不是让一线人员充当“侦察兵”，发现“敌情”后上报给指挥部，等指挥部拍板后再配备资源。如果不及时提供资源，市场上的信息瞬息万变，企业很容易丧失良机，让竞争对手抢先占领市场。

3. 转变组织模式

这里我重点谈两种组织模式：“百货商店模式”和“投资公司模式”。

为了让大家便于理解“百货商店模式”，我们打一个比方。企业盖了一座百货大楼，里面有若干经营区，企业把这些经营区出租，自己负责大楼的运营工作，比如消防、安保、水电管理，以及对经营区的管理。承租人在经营区自主经营。承租人可以是企业一方的人，这种关系叫作责任落实，包产到户。承租人也可以是企业以外的人，这种关系叫作不求所有，但求所用。

企业组织模式的典型特征是企业构建统一的管理平台，提供统一的资源支持，适度放开经营自主权，让业务单元满足客户多样化、个性化需求。如此一来，通过统一化的管理模式，灵活性的资源调配，自主性的经营决策，实现多方利益共赢。

“投资公司模式”就是企业搭建一个对内外相对开放的创新平台，满足公司业务发展要求或盈利要求的项目均可纳入这个平台，企业负责提供必要的资金、设施设备、原材料甚至人力等资源的支持，并通过一定的利益分享机制，比如提成、股权、众筹等，实现共赢。与一般的“孵化器”不同的是，此种模式下，创新更多的是围绕内外部客户需求，由员工甚至是企业之外的人自主挖掘产生。在创新过程中，企业的定位是一个服务者和支持者，创新者定位于自主经营实体，与自身利益捆绑并对结果负责。

具体到企业组织模式，其典型特征是构建创客化的组织单元，或者是开放式的创新管理机制，企业负责创新项目的评估及资源投入，创新者负责提出项目需求及项目的设计与实施，由企业和创新者共享收益。

（注：本文根据《华夏基石管理评论》对全怀周老师的采访整理编辑而成，未经本人审阅。）

六、班组：末端组织的进化升级之路

文/张小峰

班组是具有中国特色的管理词汇，不同于“team”“group”“u-nite”，班组有其独特的含义。本文将班组定义为产生于劳动分工，服务于生产效率，初步具备制度保障的工人团队。班组是组织中不可分割的最小组织单元。

（一）工业时代的班组：技术驱动，科学管理

班组起源于工业革命前的工厂中，在对传统手工工场进行改造的过程中，班组这种末端组织由于适应性很强，开始在新建的工厂中迅速蔓延。所以，班组是组织中产生于劳动分工，服务于生产效率，初步具备制度保障的工人团队。处于萌芽期的班组特征十分鲜明，从事简单生产任务，依靠体力贡献价值，个体生理优势（体力）占据主导地位。

蒸汽机的产生使生产力大幅提高，大大减少了人类的劳动强度，此后，技术就成为班组形式和班组建设的一个重要驱动因素。这一点在第一次工业革命中的英国棉纺织业和第二次工业革命中的美国铁路工业中都表现得非常明显。

严格意义的班组出现在第一次工业革命之后，本文将其定义为“班组 1.0”。在“班组 1.0”时代，技术是推动班组进步的重要驱动力，班组的内涵也发生了变化，同样产生于劳动分工，服务于生产效率，不过开始在机器助力下开展工作，具备一定的制度保障。

在“班组 1.0”时代，工人已经开始从事简单的机器操作，不过由于机器的不完备性，工人的体力优势仍然占据主导地位。

在“班组 1.0”时代，工厂主开始探索如何利用技术手段提升机器性能，提高整体生产效率，这也直接导致第二次工业革命。

第二次工业革命极大地提高了机器的运转效率，使得大规模生产成为普遍现象。我们把大规模生产条件下配合机器动力开展工作，具备制度保障的工人团队称为“班组 2.0”。

在“班组 2.0”时代，班组成员开始分类，工人开始分流，一些工人开始操作复杂的机器，一些工人则从事简单的机械操作。当然，仍有一部分工人还在从事简单的体力劳动，这个时代的班组优势中，综合生理优势（体力 + 智力）占据主导地位。

在“班组 2.0”时代，虽然有一定的纪律规范和生产标准，但是仍然没有最优生产实践的总结，工厂主对工人的管理仍然缺乏人性化，所

以，虽然机器代替了大部分体力劳动，工厂的生产效率仍然没有达到最佳状态。

科学技术在快速迭代之后进入长期的蓄力期，这也迫使工厂主不得不思考如何利用技术之外的因素来提高生产效率，影响班组和组织进化的第二个因素“管理”由此进入人们的视线。

19 世纪末，很多工厂主为了解决生产效率低、雇员数量庞大、产品质量低劣的问题，曾经尝试引入计件工资制，然而这一做法并没有产生效果。为了解决这个问题，美国著名管理学家泰勒进行科学管理的实践，在米德维尔钢铁厂，泰勒逐渐建立任务管理系统。他先是研究员工工时，随后重新定义绩效标准，对工作设计和人员配置进行优化。他把对于这些班组劳动时间和工作方法的研究成果记录下来，汇集成《科学管理原理》这本著作。

科学管理的出现标志着管理学发展由此开端，在科学管理思想的影响下，出现了工业心理学、组织理论等众多研究成果。受到科学管理思想影响的“班组 2.0 时代”，组织内部开始进一步优化，分工更加明确和精细，在评价体系下，工人之间的绩效差异开始凸显。

然而，由于科学管理思想过分关注生产管理、质量管理和技术管理，班组内有着严苛呆板的纪律规范和生产标准，工人因为盲目遵从最佳生产实践总结，使得生产效率始终无法突破瓶颈，加之工厂主依然不尊重工人，导致劳资双方矛盾频发。

在一次次的劳资冲突中，在与工人一次次的对立中，工厂主开始意识到工人首先是“人”，然后才是产业工人，梅奥的“霍桑试验”充分体现了这一观点。

从 1923 年到 1932 年，梅奥在霍桑工厂开展长期的试验研究。结果发现工人的“人际关系、工作态度、情感和感觉”，对于生产效率有着极大的推动作用。他由此提出“社会人”假设。“社会人”假设关注班组内的人性特征，反映了工人在感情方面的特点和需求，倡导管理者不仅要用规章制度来管理员工，还要让管理人性化，使得班组更加具备活力。

随着第二次世界大战的结束，和平和发展开始成为世界的主旋律，而“人”作为一种创造性的生产要素，开始发挥出无限潜能。当然，班组不变的主体就是“变”，在企业规模不断扩张的过程中逐渐出现了“大企业病”，信息沟通成本高，管理决策失真，信息传递失效等。这些都成为制约企业发展的因素。

历史不会踏入同一条河流，但是规律却总是惊人的相似。在“班组1.0”时代到“班组2.0”时代之间历经“技术”“管理”“人的认知”的驱动之后，班组开始了新一轮的螺旋式进化历程，所以“班组3.0”时代进化的起点依靠的仍旧是“技术”。

如果我们把过去的一个周期称为工业时代的班组历程。新的一个周期因为起源于信息技术，所以称为信息时代的班组历程，下面请读者随同我们走进“班组3.0”信息时代。

（二）信息时代的班组：组织运行再造之路

新技术革命以电子信息业的突破与迅猛发展为标志，因此也有信息革命的说法。信息技术的应用极大地提高了班组与组织、班组与班组之间及班组内部的沟通有效性，降低了沟通成本，提高了信息传递速度，增强了管理决策的有效性。

在“班组3.0”时代，工程师逐步走上班组舞台，工人与工程师同时存在，体力劳动和脑力劳动同步创造价值的特点使得班组定义发生了些许变化。在这个阶段，我们将班组定义为自动化生产条件下，与机器协同开展工作的工人和工程师团队。

信息时代的另一个特点就是全球化，跨国公司在全球经济中的话语权越来越大。随着工业生产的快速发展，资本和生产资料越来越集中在大型企业之中，商业社会的主要矛盾变成了规模经济下的生产方式和消费者日益多样化需求之间的不匹配。

“大规模生产、标准化产品、垂直型组织形式、刚性生产、生产者决定论和垄断型市场结构特征”的新福特主义代表了上一个时代的主流思想，这也促使企业不断加快全球化的步伐。

当然，新福特主义只是风行一时，大规模、标准化生产之后，商业社会的主要矛盾变成了规模经济下的生产方式和消费者日益多样化需求之间的不匹配。

此后“大规模定制、水平型组织形式、消费者主权论、弹性生产、竞合型市场结构”的后福特主义思潮则直接促使柔性生产、倒三角、前端拉动后端等组织管理方式出现。

在后福特主义指导下的“班组3.0”时代开启了面向客户需求的组织运行方式再造之路。在定制化生产条件下，体力劳动基本上被工程师取代。这种组织运行方式能够快速响应客户，有效满足客户需求，直接提高了班组客户价值创造的能力，因此备受推崇。但是，在以客户需求为导向的组织运转中，虽然意识到了“人”的价值，但是忽略了“人”所携带的“知识”的价值。

在信息时代，“资本”奴役下的“知本”该何去何从？“知本”的原动力该如何觉醒？这些困惑直接导致人力资本理论诞生。

其实早在20世纪30年代，美国哈佛大学教授沃尔什就提出了“人力资本”的概念，指出人力资本是与物质资本相对应的资本，而且是促进社会发展的主要因素。

伴随着人力资本理论的诞生，班组开始更加重视员工，管理者开始把班组内的员工视为人力资本的携带者，班组建设也开始围绕人力资本的开发与利用展开。当然，激发员工的激情与活力和利用员工的“知本”都是手段，首要目的还是以客户为中心，为客户创造价值。在人力资本理论影响下的“班组3.0”时代，管理者依旧在探索如何利用定制化技术来满足客户的个性化需求。

规模经济与定制化成本的矛盾总是无法得到良好的解决，借着班组进化的逻辑，管理者开始重新思考如何利用技术的手段来实现成本和需求的完美结合。

还好有3D打印技术，有大、云、物、移，工业4.0的推进实现了过去“无人工厂”的畅想，过去成千上万人的流水线现在只需要几十个工程师就可以搞定，而且成本比原来更低。从这个角度看，班组中的员工需要提高危机意识，毕竟人可以是“知本”，也可以是“成本”。

（三）人工智能时代的班组：价值创造“生命体”组织

在工业智能推动下的“班组4.0”时代，企业内部由智能化生产条件下的工程师和技师组成，从事体力劳动的工人没有用武之地。在“班组4.0”时代，班组由过去的执行单元变成决策单元，由过去的末端业务制定单元变成前端价值创造单元，同时因为大、云、物、移技术的加持，班组也开始具备了自我驱动、价值创造、智慧分析、资源响应、创造效益的特点，从某种意义上说已经可以用“生命体”的概念来解释“班组4.0”时代的独特特征。

随着员工的多能协同和技术的推进，班组的价值创造能力也越来越强，传统指令型的组织管控方式显然无法有效释放班组的潜能。部分优秀的企业开始逐步升级管理方式，激发员工价值创造的能力，提升生产力。比较典型的是华为的前端“铁三角”——中端“重装旅”——后端大平台，海尔的创客小微，国家电网的生命体班组建设等。这些企业都在探索“大平台+小前端”的运作方式，以期通过增强管理能力来配合班组生产力的提升。

平台化组织尚无明确共识，所以在实践中，我们以自组织的方式来指引班组在“班组4.0”时代优化管理机制。通过多中心、分布式、去威权化的组织方式激发班组活力。在多中心的自组织运行机制背后，如何激发员工潜能，使其与技术手段的提升和管理机制的优化相匹配，这成为班组建设的重要课题。

使用人，激励人，提升人的能力，不同的方式会带来不同的效果。如果仅仅把员工当作班组实现目标的工具，班组就无法与员工形成生命共同体，所以，唯有转变观念，把“人”当作目标，而非手段，才能在“人”和班组的目标之间找到契合点，使得双方为了共同的目标努力奋斗。

同时，人工智能的兴起和发展使得组织具备“智慧化”的特征，我们将这种智慧化班组时代称为“班组5.0”时代，在这个时代，智能机器开始大量应用并取代班组成员的工作，随着决策下放和多中心权威，各个中心和班组有着各自的独特诉求，协同性和一致性大大降低。自组织的方式虽然可以激发前端价值班组的创造活力；但是，也会对组织的整体利益最大化产生一定的制约作用。

我们可以畅想这样一种景象：随着通信技术日益发达，沟通将变得无差异、无延迟、无歧义，各种前端信息可以完全保真地呈现在平台上，平台的管理决策在人工智能的帮助下可以实现“绝对理性”，由于控制系统的完备性，使得前端可以完全执行平台的指令。在这样的假设之下，我们可以就此认为组织将成为超级平台型组织，而班组则成为组织中的超级前端执行单元。

超级平台型组织下的班组内部都是人机交互与融合的工程师团队，人工智能技术大量运用，过去很多人类从事的工作由人工智能所取代，失去工作的人类开始分化为脑力科学家、一般工作者和一般人，脑力科学家创造智慧的世界，而人工智能的运用也不断激发人类战胜人工智能的欲望。

超人类的出现使得班组中的主导权重新回到人类手中，班组也成为超人类主导下的人机协作体，此时的班组具备超级生命体的特征，而这些已经超越了我们的想象。

我们可以不断拓展思维，超人类和人工智能的过度理性是否会引发超人类返祖，重新关注感性和人性？我们也可以思考应该如何满足超人类和一般人类的情感需求，这些应该都是未来班组需要思考的核心命题，而我们无法想象出未来的班组是什么样子。

我们在研究班组的时候发现了一种有趣的现象，就是中国和西方国家的班组建设在发展历程上有着明显的区别。西方国家的班组建设目标明确，追求生产效率；而洋务运动的班组建设诉求是“攘外安内”，“中华民国”时期的班组建设则追求富国强兵。新中国成立后，班组建设的目标是赶英超美，实现共产主义，带着浓厚的中国特色社会主义的色彩。

管中窥豹，见微知著，班组虽是小微组织，但是研究班组建设意义重大，希望班组的进化、班组的驱动力，班组的发展方向和班组成员的进化方向能够给企业管理者带来启发，那么这次研究就很有价值。

第三篇　研讨篇

一、未来的组织什么样

组织的变革驱动与演进

参会嘉宾：彭剑锋、孙波、王祥伍、陆学彬

特邀主持：孙波

策划及整理：尚艳玲

究竟是什么力量在驱动组织变革？未来组织拿什么替代科层制？

彭剑锋：究竟是什么力量在驱动组织变革

在互联网时代，企业组织环境发生了哪些变化？驱动组织变革的因素是什么？我们来逐一分析。

1. 企业组织面临的三个根本变化

当前，无论是传统经济体还是新经济体，在实践中都面临组织变革的问题。传统企业在互联网环境下如何适应消费者需求的变化，如何应对这个不确定性增加的时代。美的、华为、海尔等代表性企业正在进行组织的创新与演进。那么，传统组织创新变革的方向是什么？传统组织与新型组织之间的演进关系是什么？哪些在发生变化，哪些没有发生变化？包括组织形态、组织的治理模式、组织与组织之间的关系、组织的

边界，其实都对企业提出了全新的要求。传统企业管理者现在讨论比较多的是在不确定性增加的时代背景下，原有的组织应该如何变革、如何创新。

包括腾讯、阿里巴巴、“滴滴出行”在内的一些新兴企业也在思考新商业模式下的组织问题，尤其是共享经济下的组织问题。在一次会谈中，“滴滴出行”的程维说他们现在面临的是组织的颠覆和创新问题。那些关于组织的基本假设，比如基于分工、基于授权体系等在他们这里根本就不成立。“滴滴出行”是共享经济的产物，它的模式是平台加小微、个体，车不属于“滴滴出行”，人也不属于“滴滴出行”，员工直接面向客户，并不是传统意义上的资源和责任配置方式。所以，他们也感到困惑：共享经济时代，在新的商业模式下，组织应该是什么样子。

这些新兴企业都面临组织变革。在新的商业模式下，组织结构、组织模式、组织和人的关系应该是什么样子？这些都是企业管理者感到困惑的问题。

对传统企业来说是创新与重构，是变革和演进，是打破原有的组织模式；对于新兴企业来说，没有组织重构这一说法。新兴企业本来就是扁平化的组织，是平台化组织，组织和人的关系就是平等的合伙制关系，或者是一种生态关系。但在这种组织结构中，组织治理、组织机制到底应该是什么样子？这些企业的管理者也在寻找答案。

一些新兴企业提出构建生态型组织，有一些传统企业也在提生态战略、生态圈等。生态型组织是不是未来的发展趋势？未来能够替代科层制组织的是不是生态型组织？生态型组织应该是什么样的组织，有哪些特征？这些都是我们需要讨论的问题。

为什么传统经济体和新经济体的企业都对组织提出了新的要求？我认为主要还是基于以下几个方面的变化。

2. 客户变了！驱动组织以客户为导向进行变革

基于消费者的变化，通俗地说就是客户变了！从某种意义上说，是客户驱动组织变革，客户是组织变革的内在驱动力和牵引力。企业从以产品为导向转变为以客户为导向，原来企业会先把产品生产出来，再找销路。现在，企业以客户为中心，基于客户价值、客户需求进行组织设计和组织变革，这是企业面临的最大变化。

客户的改变体现在以下几个方面。

（1）客户的需求层次提高。这跟供给侧改革密切相关。中国的消费市场从粗放式的市场转变为高品质的市场，客户对产品的品质要求提高，倒逼企业思考如何为客户提供高品质的产品和服务。企业要为消费者提供高品质的产品，要提高技术创新在整个产品生产中的附加价值，就需要组织具有创新的活力，让组织变成创新型组织。

（2）消费者的需求变化加快。消费者的需求变得更快，更加多样化，这就要求组织简化组织结构，形成平台化组织，以便快速响应消费者的需求变化。

（3）消费者参与意识增强。互联网时代信息的对称性使得企业与消费者之间的沟通变得越来越便捷，消费者参与企业创造过程的意愿比任何时候都强烈，这就对组织的边界提出了挑战。小米为什么能够依靠粉丝经济发展起来，就是因为它打破了组织边界，打破了原来的封闭式生产方式，让粉丝参与产品的设计和生产。

（4）消费者需要的不再是碎片化的价值，而是一体化的体验价值。企业组织为什么现在提出组织生态化，为什么提出开放、融合、跨界这些理念？因为只有跨界、开放、融合才能够整合企业内外部的资源，为消费者提供一体化的体验价值。

这是从消费者这个驱动组织变革的要素来讲的，换句话说，**客户价值导向的组织必须随消费者而动**。以产品为导向的组织一定是随目标功能而动，随指挥命令系统自上而下地动。而客户价值导向的组织必须是自下而上地动，原因很简单，“听得见炮火的人”一定在一线、在基层，这就要求整个组织的权力结构往下沉。组织的核心功能是对责任和资源进行分配，整个组织权、责、利体系，资源分配必须向“听得见炮火的人”倾斜，向消费者倾斜，才能真正满足消费者的需求。

这是从整个组织的角度来说的。从组织治理的角度来看，我们说现在是消费者主权时代，消费者要有话语权；其实员工也要有话语权，要有相应的自主权。消费者需求的变化、员工的变化都要求改变原来的金字塔结构，就是组织的“触角”要延伸到终端，要直达消费者。而且组织内部人与人之间，内部与外部之间都是互联互通的。这是在消费者这一端发生的变化对组织变革提出的要求。

3. 技术变了！生产组织方式发生根本性变化

互联网、工业智能化及共享经济等改变了传统的生产组织方式，创新了客户价值，催生了新的商业模式。也就是说，在互联网时代和共享经济时代，企业的战略创新和商业模式创新催生了新的组织模式和组织形态。

同时，技术创新和新经济体也为新型组织的产生创造了条件。互联网的核心就是互联互通，这就改变了传统组织的垂直连接方式，组织不再是单纯的串联关系，而是串联和并联交织的网状结构，所以互联网本身的特性对组织的要求就是从金字塔结构变为网状结构。

当然，互联网时代对组织提出了很多要求，组织传统的串联关系转变为串联和并联交织的网状结构，这是一个显著变化。互联网使得一切皆可链接，所以组织和人之间、组织内部上下级之间、企业和消费者之间的沟通变得更加简单。这就使得过去的科层制组织结构转变为分布式组织结构，从直线职能制转变为扁平化、网状化的组织形态。

组织扁平化是由于互联网技术使得企业内部的沟通更加顺畅，信息也变得更加对称和透明，传统组织的最大问题是信息缺失导致决策失灵，如今这个问题迎刃而解。传统组织面临的最大问题就是消费端的信息无法传达给总部决策层，决策层的战略思维也难以准确地传递到终端。

工业智能化改变了传统的生产作业方式，催生了新的组织形态，对传统组织的影响比较大。格力、美的这些传统企业的生产实现智能化以后，消费者直接对接智能工厂，传统的组织管控模式就发生了变化。

共享经济把碎片化的资源整合到一起，一体化地满足消费者的个性化需求，消费者可选择性增大。

Airbnb（公司全称 Air bed and breakfast，2008 年在美国硅谷创立）共享酒店已经在全世界 192 个国家约 33000 个城市提供总计 80 万个登记客房资源。比较而言，传统的希尔顿酒店集团在全球 100 多个国家和地区经营着超过4100家酒店，其客房总数仅为68万间。就客房规模而言，Airbnb在同行业中处于第一的位置。没有一家酒店是该企业建造的，它只是通过共享营建了一个生态圈，Airbnb共享模式是一种全新的组织形态。

“滴滴出行”的程维说他们专门去华为考察过组织模式，他在保险公司和跨国公司有从业经历。他说“滴滴出行”现在迫切需要解决的是组织规则、组织治理方面的问题。

4. 员工变了！个体力量崛起，知识价值被放大

还有一个驱动组织变革的要素是人力资本。人力资本发生了两种变化，一种是个体力量崛起。为什么现在人们都在提“去中心化，人人都是CEO”？这反映出个体借助互联网、共享经济突显自身价值。过去说组织创造的价值大于个人，现在从某种意义上说，个人创造的价值有时候大于组织。在腾讯、谷歌这样的企业里，很多创新并不是来自于核心部门的人才，而是来自于“边缘人物”。一个“边缘人物”的创意借助平台的力量就有可能发展成为核心业务，创造数十万个就业岗位，这就是我们常说的“一个天才可以‘引爆’整个组织”。

通过互联网手段，把分散的碎片化的个体力量聚合，就能产生巨大的组织能量。所以，在个体力量崛起的时代，没有小生意之说，小生意可以成就大买卖，个人通过互联网与企业链接，就可能形成巨大的组织能量。

人力资本的另一个变化就是知识力量成为主导要素，使得知识型员工获得更多的话语权。这对于传统组织的冲击更为明显，它不仅改变了传统的劳资关系，也在改变公司的治理结构，比如合伙制的兴起使得组织的权责体系和治理体系发生变化，决策机制就会跟着发生变化，组织和人的关系也随之发生变化。

以上是我所理解的组织变革的驱动力。综上所述，我认为组织变革的驱动力来自于三个方面：一个是客户需求变化牵引组织变化；二是互联网、智能化、共享经济改变生产组织方式，催生新的组织机制；三是个体力量的崛起，知识型员工改变了组织的治理体系。

王祥伍：社会资源组织化，组织边界极大扩展

传统企业可能对组织变革的驱动力感受得更深刻一些，最直接的原因是市场环境发生变化。刚才彭老师讲了消费端的四个变化，这些变化直接导致传统企业的组织架构从以生产为导向演变为以客户为导向。原来的组织架构是后端决定前端，高端决策，基层执行；现在随着市场环境的变化，组织内的权力发生迁移，前端决定后端，基层影响高层决策。传统企业发生了重大变化。外部环境的变化成为重要的驱动力量，驱动传统企业进行组织变革。

互联网是组织变革另一个重要的驱动力。互联网彻底打破了传统的组织边界，让社会资源组织化。我们做苏宁的文化项目时，张近东谈到一个概念，企业资源社会化和社会资源组织化。苏宁的物流、仓储，包括其他资源，原来可能是自己建设自己使用，但现在没必要这样做，自己使用成本太高，可以开放给别人使用，这叫企业资源社会化。原来不是我的物品，现在也没有必要买，而是通过互联网的方式把这些资源组织起来，不求为我所有，但求为我所用，这是社会资源组织化。

互联网技术为资源的这种流动和组织提供了基础条件，而传统组织的边界面临着被打破的问题。企业不但可以经营自有资源，包括人力资源和物质资源，还可以经营非自有资源。只要具备创新思维，就可以突破现在的企业“围墙”，将组织边界扩大。

共享经济在社会资源的组织化方面运用最广泛。无论是车辆还是酒店，利用互联网技术把外部的资源组织起来，加以利用。“滴滴出行”、Airbnb 这些共享经济组织管理的范围已经不再局限于员工。组织不但可以管理员工，还可以管理客户，管理合作伙伴，实际上它的管理边界已经无限扩大，管理的“触角”可以伸得更长。在以前的商业环境里，企业最多可以管理经销商、供应商。因为经销商、供应商不属于企业自有资源，距离也很远，企业管理他们已经很有挑战性。现在，随着互联网逐渐普及，组织的“触角”不但可以延伸到经销商、供应商那里，而且可以直达客户。

互联网极大地扩展了组织边界，组织静态的边界和动态的内容实际上都已经发生改变，所以“滴滴出行”的管理者会感到困惑，因为现在完全突破了原有的组织概念，是在重组社会资源，企业管理的重心从企业内部延展到外部，范围不断扩大。

陆学彬：企业组织演变的根本动力在于技术

企业组织演变的根本动力在于技术，企业组织形式的变革需要适应技术的变化，并且能够驾驭技术的变化。

彭老师高屋建瓴地把企业面临的三个重要变化提出来，即客户需求层次的变化，技术的变化，员工的变化。在这三个因素里面，我认为技术是最根本的驱动因素。

可以说，技术变化导致市场供求关系发生变化，从而改变消费者的感知价值，最终体现为客户的需求层次提高。从经济学的角度来说，员工也是消费者、从管理学的角度来说，正是客户需求层次的变化使得员工的需求层次也发生变化。

技术作为一种驱动因素，对于我们理解当下社会组织发生的变化，以及如何引导组织变革、厘清组织变革中的各种问题有着重要的指导意义。这样，我们就不会因为某种组织概念新颖而去追赶时髦，不会因为一种新的组织形式的萌芽而忽视了这一现象背后的历史逻辑，从而耽误自身的组织变革。

我们可以简单回顾一下人类组织的演进历史。人类的每一次社会分工都建立在人类认知和技术进步的基础上，进入工业革命阶段后，人类社会的生产方式及组织形式的变化更是体现出跳跃性的特征。

18 世纪的第一次工业革命开创了以机器代替手工工具的时代，资本主义出现。这一时期，人类的组织形式发生变化，机器工作的效率高于人工作业，机器大生产方式出现，社会组织打破了传统的行会组织，工人也自发组织起来，巴黎公社更以一种极端的方式出现在人类历史上。在这一阶段，人类社会组织生产的方式是以资本单方面驱使工人工作，从而获得超额利润为核心的生产方式。马克思的研究建立在这一社会组织的历史形态上，因此，这一阶段的劳资关系紧张，斗争多于合作。从工业革命开始，劳资关系就成为组织面临的核心问题。

19 世纪的第二次工业革命以电气革命为核心，电器开始代替机器，成为补充和取代以蒸汽机为动力的新能源。随着交通、能源、电讯事业的发展，催生了由若干生产同类商品的大企业或产品有密切关系的大企业合并组成的垄断组织托拉斯、工党出现。由于不同国家之间经济和政治的关系不平衡，人类社会出现了两次世界大战，人类社会的组织生产方式出现了计划经济制度和市场经济制度两种典型的社会经济体制。专门研究组织效率的管理学家也开始走上历史舞台，无论是泰勒还是梅奥，都在关注“效率和优化”的问题。这一阶段，效率来自于大规模生产和降低运营成本，因此企业采用科层制的管理方式最有效。福特生产方式是这一组织形式的代表者，直线职能制促进了分工深化和单一品类的高效生产。在这一阶段，技术快速进步，导致分工进一步细化，企业所处的外部环境变得不稳定。此时，事业部制度开始出现，适应了规模经济和范围经济的要求。

大规模生产导致供求关系发生变化，客户的需求层次提高，如何快速适应不断变化的市场需求，又能够在不确定的环境中进行复杂决策，小批量生产产品？柔性制造技术应运而生，柔性生产方式使企业能够快速生产不同品类、型号的产品，以满足客户需求。

现在，新一轮技术革命主要涉及信息技术、新能源技术、生物技术、空间技术和海洋技术等。其中，组织变革的核心技术因素是以信息技术为核心的互联网技术革命，包括移动互联网、物联网及云计算技术等，其本质是满足人类沟通的需求，这一轮技术变革呈现出知识型组织变革的特征，主要表现在以下三个方面。

1. 分布式知识与创新

随着获取知识越来越便利，知识不再为个体所独有，什么样的组织形式能够更有效地调用分布式的个体知识，这样的组织就容易在竞争中胜出。这些企业组织往往关注与员工的心理契约，而不只是形式上的合同契约。

2. 改变内部组织

信息技术的应用降低了信息的存储、传输和处理费用，在很大程度上取代了中间管理层，面向客户的流程性组织逐步在竞争中脱颖而出。虚拟组织、无边界组织等组织形式出现，虚拟团队跨部门合作也不再受到空间和距离的限制。

在知识密集型组织中，定价、权威、程序化和标准化的协调机制逐步让位于人与人之间的信任、沟通、团体、民主程序等机制。因此，组织内部在人力资源管理方面更多地呈现出非结构化的人才管理、教练辅导模式，各种参与团队、任务编队、品质小组、项目团队成为高绩效组织。

3. 改变企业边界

技术的变化导致人力资本在要素贡献中的价值地位发生变化，因此，人力资本价值地位的增长削弱了非人力资本所有者赋予的控制权，从而导致组织产生纵向分解的力量，随着组织中的人力资本议价能力提升，组织中拥有核心能力的人才越来越倾向于创业，或者是拥有组织的股权。这种纵向分解的结果使得很多组织内部关系分化为市场关系，从而导致组织的市场边界变得模糊。

网络技术的发展使得不同的企业可以共享信息，使组织进一步演化为网络组织，沃尔玛的平台模式、丰田的汽车城、京东商城等，这些组织以自己的核心能力为中心，联合相关企业的能力，形成了满足客户需求的价值网络。这种网络能够实现供销系统的零库存，信息协同能力成为提升效率的重要来源。

在理解市场上产生的各种新的组织形态时，我们认识到组织的本质是通过组织社会资源，创造客户价值。而在企业开始组织社会资源时，会产生两个组织成本，第一个是缔约成本，第二个是履约成本，或者说是经营风险。以“滴滴出行”为例，它是存在履约风险的，近期关于“滴滴出行”司机违规的投诉呈现出增长态势，乘客发生意外事故的风险增加，所以“滴滴出行”在实际运营过程中不能没有边界。当这种平台模式实现了平台与个体的互动之后，技术在其中扮演了分解传统产业的商业模式和利益分配模式的角色，最终导致重新分配政府、市场、厂商和消费者的权利。政府出台网约车新政，你可以将其视为垄断产业与新兴组织的均衡问题，也可以看成是劳动力地方保护（劳动力市场隔离）问题，还可以视作对消费者权益的保护。

所以，从本质上说，技术变动使组织打破了原有的静态边界，变成一个动态过程，即它的边界不断被打破，形成新的边界。打破组织边界的成功案例是visa，从缔约层面来说，它打破了银行的边界；从现实的组织层面来说，它在履约方面一定存在边界。从技术的角度看待组织，现代组织形式与TCP/IP协议栈模型类似。在物理层面，每个组织都有一个内核价值，构成组织的中坚力量，这类似于组织的物理规模。从网络层到应用层，组织的市场语言越通用，市场边界就越大。就应用层来说，组织的市场功能越单一，组织的形式就越具体。

所以，驱动组织变化的根本因素是技术变化，短期内会对消费者提升需求层次起着很大的促进作用，从长期来看，技术变化会引导组织进行根本性的变革。

单敏：新组织范式中的核心要素

我们谈论未来的组织是什么样子，是相对于以科层制为代表的传统组织形态来说的。我们用写文章来打比方，对科层制组织和平台化组织加以区分，科层制组织像是议论文，格式都一样，相对固化，而以平台化组织为代表的新型组织像散文，“形散而神不散”，这是散文的最高境界。这个“神”在新型组织中指的是什么？

1. 战略制高点

组织为什么会变，我认为是因为组织掌握了战略制高点。一般人写不了散文，就是因为很难把握“形散而神不散”，而一个组织如果要从议论文变成散文，一定是因为组织把握住战略制高点。战略制高点有可能是技术，也有可能是客户。组织把握住战略制高点，就能够形成壁垒，不容易被别人模仿，这时组织的边界自然能够相应地扩大。

如果没有占据战略制高点，不了解客户的需求，就无法挖掘客户价值。只有把握客户需求，深度挖掘客户价值才能使组织边界更深、更广。组织根据客户需求发生改变的时候，组织的网状结构才有可能延伸得更广。

2. 组织的“神经中枢”系统

现在人们经常谈论有机、生态这些概念，人体就是一个有机系统，由神经中枢来控制身体各个子系统的运行。如果说新型组织是一个生态系统，我觉得一定有“神经中枢”。

我见过很多所谓的生态型企业，这些企业的“形”是散的，“神”也是散的。没有聚变就不可能有裂变，如果组织的技术、资源或业务都是条块分割，单点之间没有形成聚合效应，这并不是生态型企业。

在一个有机的生态系统中，肝、肾、胃等器官具有很好的感知能力，能够将信号及时传递给“神经中枢”，由“神经中枢”做出决策，再将信号传递给各个器官。“神经中枢”与五脏六腑有机结合，形成良性循环，这样才称得上是一个生态系统。

3. 核心价值观

不管组织的边界怎么扩展，所有与之相连接的“节点”，大到一个组织，小到一个“小微”个体，大家要理念相同，态度一致，才能使这个生态系统有机运行。我们说新型组织可能不是原来那种威权体系，但仍然需要一个象征符号，这个象征符号可能是一个人，也可能是一个文化符号。总之，组织必须做到“形散而神不散”，否则组织无法掌握战略制高点。企业不能过于强调组织的力量，否则个体的自主性就会被弱化。

4. 让边缘力量发挥作用

为什么在互联网时代，边缘力量能在组织内部发挥巨大作用？

我认为有以下四个方面的原因。

（1）边缘力量提出一个想法后，由于它掌握的资源少，所以它未必需要调动整个大系统，也未必需要做出一个成熟的产品和服务，它的优势恰恰是能在相对小的系统内用比较少的资源做出相对不成熟的产品和服务。

（2）组织内的信息沟通机制一定是比较完备的，所以个体的探索也能被整个组织注意到。

（3）组织内有一个满足欲望的认可激励机制，就是认可个体做出的成绩，激励个体创造价值。

（4）组织内有一个信任机制，个人与组织相互信任。对组织来说，容许个体犯错和适度竞争；对个人来说，不管过程如何，只要我做出成绩，就能得到组织的认可和奖励。

孙波：找到人与组织关系变化的本质，才能准确预测未来

组织变革表现为人与组织的关系发生变化。为什么会发生变化、下一步怎么变化、未来又会是什么样子？这是我一直在思考的问题。

在 2017 华夏基石的年会论坛上，我试着把阶段性的发现和总结提出来。我把人与组织关系发生变化的驱动力归结为两个根本因素：一个是技术的深入发展，比如人工智能的出现；另一个是人的需求层次普遍提高（参见《洞察》杂志 2017 年第一期，总第 42 期——编者注）。我试图找到这种变化背后最根本的驱动因素，再预测下一步组织形态会发生哪些变化，给大家提供一些参考意见。

从外部环境来看，人与组织关系发生变化最根本的驱动因素是技术。比如人工智能，当大部分人工作业被人工智能技术取代，组织中的人的角色一定会发生变化，组织与人的关系自然也会发生根本性的变化，这是可以预测的。从内部环境来看，当整个社会发展到人的需求层次普遍提高，即每个人不再需要以工作来满足基本生存需求时，靠什么把人组织起来，让每个人积极创造价值，这就成为一个根本性的问题。如果这个问题得以解决，将从根本上改变组织和人的关系。

技术变化和人的需求层次变化带来组织变化，这是可以预测的。但我们发现自己在预测未来的组织形态时还存在一些认知障碍，比如我们能不能把个别的组织状态作为常态而代表未来的形态？变革和发展总会呈现出一条分布曲线，有先进的，就有落后的；而我们所研究的应该是未来会成为主流的组织形态，而不是仅仅关注那些个别的探索，认为它们就是主流的组织形态。

我发现一个特别有意思的现象，不同的偏好导向使得企业对未来的

预测各不相同。偏技术类的互联网企业会提出什么概念？这类企业会提出“平台经济体”的概念，比如阿里巴巴的人出来讲组织时，他们说“公司”这个概念一定会在组织里消亡，未来的组织不是现在大家所看到的公司的形式，而是一个基于平台的经济体。而偏向关注人的企业会以社会学为基础来预测未来，他们比较多地提出“生态”的概念。

我们可能会列出很多组织变革的驱动因素，但要找到最根本的、深层次的驱动因素，我们要研究所有企业都面临的驱动因素。这样企业对于未来的预测将会更加准确。少数企业现在所做的尝试和创新只是个例，不一定适合所有企业。

讨论一　驱动组织变革的根本要素：市场环境、技术、人

彭剑锋：我先做一个小结，驱动组织变革的三个根本要素可以总结为人、技术、环境。在人这一方面，包括客户和员工的变化刚才已说了很多；技术方面，技术创新，比如人工智能，还有互联网、“工业4.0”，这些都可以看成是驱动组织变革的要素；环境方面，包括竞争环境、市场环境、社会环境，这些也是驱动组织变革的要素。社会理念的变化影响着市场竞争环境，比如现在比较少讲竞争，而是讲“竞合”，这是因为社会理念发生了变化。过去过于强调竞争，导致人类掠夺资源，污染环境，破坏生态系统，而现在要强调人与环境之间的和谐相处，所以既要讲竞争，也要讲合作，这也是提出生态组织的一个背景。

关注技术，可能会偏向关注技术所带来的商业模式创新；关注社会和人这条主线，可能会更关注社会价值观的变迁。过去的价值观是强调物质基础，人们只要提高物质生活水平就可以了，现在，人们更加提倡人与自然和谐相处，因为人们发现人类为了满足自己的需求造成环境污染，如果不强调生态平衡，不追求人与自然和谐相处的话，将为人类带来灭顶之灾，“生态经济”概念的出现反映出社会价值观发生变化，要追求人与环境和谐相处，社会价值曲线就要发生变化，人与环境之间、人与技术之间、技术与环境之间都要追求一种生态化的平衡状态。

王祥伍：技术本身也是环境的组成部分。在分析技术的内涵时，你会发现共享经济和互联网其实不是一回事儿。互联网更多的是技术，但共享经济与环境的关系更紧密。因为工业革命以来，人类的制造能力、生产能力已经没有边界，但是资源是有边界的。地球资源的存量和承载能力是有限的，如果不共享资源，每个人配备一辆车，道路就会拥堵，汽车产生的尾气会形成雾霾，对人造成伤害。

彭剑锋：人的需求无边界，但资源有边界。

王祥伍：经济发展到一定程度，人类足够理性的时候就会开始反思，进行自我约束，这个时候人们更在意公共事务、共同的福祉，而不是仅仅在意自己的利益。从追求个人价值最大化、个人财富最大化到社会资源共享，可以说共享经济是社会价值取向变化的产物，成为驱动组织变革的因素，单独讲环境这个概念则内涵太大，不容易讲清楚。

陆学彬：商业组织推出共享经济，比如共享单车。社会组织要解决资源共享的问题。我们先来讨论商业组织的变革驱动因素。我认为最根本的驱动因素还是技术，技术的进步与发展带来社会价值理念的变化。技术是第一驱动力。从人的因素来说，我认为是认知差异和认知水平决定行为，人们的认知水平普遍提高改变了商业模式。比如为什么有人提出共享经济？共享经济是怎么产生的？共享经济成功的决定性因素还是认知差异。创业家、企业家的认知水平比一般人高，所以他们能改变很多东西。我认为企业家的创新精神可以作为组织变革的一个驱动因素。

孙波：埃德蒙·菲尔普斯（2006 年诺贝尔经济学奖得主、美国哥伦比亚大学教授，编者注）曾提出一个命题：一个社会发展最根本的驱动力是什么？他经过研究得出结论：一个经济社会发展最重要的衡量指标不是经济因素，而是活力指标。活力指标来自哪里？有人说，来自技术创新，但蒸汽机出现时，社会并没有迅猛发展，以后也是。一项新技术出现并不会让社会迅速发展，并不是技术推动了社会的活力。埃德蒙·菲尔普斯最后得出结论：技术是催化剂，社会人文理念的变化是社会活力最重要的来源。

我们从商业组织的角度来比较美国和中国的商业活力，我们在中国看到的是大众创新、万众创业的景象，创业者获得 A 轮、B 轮融资似乎就有成就，美国的硅谷文化认为成就是来自周围的人带给你巨大的认同感，美国商业中的“车库文化”最本质的因素是人文理念，是价值取向。

陆学彬：对微观企业来说，驱动组织变革的因素肯定有孙总讲的这个方面，但价值取向在人这个因素里应该已经包括了吧？人的需求的变化本身就是价值取向发生变化。如果要用三个词来概括，我觉得还是人、技术、环境。

彭剑锋：第一个驱动因素可以归结为市场环境，市场环境的变化包括从以产品为导向到以客户为导向的变化。环境一词涵盖的范围太大，我们把范围缩小一点，我们研究的是企业组织，市场环境的变化驱动组织变革。第二个是技术，包括互联网、智能化等新技术，以及与之相关的新商业模式。第三个就是人，包括人的需求层次变化，社会的价值取向变化。

王祥伍：我补充一点。除了工业智能化这个大的背景，其实还有人力资本化和组织知识化这两个大的背景。过去基于分工的流水线，一个人只能干一件事情，现在这样的工作都可以用工业智能化的手段来替代。工业智能化导致组织中的人不用再做一些重复性的工作，可以做一些更有意义的事情。人的知识化程度越高，对物质的敏感性越低，他的需求层次越高。比如个人价值实现及对社会环境的期望更高，这时候他的参与意愿、分享意愿和创造意愿也更高。这也是人力资本化的过程，对组织的知识化程度要求更高，人不再是基于解决基本生存需求而与组织捆绑在一起，是基于创造更高的价值（物质或精神方面的价值）而与组织协同。所以，工业智能化程度越高，对组织知识化的要求就越高，这两个因素形成合力，会深层次地改变企业组织的行为，驱动组织变革。

讨论二　回到组织的本质定义未来组织

王祥伍：我们还得回到原点，组织的本质是什么？组织的本质是人与人之间的分工与协同方式。以往企业内部人与人的协同方式是基于威权，科层制就是典型的代表。基于威权来分工协同的组织，适合于需求单一的经济体。除了分工协同，还有一种协同方式，就是市场化的协同方式，我们一般将其称为自组织，即在市场上进行自由交易，基于各自的利益进行选择的组织。组织有两种类型：一种是基于威权的组织；另一种是基于市场自由交易的组织。

尚艳玲：基于威权的组织是他组织，基于自由交易、自主选择的组织是自组织。

王祥伍：互联网打破了他组织和自组织之间的边界，未来的组织介于两者之间，既有威权管理，又有契约关系。通俗地说，就是我有了核心能力就可以管理其他人，市场交易双方签订合作契约。未来的组织既不是完全基于威权的组织，也不是完全自由的组织，是一种管理有序的市场化组织。

单敏：未来组织可能更强调契约关系，包括心理契约、价值观契约。以华夏基石为例，我们这些合伙人没有签订任何合同，但是有契约的。这种契约是基于客户、市场、价值观认同。这种心理上的契约可能更能让大家紧密合作，我们十几年合作下来也固化了。这种固化并不是来自于威权，它是自然形成的。

王祥伍：我们可以将这种组织称为“有管理的自组织”，这种组织里面一定还有威权存在，但它又有很大的自由选择权。

彭剑锋：企业最大的问题是没有“中枢神经系统”统筹和协调资源，很难形成良好的生态系统。

单敏：我觉得将来威权不是基于人的威权，而是基于文化和符号的威权，盈利组织会越来越向非盈利组织靠拢，组织将趋向于简单、自然、极致、纯粹。

王祥伍：这方面德鲁克有所阐述，他很推崇过去几十年慈善组织的组织方式。他认为有很多非企业性组织的管理卓有成效，未来企业的管理应该向非企业性组织学习。

单敏：对啊，中国台湾的慈济在马航出事后，能够迅速派出几十个人给遇难者家属做思想工作，效率非常高。

王祥伍：未来应该有两种自组织：一种是基于核心价值的自组织；

另一种是基于核心能力的自组织。

讨论三　以客户价值颠覆“科”，用流程化颠覆“层”

彭剑锋：如果未来组织不采用科层制管理方式，会采用什么管理方式？现在大家提的比较多的是“网络化的生态组织”，我认为平台化只针对某一类企业，企业与平台之间是相互协同、共同发展的关系。平台为企业搭建发展的舞台，平台越大企业发展得越好。企业借助于平台发展，企业发展壮大会促进平台进一步扩大规模。

王祥伍：所谓的企业组织就是横向的职能分工和纵向的指令传递。

陆学彬：行之有效的方式是把传统企业组织的痛点找出来，然后借鉴优秀企业的做法，进行组织变革。

尚艳玲：如果说科层制是基于横向的职能分工和纵向的指令传递来运行，未来组织基于什么运行？

彭剑锋：对于传统企业来说，打破科层制的有效方法是建立客户化的流程化组织，华为的组织变革就是从过去“头重脚轻”的垂直命令式管理方式转变为分布式管理方式，组织将权力下沉，总部授权给一线员工，员工基于客户需求及时做出决策，并且承担相应的责任，总部提供资源，支持一线员工完成任务。他们提出的“全员责任”就是流程上的每个节点都有责任人。

王祥伍：现在组织不再追求层级、分工，更多的是追求客户价值。以客户为中心的流程化组织并不需要通过制定严格的层级来实现目标，而是通过满足客户价值诉求来实现目标。

孙波：组织类型不同，采用的管理方式就有所区别。比如工程类组织强调交互，需要建立一定的流程，但快速消费品行业不完全采用流程化管理方式。

陆学彬：流程化的背后我认为还是分工，就是怎么更有效率地做事，所有任务的背后都是“角色”，输出什么，配合什么，这就是流程化的内涵。

王祥伍：什么是“科层”？“科”就是职能分工，“层”是层级构成的纵向链条。而“科层制”的最大问题就是横向交流不畅，所谓“部门墙”就是每个部门的人员都认为自己很重要，都在强调自己的价值，没有人关心客户价值。未来组织会以客户为中心，关注客户价值，而不是片面强调某一个部门的价值。

“层”的问题就是链条太长，总部掌握权力，通过层层传递信息，将指令传达给一线员工，一线员工按照总部指令行事。这种组织管理模式的弊端是一线员工没有自主决策权，无法及时响应市场需求；同时，由于组织层级过多，一线员工与总部沟通不畅，无法将问题及时反馈给总部。以前客户需求相对单一，一线员工只需要按照总部指令行事。现在，客户需求呈现出个性化、多样化的特征，一线员工无权自主决策，导致整个组织对客户需求响应迟缓，这是很多大企业无法顺利转型的原因。手机行业转型失败的典型代表是诺基亚。未来组织流程中每个节点的负责人要自主决策并承担相应的责任，通过运用流程来响应客户需求，而不是由总部来决策。组织变革就是以客户价值颠覆“科”，以流程化颠覆“层”的指挥。

二、重新定义组织

组织变革与组织能力建设

讨论嘉宾：彭剑锋、孙波、李冰权

特邀嘉宾：陈闯（厦门大学管理学院教授）

策划、主持及整理：尚艳玲

尚艳玲：是什么限制了我们对未来组织的想象力

一家企业的日常管理工作似乎总是问题不断，大企业在为“大企业病”而头疼，面临着这些问题：如何重构组织惯性力量，摆脱“谁都认为企业管理有问题，但谁也不对此负责”的现状？如何激活组织的创业激情，开创新局面？中小企业也面临成长的烦恼，比如有很多机会摆在面前，企业却无法有效组织力量全力争取机会，或者是企业业务量增加，但是人才匮乏，无法跟上企业发展的节奏。

管理学家运用管理学理论对这些问题进行研究，他们尝试用过去的成功经验解决问题，却发现效果不佳。当我们抛开这些表层现象，追溯问题产生的根源，就会发现很多问题其实都指向组织的问题，比如组织结构、组织生产方式、组织运行机制、组织进化的逻辑。

然而，当我们进一步思考有关组织的问题时，却产生了新的困惑：迄今为止人类合作的最佳范式、过去和此时正在被我们所深深依赖的组织是否还跟得上时代发展的节奏？如果不能，我们应该怎么办？

或许是深陷既有组织模式和管理模式的问题之中，我们不自觉地做了自己思想牢笼的“囚犯”。那么，是什么限制了我们对未来组织的想象力？在世界范围内一些不同规模新型组织的诞生及一些传统组织的变革又为我们提供了哪些启示？

麦肯锡咨询公司的前资深合伙人弗雷德里克·莱卢从人类意识发展阶段的大视野出发，在观察和研究了世界范围内的一些新型组织后，提出了“人类现有组织模式的局限”这一理论。他这样说：“在过去的两个世纪里，现代化给人类带来了史无前例的财富，延长了人类的寿命。所有这些非凡的进步并非来自于个人行为，而是出自人们在组织中的合作。

“现代组织在不到两个世纪里为人类带来了震撼人心的进步。如果没有组织作为人类合作的载体，人类历史上新的进步将无一实现。但是，很多人感觉到目前我们运作组织的方式已经到达极限，我们也因为组织生活而梦想破灭。对于那些长期处在金字塔底层的人们来说，调查的结果始终是工作总是让人感到恐惧和乏味，没有激情或意义。

“呆伯特是卡通漫画书籍系列《Dilbert》的主人公，这本书通过描述倒霉的技术职业者呆伯特的生活经历来讽刺职场现实，呆伯特成为文化偶像，说明组织让工作变得无聊的程度，而且问题并不仅仅存在于金字塔底部。在为组织的领导者提供咨询和指导的 15 年里，我发现了一个现象：处于金字塔顶层的人群对自己目前的生活也并不满意。在光鲜外表和虚张声势的背后，这些手握权力的公司领导者的生活也并不幸福。不论是在金字塔顶层，还是在底部，组织往往成为无止境地追求‘小我’的阵地，而对我们灵魂的深层呼唤则表现冷漠。”

当然，这些问题并不仅仅存在于企业，弗雷德里克·莱卢认为在政府机关或非营利性组织工作的人对他们的工作环境也不满意，“一些具有使命感的职业也不能令人满意，由于梦想破灭，教师、医生、护士陆续离开了他们的职业‘阵地’。一些学校在很大程度上也不幸沦为没有灵魂的机器……”

当我看到弗雷德里克·莱卢的这段话时，一位管理大师的话在我脑海里浮现。德鲁克说：“在动荡的时代里最大的危险不是变化不定，而是继续按照昨天的逻辑采取行动。”而弗雷德里克·莱卢表达了类似的想法，他还提出了更加直接新颖的观点：“有没有可能目前的世界观限制了我们对组织的思考方式？要是我们改变自己的信仰系统，我们是否能够创造出一种更强大、更有灵魂、更有意义的方式来一起工作？”

告别过去，突破惯性思维，可能浴火般痛苦，但没有新思维，又如何重生？

李冰权：游戏变了，不能沿用旧规则

刚才说到组织有两个效率原则，一是做正确的事，二是正确地做事。但我们往往会在企业里发现这样的问题：处于金字塔中低层的人觉得自己在做正确的事，或者是在正确地做事，但是企业组织的整体绩效结果与大家的付出差距很大。简单地说，就是个人很努力，但组织效能却很差。

为什么会这样？我们在为企业提供咨询服务的过程中注意到一个问题，企业深层次的规则系统是否出现了不适应企业发展的问题？这个问题实际上也是组织变革的核心问题。

事实上，每家企业都有自己的一套游戏规则，包括书面的规章制度和约定成俗的惯例、规则等。这套游戏规则的作用体现在两个方面：第一，可以把大家有效地组织起来；第二，能够让大家在这个游戏规则下发挥出更大的作用。

在实践中往往是企业发展了一段时间以后，原来促进企业发展的一些规章制度越来越不适合企业，甚至成为企业迈向更高台阶的瓶颈。吉姆·柯林斯在《从优秀到卓越》一书中说："因为优秀，所以难以卓越。"从另一个侧面反映出这个问题。

我们知道组织变革通常包括渐进性变革和颠覆性变革。相对于渐进性变革来说，颠覆性变革往往影响更大，操作难度也大。因为颠覆性变革实际上是在重新制定企业的游戏规则。企业在生命周期内可能不止一次进行颠覆性变革，以适应企业战略和环境的需要。而两次变革之间会形成间断性平衡，企业组织变革的逻辑是变革——间断性平衡——新的变革——新的间断性平衡——继续变革……周而复始，不断向前。这个过程实际上既是优秀企业必然经历的过程，也是优秀企业保持高效能的方法。

《华为基本法》就是华为进行的一次深层次变革，它成为华为事业成功的基石，而轮值 CEO 等形式则是间断性平衡后组织新的变革，所有这些都是保持高效能的组织行为。

孙波：组织新功能——把单点的效率连接成有内涵的故事

在组织里面，组织的效能和个人的效率始终保持着统一的关系，但在不同时期，这种统一关系的内在定义会发生变化。比如在工业化时期，即德鲁克研究管理方法的那个时期，这种统一更多地体现在效率上，通过高效率地管理个人使组织保持高效率，人力资源管理范围内的各项机制、职能建设都是为了产生高效率。但是，在互联网时代，效率和效能统一的根本问题是组织需求和个人需求的定位发生变化，由此带来新的命题。这种变化究竟是什么？我认为是价值定位的变化。

效率背后隐含的逻辑是价值。在工业化时期，这个价值就是高效率，组织与个人的价值紧密联系。工业化时期，组织与个人的贡献，以及他们之间的关系，始终是围绕着效率问题展开的，在一个连续发展的技术周期和相对稳定的环境下如何高效率运转，驱动组织实现目标？这是所有管理假设的前提，这时候组织效能转化为个人效率。

后来，当组织不是在一种稳定状态下运行的时候，个人价值的定位就不在于高效率地完成既定的任务，而在于怎样提供更有价值含量的工作。这种价值就是我们所谈的，在知识经济、互联网时代，组织如何跟外界交互、连接，包括跟客户面对面建立联系，响应客户的需求等。

总之，价值被重新定位。从个人和组织关系的角度来讲，个人的价值绝对不是高效率地完成组织既定的目标，而是如何高效率地创造出价值。当价值定位发生变化后，组织的效能和个人效率的关系也在发生变化。这个时候再谈个人效率，并不止于令个人高效率地运转，而是个人如何高效地捕捉到更多的外界交互机会和客户需求，使组织价值得以体现。

在新的时期，组织效能和个人效率的统一取决于价值的重新定位所带来的变化。一篇影评谈到《芳华》这部电影时说，这部电影讲的是几件事情，这些事情本身没有什么意义，连接在一起就构成了一个有内涵的故事，就有了不同寻常的意义。

今天组织追求高效能也是这个道理。只追求每个个体的高效率是没有意义的，因为人工智能会渐渐取代原先很多需要个体高效率工作的岗位；但人工智能却不能把这些单点的效率连接成一个有内涵的故事。

所谓有内涵的故事，就是组织发挥的巨大功能。它使个体的高效率变得有意义，这不就是组织效能吗？所以，今天解决组织效能命题的关键在于把握效率和效能统一的内涵变化。这也解释了为什么人力资源管理从过去追求高效的职能建设转变为组织的系统变革。因为要让单点的效率变得有意义，把这些单点的效率连接成一个有内涵的故事。单点的效率层层分解下来，虽然会对总目标有贡献，但是如果没有一根主线把它们连接起来，就很难创造出巨大的价值。未来单点的效率也会被人工智能所取代。因为人的体能有限，疲惫之后容易犯错，而机器显然不存在这个问题。

彭剑锋：重新想象和定义组织

我想先表明一个观点：从研究组织的角度说，要跳出传统的组织思维惯性来看待新的组织。就像从原子思维到量子思维一样，要用新的语言体系、新的思维方式来解释新的组织现象，如果还是用从巴纳德到德鲁克的组织理论来研究现在的组织现象，你就会发现根本无法突破组织面临的困境。是时候用新的思维方式重新定义组织了。

1. 不转变思维方式，就不可能突破组织面临的困境

组织形态的发展趋势是“平台化 + 项目式运作 + 生态化”，这样的组织形态已经出现。我认为未来的组织有两种主流模式：一种是“平台化 + 项目式运作 + 生态化”；另一种是被平台化、生态化的自组织“小微经营体”。苹果、Google、Facebook 都在向这个方向演变。

组织进化的背景因素包括以下几个方面。

（1）数字化。过去组织驱动是以行政权力为导向，自上而下依靠层层指挥命令系统来驱动，员工的行为受制于上级领导的指令和监督；数字化时代，消费者的个性化需求通过数字化系统直接传递到组织内部研产销环节的各个业务平台，员工的行为全部可以实行数字化驱动。

（2）基于互联网的大连接。技术、知识和其他要素发生全连接，打破了所有的组织边界，实现了串联与并联同步进行的组织网络化。

（3）人工智能。在数字化、互联互通及人工智能时代，企业的商业模式、组织形态相对于科层制组织结构确实出现了颠覆性的变化。比如“滴滴出行”，企业与司机之间不再是简单的雇佣关系；韩都衣舍的七大平台与数百个产品小组不再是威权驱动，而是平台赋能与客户需求数据驱动；小米的生态经营模式打破了组织边界；光启科技开创颠覆式创新的“水煌式”组织形态，我们无法描述其范式结构，因为其范式结构每周都在发生变化。京东的无人仓库，青岛港的无人码头，海尔的智能工厂，阿里巴巴的无人零售，这些都不需要领导、管理职能分工，直接将数据与消费者需求对接。传统组织中的岗位、班组、质量管理小组及上下工序人员协同等都取消了。数字化、互联网、人工智能的应用将彻底改变传统的商业模式与组织形态。

对中国企业来说，研究组织变革还要注意一点：过去我们一直按照农业文明——工业文明——智能文明这样一个线性思维来考虑问题，现在，我们的发展思维并不是完全遵循这样一个连续的过程。现在我们的

发展思维是什么呢？是并行发展的思维，即农业文明、工业文明、智能文明同步并行发展。过去我们的思维是“弯道超车”，而现在是“变道超车”，我们不再是追赶式地前进，而是通过“变道”赶超竞争对手。

种种因素使得现在组织的模式发生颠覆性的变化。数字化、互联网、人工智能的应用打通了所有环节，组织的传统定义不断地受到冲击。人工智能的发展彻底改变了人和组织之间的关系。而这些变革又适应了现在消费者个性化和一体化的需求，适应了组织中的人要求释放潜能，解放人性的需求，所以这种变革符合时代发展趋势。回过头我们再来解决组织及其相关的命题，这时就会发现是时候抛开传统的思维模式，抛开巴纳德、德鲁克对于组织的定义了！这是一个要用新思维来重新定义组织，定义人与组织之间的关系，定义效能与效率的时代！

比如效率，现在的效率还能简单地用投入产出比来定义吗？恐怕不行。现在大家都在想如何创新，如果企业管理者用过去的思维方式在这个新时代创新，行得通吗？如果企业管理者用层序、结构化的思维方式解构现在的组织，现在很多组织取消了层序结构，应该怎么办？由此可以得出结论：如果企业管理者还用旧的假设系统研究现在的管理问题，肯定难以突破组织面临的现实困境！“老瓶换新酒”，或者是“新酒装老瓶”，都会落后于时代。

企业管理者必须转变思维方式，否则就不可能突破组织的现实困境。

过去和现在的思维差异体现在以下几个方面。

（1）过去的思维是大概率思维，依据大概率事件推测未来的趋势，现在出现了很多小概率事件，我们将其形象地比喻为“黑天鹅”与“灰犀牛”。我们研究小概率事件，并不是要否认大概率事件，只是说现在小概率事件也有可能成为一种趋势。这就要求我们必须颠覆传统的思维方式，如果还是采用传统的问卷调查、大样本分析等方式做研究，肯定会出问题。

（2）过去是连续性的思维，运用历史趋势法分析问题，根据历史趋势推测未来的发展趋势，现在是不连续的思维，是断点的、突变的。数字化时代强调不连续、断点、突变，如果用过去的连续性思维研究现在出现的新形态，认知水平不突破，解决问题的能力怎么可能提高？还有现在连中介都没有，哪里来的中介变量？哪里来的调节变量？现在去中介、去威权、去中间层，不需要通过几个变量来调节，直接是基于量子纠缠的量子传输，没有任何中介。过去传递信息需要靠光纤，靠介质来传递，现在找到了量子和量子之间的纠缠关系，瞬间就可以传递信息。

（3）过去是“非对称性竞争”，现在是“非对称性竞争”和“对称性竞争”并行的时代，战略思维发生变化，组织不可能还是过去的组织。过去在一个技术连续发展周期、环境相对确定的状态下推崇华为的聚焦压强战略思维，“非对称性竞争”“把鸡蛋放在一个篮子里”。现在是不确定时代，战略是无法规划的。推行对称性资源配置原则，就是要把鸡蛋放在 8 个篮子里面，但是并不否定“非对称性竞争”，而是强调“对称性竞争”和“非对称性竞争”的动态平衡。随着对客户需求的把控能力逐渐增强，可能从 8 个篮子里筛选出 4 个，再从 4 个合并成 2 个，根据发展阶段看到结论以后又开始聚焦，或者是开始分化。也就是说，所有的东西都是动态叠加，并行存在。聚焦和非聚焦实际上是一个动态选择、动态调整的过程。

大多数时候，战略其实就是企业家的信念，这种信念能让投资人和消费者认可企业家的做法，所有的资源和能力配置在一起，就把一件事做成了！这恰恰符合量子力学的观点：从 A 状态到 B 状态，靠的是什么？靠的是信念、意志、意愿。你相信一件事情，然后想办法让其他人都相信这件事情，配置资源和能力，这件事情就真的能够做成。所以，战略本身已经变成一种企业家精神，变成不断创新探索的过程。它不再是按照过去巴纳德时期的从规划到实施的系统理性过程，而是一个非理性的过程；是一种企业家精神，是组织要素的重构，是一种新的探索，最后形成战略。

与此同时，从大的方面来讲，组织形态从机械性组织转变为有机组织。它是一个生命体，要持续不断地与外部世界进行能量交换，内部就是一个“变形金刚”，因需而变。

2. 重新讲述“组织”的故事

现在人们用很多词汇来形容新的组织形态，比如自组织、有机组织、“水一样的组织”“干组织”和“湿组织”，等等。有一本书讲“湿组织”，主要意思是说过去工业文明的组织是“干”的，没有“润滑油”；现在有“润滑油”，组织是“湿”的，充满活力。

这也从另一个角度说明现在到了重新定义组织的时候，所以人们提出的组织概念多，没有一个统一的标准。过去提出一个概念，比如金字塔式的组织、职能式的组织，可以很快地给组织下定义。因为过去的组织是结构化、秩序化的，而现在是非结构化的，是动态混序的，所以不能立刻找到一个词来准确地定义组织。

我们不用急着找一个词来定义组织，不妨先来梳理一下，看组织究竟在发生哪些变化。我认为组织的变化体现在以下几个方面。

（1）组织的分工模式发生改变，结构也变了，组织与人的关系重新被定义。过去，在结构化、秩序化的组织里，组织与人的关系比较清晰，对相互的价值也基本认可。现在，组织和人的关系不再是雇佣关系，基本上是合作关系，或者是泛契约关系。比如“滴滴出行”就是一种泛契约关系。我本身就是老板，车也是我的，只是在这个平台上运行，给平台缴纳一些费用。很多人的工作行为也企业化了，凭借自己的能力和资源可以同时游走于几个组织，而不是依附于某一个组织，由组织界定他的身份。比如健身教练，他可以同时服务于几家健身中心，拥有很多客户资源，可以带走客户。这个时候，他与组织的关系还是一种雇佣关系吗？他自己有客户，有服务能力，他与组织只是一种平等合作的关系。这是从个人的角度来看待人与组织的关系。

我们还可以从组织的角度来看组织发生了哪些变化。

温氏集团虽然是一家传统企业，但它和56000个家庭农场是一种新型的相互雇佣的关系。对农场主来说，这个猪场是我的，我只是被生态化、平台化，前提条件是平台必须帮我处理一些我处理不了的事情，帮我赚钱。当然，当农场主加入平台，既能赚钱又不承担企业家的责任，只承担管理责任的时候，实际上是组织“扼杀”了这些农场主的企业家精神。农场主不用去开拓市场，跟着平台干就能赚钱，从某种意义上说变成了职业经理人。

这种组织模式的特点是组织和人之间不再是人身依附关系，而是一种利益依附关系和泛契约关系。虽然资产是农场主的，他也有自主选择是否加入平台的权利；但一旦加入，他的生产标准、工作效率都必须纳入平台的管理体系，农场主可以保持稳定的收益，但是无法将事业做大。

具有类似合作关系的组织还有 OPPO、vivo 的 25 万家门店，怡亚通的 300 多万家零售门店等。

韩都衣舍大概有二三百个项目小组。组织是一个赋能平台，各个项目小组直接面对客户。项目小组能捕捉客户需求，基于客户需求开发和销售产品，但他们不需要自己建生产车间、做供应链，这些能够工业化的东西都通过平台来解决。这样既能满足工业化大规模集约化的效率要求，又满足了多元化的价值创造的需求。韩都衣舍的组织方式让我们看到组织已经不再是过去分工一体化的模式，整个分工体系彻底被打破，但是根本性的东西没有发生变化，比如追求效率。

对韩都衣舍来说，二三百个项目小组可以同时运行，但是他们离不开总的平台。平台给项目小组赋能，从设计、采购到生产、物流环节，所有支撑性的工作平台全部做，项目小组只需要创造客户价值。这时候组织最重要的工作是激发每个人的价值创造能力，释放每个人的价值创造潜能，而不是基于任务分解追求单点的效率，这是跟传统组织不一样的地方。

所以，我赞成任正非的说法：“在一个不确定时期，方向大致正确，最主要的是保持组织的活力。”释放组织的活力是不确定时代组织效能命题的核心；要解决这个问题，就要思考如何重新定义组织和人的关系，如何重新定义分工。

（2）组织的协同方式发生变化，协同效率的前提条件也就相应地发生变化。过去的协同基于分工、职能体系、任务，从现在到未来，协同主要是依据数据。比如现在的华为全球共享研发平台都是依据数据在做研究，就跟在虚拟世界玩游戏一样，你并不知道跟你合作的是印度人还是美国人，是男人还是女人，但这些并不影响你们协作完成一个任务，这就是所谓的数字化时代。

过去是领导驱动，领导告诉你应该做什么，而现在是数据驱动和使命驱动。使命驱动是每个人愿意为组织贡献自己的力量，但本质上也是数据在驱动。数据来自市场，来自消费者的需求，这个需求倒逼整个组织的研产销体系和运营流程随之而动。过去是先生产产品，再找销路；现在是先调研客户需求，再生产产品、销售产品。组织的流程发生了变化。

（3）组织的追求发生变化，评判一个优秀企业的标准也随之改变。从过去所有企业把“做大、做强、做久”当作“卓越”的衡量标准，到现在“大企业做小、小企业做大”的趋势，“做精、做专、做好”也是优秀企业的追求。很多优秀的大企业是“成也萧何，败也萧何”。成，是因为它锁定的消费者群体对它产生了依赖性，这些消费者倒逼整个组织体系实现效率最高；败，是因为当整个行业出现颠覆式创新以后，大企业的组织惯性使得它很难做出调整，正所谓“船大难掉头”。

最典型的例子是诺基亚和摩托罗拉。它们在功能手机时代名列前茅，其管理者率先看到智能手机的发展机遇，这两家企业很早就从事智能手机研发工作。但是为什么没有抓住智能手机发展的机遇？原因就在于企业家有清晰的组织战略，但是组织惯性使得整个组织转变缓慢，跟不上时代发展的节奏。功能手机是其“舒适区”，不到万不得已，谁也不愿意走出“舒适区”，而技术革命时期爆发式的迭代发展使得机会稍纵即逝。

现在的一个趋势是“把大企业做小、小企业做大”。就是大企业要像小企业那样，要有创业精神，有活力，否则适应不了环境的变化；小企业必须要有大企业的追求和干劲，这样才能够做大。有的小企业为什么会消亡？就是因为没有组织能力，没有组织能力就没有竞争力；大企业容易丧失活力，内耗大，决策重心偏高，系统效率差，组织僵化，易得“大企业病”。所以，小企业的变革是提升能力，大企业的变革是激发活力。在这个时代，并不是所有的企业都必须做大，必须建设平台，打造生态圈，把企业做精、做专、做小、做好也是一种追求。要知道，没有核心能力，企业想要被平台化、生态化也是不可能的。如果企业不具备实力，就无法参与竞争。小企业也要在生存发展的过程中修炼被平台化、生态化的能力，一旦有机会就加入一个生态系统。

3. 重新定义管理，从科学走向“灰度”

组织管理的内涵也发生了一系列变化，具体体现在以下几个方面。

（1）未来企业的工作市场和任务市场完全可以实现内部市场化和外部市场化交易。比如咨询公司，未来我认为也是“平台化 + 生态化”的结构，传统的综合性大咨询公司生存成本很高，小咨询公司也难以存活。我认为未来咨询公司是基于个体知识劳动者核心能力的平台化、生态化的公司。未来基于个体能力的小咨询公司可能会出现两三个人共用一个工作室的情况，其依附于一个大的生态体系，依靠产品专业化、客户专业化就能生存。

很多服务性的行业其实都将是这种形态，比如健身行业的教练。一个健身教练同时服务五家健身房，在每家健身房都有固定的客户群，他能够通过网络对现场服务时间进行合理分配，又能通过微信服务客户，给客户带来良好的消费体验。当他有能力，有客户，创造了很好的客户价值后，他和健身房老板之间就不再是雇佣关系，而是合作关系。其他职业也适用于这种方法，比如理疗按摩师、造型美容师，等等。有了互联网技术的支撑，信息交互的边界扩大，对很多行业来说，未来企业的工作市场和任务市场完全可以实现内部市场化和外部市场化交易。过去要基于分工和组织，通过分配任务完成工作，未来的工作任务则完全可以采用内部市场化和外部市场化，或者是半市场化的方式，选择合适的人员完成工作。

（2）80% 的人力资源管理职能将会消亡。劳动生产组织方式发生变化后，80% 的人力资源管理职能就没有了存在的必要，机器人会替代人做很多事务性、流程性的工作，比如怎么编写工资单、怎么发工资，机器人可以快速完成这些工作。未来有了数据以后，所有的劳动行为按时点记录下来并进行自动计算，每个人的产出和结果清清楚楚，还需要进行考核吗？根本不用考核。以后很多人力资源管理工作都可以由机器人完成，但是，创新性的人力资源管理工作和战略性的管理工作永远不可替代。

在人民大学劳动人事学院的年会上，杨伟国院长讲了一个观点，我认同他的看法。他说未来企业不是对人的管理，是对工作和任务进行有效管理。企业有这么多工作任务，怎么开放市场，是由内部的人还是外部的人来干？组织将来会进一步社会化，所以企业工作的重心是如何根据战略和业务来执行工作任务，企业可以向外部开放市场，选择合适的人来做事。企业内部也要让合适的人来干事情，而不是根据部门职责或岗位分工安排人员工作。向外部开放就是与专业机构合作，或者是组织生态化，把业务分配出去。

（3）管理从计算单点的效率转变为学会“编故事”。在人工智能时代，机器人会做大量人类无法完成的工作，比如在恶劣的环境下工作。一些涉及计算的可以程式化的工作，机器人比人类干得好。而人类是“智商 + 情商”的综合体，有着独有的智慧，机器人在这方面不及人类。

情商是“灰度”，是人性。它不是科学数据，没有办法计算出来，也没有办法用一些定量的东西制造和输出。

什么是“灰度”？我讲一个生活中的小故事帮助大家理解。

我有一个朋友很喜欢打牌，在牌友中是公认的讲规则守信用的人，做事靠谱。他打牌总的来说没有输很多钱，有一次他向我“坦白”了他的秘密，他说：“我之所以不会输成穷光蛋，是因为我偶尔也会作弊，一年也就一两次吧，既能挽回一些损失，又不损害在牌友中的信誉，这样我就可以继续陪朋友们玩。”

他能做到在 90% 的时间不作弊，讲规则，但是不排除 10% 的时候会作弊。你说这个人是否讲信用？

如果让我来评判，我会说：“这就是人性。”就像刚才孙波所说的，单看几件事情可能没有什么意义，但是把这些事情连接起来，就会组成一个故事，这时就变得有意义。如果因为这个人打牌作弊了一两次，就说他是一个不讲信用的人，这个人不可交，这样的做法过于偏激。如果你把他的所有行为联系在一起，就会发现他 90% 的时候是讲信用的，他的信用度可能比绝大多数人还要高。

过去我们说管理既是科学，又是艺术，未来并不是完全不要科学，但艺术、感性的东西可能更多一些；对人的管理精确性、计算性的东西可能少一些；“灰度”的、人性化的要素可能更多一些。规则大致清晰，保持适度混沌，动态调整机制，关键在于激活人的情感和潜能。

（4）坚持客户价值本原，在把握好“变与不变”中动态调整，追求卓越。企业要发展壮大，就要付出一些代价。就像互联网改变了我们的生活方式，带来了前所未有的发展利好，但我们也在为此付出代价，比如假货、虚假信息泛滥成灾，青少年沉迷于网络游戏，等等。智能文明也是有“原罪”的，在智能文明转型的过程也要付出历史变革成本，但是不能就此否认中国互联网企业取得的成就。

如果想把一家企业发展成为伟大的企业，企业管理者就必须不断地对组织进行调整，最后回归到本原的东西，即客户价值。如果不回归到客户价值，这家企业就不能成为伟大的企业，也不是一家可持续发展的企业。所以，组织变革还是要回归到客户价值，我认为这一点始终不会变。

（5）坚守梦想，坚持发扬企业家精神，成为有影响力的“能量场”。就个人来说，我还是寄希望于企业家。企业家首先要基于梦想，有追求。马云说：“什么叫战略？你敢想，想了再去创造条件。”过去是有多少能力干多少活，是基于资源和能力；现在是要突破资源和能力创造条件，实现梦想。华为当初制定国际化战略时，任正非说：“我们的企业要成为国际化企业，只有凑足条件才能成为国际化企业。”凑条件就是基于梦想跨越时空配置资源，促进企业发展的过程。

企业家必须成为一个有影响力的“能量场”，领导力的核心是影响力，你的影响力大，才能让其他人相信你、追随你，当大量资源向你这里倾斜，条件全部具备，事情就做成了。

（6）重新定义员工，根据个体的成长性和影响力配置资源。微软公司提出要“重新定义员工”，微软公司强调员工在组织中的成长性，人力资源管理部门会分析一位员工未来成长的空间，以及他对成长的需求，在员工成长过程中，资源的影响力有多大。组织的资源不再根据任务和岗位配置，而是根据人的能力配置资源。谁的影响力大，就给谁配置资源。你的影响力决定着你的“能量场”，决定着你集聚资源、交互连接的能力。资源集聚得越多，连接性越强，影响力就越大，你的预见就有可能变成现实。

4. 从未来出发，重新想象和构建组织

近几年大家经常探讨一个问题，就是未来的组织是什么样子？这里有一个思维方式的问题就是：你是基于过去的连续性思维，采用所谓的历史趋势法来预见未来；还是用断点、突变、不连续的思维方式来预见未来？所谓的未来，是从过去到现在再到未来；还是从未来到以后的未来？

从未来出发，重新想象和构建组织，企业家需要做到以下几点。

（1）重新定义目标。不同的思维方式会产生不同的组织方式。过去是基于当时的资源和能力决定未来怎么做，而现在是基于对未来的愿景，超越和突破现有资源的能力，创造条件预见未来。比如当年构想支付宝时，有人说能做 200 亿元就了不得了，马云说：“不，要做到 2000 亿元！”结果真的做到 2000 亿元，有人说未来做到 5000 亿元就封顶了，马云说：“不，要做到 6000 亿元！”倒逼组织创造条件实现愿景。

过去是基于组织的资源和能力规划目标，现在是基于远见来组织资源、培养能力，这就是量子思维；一切都是基于未来，这就是所谓的“未来已来”。

KPI 也好，OKR 也好，本质上都是目标管理。过去组织目标的定义是制定目标，管理目标，达成目标。现在你可以大胆设想企业未来的状态，只要实现 60% ~70% 的目标，就说明你的目标宏大。目标实现的程度来自于企业家的“野心”有多大。如果完全达到目标，说明企业家的目标定得不够好，因为企业家的“野心”不够大。只有企业家的“野心”够大，才能调动人的潜能，实现更高的目标。

（2）重新定义效能。什么是效能？效能就是目标实现度。过去追求100%实现目标，现在是实现60%～70%就可以了，这就是在对效能进行重新定义。我觉得过去和现在对效能定义的差异在于以下几个方面。

①过去效能就是投入与产出要达到预期的目标，现在只要求完成60%～70%的目标，因为过去目标可以确定，而现在目标是不确定的，所有的效能指标是基于愿景、基于远见，所以是不确定的，更多的是要调动人的内在潜能，追求效率极大化，这是关于效能的内涵很重要的一个变化。

②过去强调连续性的效能，现在则要研究非连续性的“断点效能”。过去的效能是以结果为导向，现在的效能要有过程导向，有阶段性OKR，即从过去衡量目标转变为衡量阶段性的成果，要衡量效能的“断点”意义，就是我们所说的失败的绩效。做一件事情失败，需要推倒重来，“断点效能”就可以发挥作用。“断点效能”恰恰是现在的活力来源，而且每一个“断点效能”都会为未来的成功奠定基础。所以效能的含义也发生了变化。

（3）重新定义分工与协同。组织实现效能的方式也发生了变化，过去是基于分工，现在则是基于角色。过去分工是最核心的内容，分工解决了点效率的问题，点效率是基础。现在不一样了，一方面是分工不再明确；另一方面是很多工作由机器人协助人类完成，或者是机器人完全取代人类工作，分工的前提条件发生变化，人在组织中从严格的分工（岗位）变成角色扮演。过去是岗位承载着分工，因任务配置角色。现在人在组织中是一个角色，有时候他是主角，因他而支撑起一部戏；有时候他是配角，配合别人演一部戏。

分工与协同是效能的实现方式。组织的协同方式从过去的垂直协同转变为现在的全员对应目标、对应方向后的自动协同、平行协同。过去是从上至下的领导驱动，还有严格的制度约束；现在的驱动是“自驱动+数据驱动”。过去，在严格的分工体系下，每个人的角色是固化的；现在，每个人的角色是动态的，基于市场及客户的需求，根据工作任务来扮演相应的角色。

（4）重新定义组织的“支柱”。过去我们说组织的三大“支柱”是“战略、组织、人”，这个铁三角构成企业的核心命题；现在，京东、百度都提出“文化、组织、人”这个新三角概念。他们把文化放在了最前面，然后是组织，最后才是人，这说明整个组织的定义发生了变化。过去是先有资源和能力，再通过组织化实现目标；现在是愿景、理念在牵引，通过组织化的方式驱动人聚集资源实现目标。组织的定义发生改变，整个组织和管理的内涵就要重新调整。

之前我曾提出过组织的四个突破：去中介化、去威权化、去层级化、去中心化。这只是我观察到的组织发生的变化。未来组织会有哪些可描述的形态？我们还需要从突破旧思维、旧规则、旧逻辑开始，大胆想象未来，重新定义一切，用全新的一套语言体系去诠释未来组织的形态。

讨论一　如何跨越过去，展望未来

李冰权：说到企业就一定绕不过企业基因的话题，BAT 的很多探索的确让我们看到了企业未来的发展前景，但其本身有着不同于传统企业的新基因，当这些新基因与新时代相遇后，企业能够快速领先于同类企业。在提供咨询服务的过程中，我们接触到的大多数企业还是旧有的科层组织这样的基因，我们应该如何构建从过去到未来的发展路径？彭老师说未来组织发展的趋势可能是“平台化 + 生态化”，而平台最重要的一项能力就是资源配置能力，当它转变为一个组织中心时，其核心能力是什么？

陈闯：这个问题有点抽象，因为平台的类型各不相同。彭老师所讲的温氏平台跟阿里巴巴的平台、京东的平台都不一样。各个平台的能力也不相同，平台可以把能力转化成任务，不同的平台提供的工作内容不同。有的平台帮助客户解决物流、信用评价、金融等方面的问题，而有的平台可能只为客户提供对接的信息。

我认为平台并不是一个确定的概念，也不是一个确定的模式。京东是一个平台，但是京东是以自营为主，自己有物流中心，第三方供应商比较少。阿里巴巴也是一个平台，但它没有自营的业务，全是第三方业务，物流方面只有菜鸟作为支撑，所以每个平台的内涵不同。

对于平台，我持以下观点。

（1）能力一定跟任务相关，目的是解决问题。

（2）不同的平台要求解决的问题是不一样的。有的平台对消费者的信誉评分，有的平台则没有这项设置；有的平台对进驻的企业有比较高的要求，有的平台则是开放式平台，进驻的门槛比较低。

彭剑锋：如何构建未来的组织？我认为关键在于转变思维方式。过去采用的是连续性思维方式，强调从农业文明到工业文明，再到智能文明的连续性发展，讲究基因、条件、中介，思考的是如何通过中介改良、优化。现在的并行思维是没有中介的，并行思维强调条件是创造出来的，不是预设出来的。变化更多的时候不是渐变，而是突变。当然，并行思维并不排除渐变，它强调兼收并蓄，并行不悖。

李冰权：约翰·科特曾经说过在这种情况下组织变革可以采用“双轮驱动”的方式。

彭剑锋：我认为“双轮驱动”是传统思维模式下的产物，就是从结构化组织转变为非结构化组织。如果要突破现实，就需要重构思维方式。暗物质发现以后，你会发现我们对人类社会的认知，对宇宙的认知可能都会发生变化。但我并不是说约翰·科特的观点是错误的，也可以有这种连续性思维、渐变性思维方式。我的意思是说能不能用一种更新的思维方式及更新的语言系统来突破现有的假设体系？现在人们还是在用原子思维思考问题。

李冰权：我们可以采用物理学理论来分析量子思维。量子力学是基于爱因斯坦学说，完全是另外一套东西。实际上我们现在接触的物理知识大多数是传统的物理知识，但是这个世界正在构建基于量子力学的新思维，这就是量子思维。

陈闯：人类社会构建组织的能力比之前强多了。量子力学也好，牛顿力学也好，都是讲的物理实践。但是我们讨论的是企业组织是人类思维的产物，人类思维在更大程度影响它，而不是它在影响人类。

彭剑锋：当然，我们还得活在当下，但我认为可以换一种思维方式去思考问题。过去，当面对竞争对手的时候，我们的思维是“弯道超车”，追赶式地前进。可即便是“弯道超车”，我们和竞争对手还是处在同一条“赛道”上。现在，我们可以转换思维方式，改为“变道超车”，通过“变道”赶超竞争对手。我想说的是要重新定义组织，重新定义组织存在的价值。组织存在的理由是什么？组织的目标、结构、功能、秩序、规则，以及组织传承利益的安排，这些决定着组织存在的要素能不能重构？

可能我谈的是 30 年以后的事情，但如果我们不去大胆想象未来，就很难突破当下组织面临的困境。

我认同这样一种观点：农业文明、工业文明、智能文明可以同步进行，三者不是连续性的关系，而是并行关系，也是融合关系。如果按照连续性的思维，中国企业就不可能超越世界上其他国家的企业。在农业文明时期中国的科学技术领先于世界上其他国家数千年，但在工业文明时期我们落后了 200 年，到了智能文明时期，为什么我们有希望实现“变道超车”？那是因为智能文明时期三种文明可以融合，可以同步进行。

随着互联网的广泛应用，中国和世界上其他先进国家之间的差距在逐步缩小。把不同发展形态的社会连接到一起、把不同的文化融合到一起，这是我们这个时代最精彩的画面。人大劳人院开年会时，大家普遍感到焦虑，认为未来会有 1 亿个工作岗位消失，机器人会取代人类做事，老师这个职业也可以被取代，机器人上课效果可能更好。所有结构化、逻辑化的东西未来可能会由人工智能机器人完成，但我觉得不必过于焦虑，机器人永远无法拥有人类这种天马行空的创意，也替代不了人类的想象力、创造力、文化积淀和情感变化。

李冰权：这促使我们想到两个问题。第一，回归事物的本原，组织为什么存在？第二，站在未来的角度看待组织。

彭剑锋：工业文明时期组织为什么存在？就是基于分工产生效率，组织存在的目的是为了提高效率，如果有分工和协同，组织的效率会更高，交易成本更低，可以产生整体效率，这是组织存在的价值。这一点我认为是永远不会变的。未来不管世界发生什么变化，网络组织也好，自组织也好，都需要组织，只不过到了互联网时代会产生虚拟组织这种新的组织形态。

李冰权：组织的本质是让交易成本更低。组织未来会发生什么变化？

彭剑锋：组织未来会有两个变化：一个是交易成本更低；另一个是产生协同价值。现在，交易方式和协同方式都发生了变化，因为有了互联网、大数据，人们通过互联网可以实现即时交易，甚至先交易，再生产产品，交易成本大幅降低。

孙波：以前，企业认为降低交易成本是组织存在的价值，但是未来有可能交易成本会趋向于零，到那时组织依然存在，只是组织的边界扩大了。

陈闯：或许交易成本已经不是决定组织边界的重要因素。

彭剑锋：因为沟通不畅才会产生交易成本，现在信息沟通一步到位，都是数据驱动。随着科学技术的发展，未来可能不再产生交易成本。

陈闯：所以组织未来的边界并不取决于交易成本。

彭剑锋：这一点很重要，这是重新定义组织的重要一环。

孙波：过去定义组织的时候很重要的一个标准就是交易成本更低，现在这个定义组织的条件已经不存在了。

彭剑锋：我赞同你的说法。未来组织可能会呈现出两种变化：第一种变化是交易成本趋向于零；第二种变化是转变协同方式，由垂直协同转变为平行协同、自动协同。过去组织协同是基于分工，但现在分工并不是固化的，也不是程序化、结构化的，而是混序的。所以，我在人大劳人院的年会上就提出“不确定时代的管理新范式”这个题目有问题。第一，现在已经没有所谓的“范式”。范式是传统的说法，组织没有范式就是新范式。华夏基石现在思考的东西，你可能会觉得距离自己很遥远，但是你用10年或20年后的眼光来看，就会看出它的价值。

陈闯：我认为有远见的价值不在于揭示真理，而在于促进人们不停地思考和探索真理。

彭剑锋：我们需要不断探索真理。未来交易成本是不是决定组织存在的一个前提条件？可能交易成本决定组织的核心要素还存在，但是发生了变化，因为交易方式发生了变化。目标实现度、交易成本、分工和协同、组织和人的关系这四个方面决定组织方向、组织结构、组织形态、组织模式，但这四个方面的内涵都发生了变化，我们就需要重新定义组织。

陈闯：我们以前看组织都是先有一个共同的目标，在这个共同的目标下双方产生比较默契的工作方式，但现在能不能倒过来看？先有比较好的合作方式，双方磨合以后才产生了共同的目标。从这个角度来看，双方起初并没有一个共同的目标，只是觉得在一起比较默契，过一段时间之后可能就会形成共同的目标。

彭剑锋：这就是未来为什么组织越来越强调文化的作用，“道不同，不相为谋”，其实强调的是大家相互不认可，就无法合作。

文化是一种价值取向，是一个愿景，所以现在很多企业把建设企业文化放在第一位。处在第二位的是组织发展，组织模式必须符合未来的发展方向。处在第三位的是人。过去的铁三角是“战略、组织、人”，现在的新三角是“文化、组织、人”。

讨论二　从未来定义现在：大胆想象，探索求证

陈闯：哈佛大学的两位教授在研究了乔布斯、盖茨和安迪·格鲁夫（英特尔三位创始人之一，编者注）三个人后，总结了这几位企业家的一些共同特点。其中一个特点就是几位卓越的企业家都很有远见：他们拥有先提出愿景、再反过来定义组织的能力。他们从一开始就是“从未来定义现在”，而不是从现在看待未来。

彭剑锋：他们不是基于现在的资源能力决定未来怎么做，而是超越和突破现有资源的能力，基于未来的愿景，创造条件，也就是华为的任正非所说的“凑条件”。从未来定义现在，这就需要企业家精神，需要企业家具有创新精神、探索精神，有“野心”。在不确定的时代更需要强调创新，大胆想象，探索求证。

陈闯：硅谷文化中有一个重要的词语，就是“反转”，我们习惯将

它称为“转型”。“反转”就像篮球规则中的“回场”。当我梦想中的一些假设条件在实践过程中遇到挑战的时候，要迅速调整状态，回转过来。

孙波：这就是假设系统。假设系统构成约束条件，约束条件发生变化的时候，假设系统也要随之调整。

彭剑锋：过去组织的假设系统的所有流程都是固化的，是连续性的。未来组织的假设系统是随时可以调整的，为什么现在很多企业都在建立“包干制”的项目小组？就是一个月时间干不成就可以撤掉，重新组合。

陈闯：这就是《精益创业》这本书的核心内容，哈佛商学院把这本书作为创业的教材，因为这本书就是在讲创业过程中要不断地验证你的假设系统，产品不断迭代的过程就是在不断修正假设系统。

彭剑锋：所以，未来要强调假设系统的“动态修正”。过去的假设系统都是固化的，未来的假设系统本身就是动态调整的。过去是年初就制定目标，年底考核目标完成情况，这是假设企业未来一年都是在可确定的环境下运行。现在不确定因素越来越多，很多企业都把年度目标改成季度目标，一些互联网公司的项目小组的目标甚至是一周或两周，干一两周发现不对，立刻换；但是在调整的过程中，要对这两周的工作进行回顾总结，要评价这两周的失败绩效。

陈闯：这个回顾很重要。彭老师用了一个词，叫作探索。什么是探索？探索就是在不确定的情况下行动，行动以后看到反馈的结果，不管是成功的反馈还是失败的反馈，都是有价值的。因为这个反馈含有巨大的信息量，我根据这个反馈才知道过去做对了什么，做错了什么，再调整自己的假设，继续探索。这里涉及一个很重要的命题：当未来世界不确定甚至非常模糊的时候，人如何行动？我们以前总是基于预测做出判断，但当我们无法基于预测做出判断的时候，应该怎么行动、怎么去探索？

彭剑锋：这里面又涉及效能的问题。过去效率是投入产出比，一定要有结果；现在是探索性地前进，失败也是一种绩效。华为的绩效小组就在研究失败绩效，研究如何承认和评价那些只干了两三个月就失败的项目的绩效，这就需要重新定义组织价值。并不是成功的探索才有价值，失败的探索同样有价值。

陈闯：大企业其实也有必要研究《精益创业》的思想，研究怎么在大企业里实施精益创业。小企业失败了就会总结教训，调整状态，重新开始，由于小企业的体量小，所以它的负担比较轻，它的探索往往也是一个组织的整体行为。如果大企业鼓励这种探索行为，就需要研究如何评价失败的绩效，就是怎么评价“有目的的失败”和“无目的的失败”的差别。

彭剑锋：“有目的的失败”和“无目的的失败”都是效能命题，现在组织效能要解决的问题就是如何剔除无目的的失败，如何肯定有目的的失败。过去我们说绩效就是胜利，现在绩效的含义也包括“有目的的失败”。

陈闯：未来确实是不确定的时代，技术没有连续性发展的时候。探索过程的意义在某种程度上可能会超越探索结果的意义。

三、组织能力建设是企业持续成长的必由之路

企业能力有两条线，明线是核心竞争力，暗线是组织能力。组织能力是企业形成核心竞争力的关键，也是企业跨越周期屹立不倒的真正内在力量。

夏惊鸣：组织能力建设要抓住四个“构件”，躲开三大暗礁

组织能力建设包括以下三个核心问题。

（1）为什么组织能力很重要？

（2）什么是组织能力？组织能力的核心内容是什么？

（3）组织能力建设过程中的关键命题是什么？

1. 为何要建设组织能力——企业核心竞争力的隐形支撑

组织能力是企业形成核心竞争力的关键要素，也是企业跨越周期屹

立不倒的真正内在力量。

我们可以对企业的发展规律加以总结。事实上，绝大多数企业家最初成功都是偶然的。企业家从起步阶段的谋求生存到抓住机遇把企业做大做强，实现了从生意到事业的蜕变，并不断产生对新的事业的追求。

组织能力建设如图3－1所示。

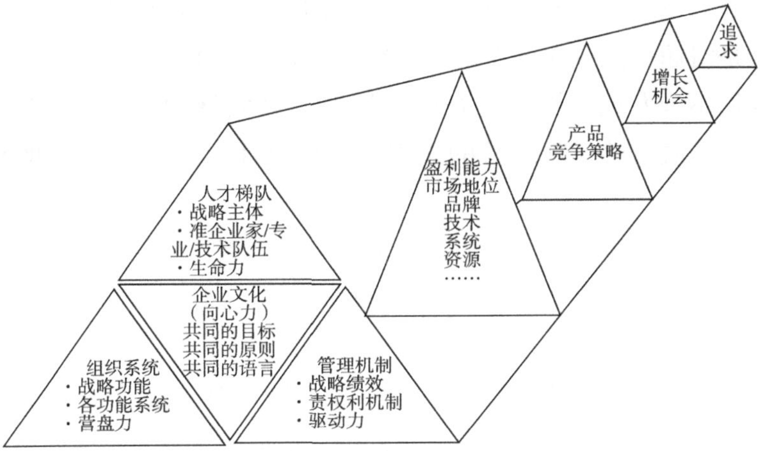

图3－1　组织能力建设

企业家对于事业的追求，其核心是对产业竞争力的追求。如果脱离了对产业竞争力的追求，企业家追求的就不是真正的事业。企业家经常讲的“追求世界第一、全球第一”这类目标，就是在追求产业竞争力。

从企业经营的结果上看，产业竞争力体现在企业规模增长和盈利能力提高，而从核心竞争力上看，产业竞争力体现在以下三个方面。

（1）品牌。需要注意的是品牌扩大影响力不是单纯的打广告，而是通过介绍企业的研发、生产、营销等过程，给客户留下深刻的印象。如果品牌被客户认可，就形成了竞争壁垒。这也是一些企业倒闭后，其品牌依然值钱的原因。品牌同时具有较强的不可替代性，一个品牌一旦对客户形成巨大的影响力，客户就会习惯使用这个品牌的产品，其他品牌就难以取代它在客户心目中的位置。因此，品牌是企业核心竞争力的体现。

（2）知识累积性复杂系统。一家餐饮企业能不能发展成为行业内的龙头企业？当然可以。决定这家餐饮企业最终能否成功的关键因素是品牌和可累积的复杂系统，比如中央厨房、冷链供应链、门店运营体系，如果这家餐饮企业能够把这些具有较强不可替代性的知识累积性复杂系统做好，就可以形成很高的竞争壁垒。一个典型的例子是百果园，其核心竞争力就是“系统+品牌”。

（3）**高壁垒的技术**。企业界流行这样一种说法——“超一流的企业做标准”，很多企业认为能够参与制定国家级行业标准就是超一流企业，这是对超一流企业的误解。对标微软、英特尔、高通这些世界级公司，我们不难发现“超一流企业做标准”其实做的是知识产权，是技术，并且是底层的、基础性的、高壁垒的技术。这才是企业的核心竞争力。

进一步看，企业形成核心竞争力的关键因素是组织能力，企业要打造核心竞争力，形成产业竞争力，实现事业理想和持续发展，最终都离不开组织能力的支撑。

为什么这么说？我们可以思考一家企业的核心竞争力是如何形成的。如果企业没有优秀的研发团队，没有形成研发人才梯队和研发管理体系，没有有效的研发激励动力机制，技术的核心竞争力能形成吗？显然不能。

如果某个品牌在营销、生产、研发等方面都没有建立很好的管理体系，没有很好的人才梯队，没有很好的机制，怎么能够形成有影响力的优秀品牌？

如果没有持续建设人才梯队，没有很好的激励机制激发大家持续成长，也没有高效率的管理体系保障人才梯队和动力机制的相互作用，怎么能形成高壁垒的知识累积性复杂系统？

这么推导下来，思维就清晰了。企业持续发展必须要形成核心竞争力，而核心竞争力来源于组织能力。优秀的组织能力才是一家企业走向卓越，持续发展的核心内在力量。

2. 组织能力的核心要素是“四个构件”

从组织能力的建设这个角度来看，组织能力的内涵包括四个部分。我把这四个部分称为“四个构件”：一是人才梯队；二是管理机制；三是组织体系；四是企业文化。

（1）人才梯队。这“四个构件”之间的内在逻辑是先有人，再有管理机制、组织体系，最后建设企业文化。首先，一定要有人，人是最关键的因素；能够激发人的工作动力的是管理机制；激发人的工作动力后，组织体系决定了一家企业（平台）及员工的工作效率；企业文化则是前三个“构件”所体现出的导向、理念和原则。四者形成一个闭环。

需要注意的是组织能力的第一“构件”是人才梯队，而不是人才。因为单一的人才概念不能转化为组织能力，而人才梯队则具有组织能力。

如果企业过于依赖能人，一旦能人出了问题就会对组织产生很大的破坏作用，这就是没有实现组织化的弊端。形成人才梯队后，就能够避免出现这种问题。如果能人出了问题，其他人可以接替他的工作。我一直强调一点：没有人才梯队，企业的管理机制就会失灵，有了人才梯队，一家企业或是一个组织就可以实现内部循环。人才梯队是一家企业形成依靠人但不依赖人，能够自我新陈代谢的关键因素。

（2）管理机制。管理机制的本质是激发员工的工作动力。管理机制的核心是决策机制、目标管理机制、分权机制、分配机制。有了人之后，如何激发他的工作动力，使他持续奋斗，为企业创造价值，这就需要用管理机制来驱动。

（3）组织体系。这里首先需要对组织体系与组织结构进行区分，组织体系不是人们通常讲的组织结构，而是组织结构中的各个业务与管理子系统，它包括结构、流程、操作规范、方法论、知识沉淀等，这样就形成了一个有组织的“能力营盘”。组织体系与组织结构二者的关系可以用“铁打的营盘流水的兵”这句话来形容。IPD 体系、ISC 体系、干部管理体系、财务管理体系、资金管理体系是典型的组织体系。

另外，温氏打造的“公司 + 农户”的运营模式是一套比较完善、值得借鉴的运营系统。值得一提的是，在运营体系的定价方法方面，该系统包含 60 余种定价模型和 10 余种基本模型。这就是我一直强调的企业或组织在发展过程中只有逐步建设、持续完善各类系统，形成体系，才会相对成熟和稳定，才能变得更加高效。

(4) **企业文化。**大多数人对企业文化存在误解。一些人认为阿里巴巴集团为团队成员取花名就是企业文化，将其视为一种成功的"文化招数"。实际上，单靠这个方法并不能促进企业的发展。因为企业文化的本质是企业的经营管理，包括企业如何经营客户，如何参与市场竞争，如何搭建人才梯队、组织体系和管理体系等。

可以说，**文化和行动是"一体两面"，**企业文化是企业的业务和管理所体现出的导向、观念或原则。只有理解了这一点，才能够正确认识企业文化，才能够正确建设企业文化。

综上所述，人才梯队是组织的生命力；管理机制是组织的驱动力；组织体系是组织的"能力营盘"，是营盘力；企业文化是组织的"导向"，是向心力。

3. 组织能力建设过程中必须规避三大"暗礁"

在建设组织能力的过程中，企业往往有这样的经历：当企业突破商业逻辑这道关口后，会面临快速拓展的机会窗口，伴随而生的一个核心问题是战略发展与组织能力的缺口，体现为"缺人、缺管理"。**原因是绝大多数企业取得成功都不是提前设计好的，管理往往是由发展带动的，这就形成了一个组织发展的滞后期。**

为什么我们经常说小企业不能够做太复杂的管理？原因是当企业还是一条"小船"的时候，如果按照"大船"的规则去做内部系统，一定会失败。但当企业这条"小船"发展成"大船"之后，如果仍然是"小船"的内部系统，也会导致失败。**从"小船"系统转型到"大船"系统，可以看成是整个组织系统的建设，而且需要在高速运行中将"小船"系统转型为"大船"系统，这个时候就存在系统性缺失和系统性混乱。**我们往往把这个时期叫作二次创业阶段。二次创业阶段的核心问题就是战略发展与组织能力的缺口，所以二次创业阶段的核心任务就是组织能力建设。

在这个阶段建设组织能力往往存在一些普遍性问题，我归纳为三个关键问题。这三个关键问题像大海中的暗礁，如果不识别出来并加以防范就很容易翻船。这三个关键问题如下。

(1) **导向问题。组织能力建设的第一个普遍性问题是"专业上的**

正确，导向上的错误”。“服务增长，激发奋斗，将军辈出，护卫底线”，这是我们在组织能力建设（管理建设）中的四大导向。但是在现实生活中很多管理措施和管理行动看起来很专业，实则没有效果。要解决这个问题，企业一方面需要强化管理建设；另一方面要回归常识，回归到导向上来判断这些管理措施和管理行动是否正确。

正如我经常举的一个例子，在井冈山时期，中国共产党创办了红军大学，红军大学培训的方式类似于企业。那个时期的培训主要有三项内容：一是培训如何打枪；二是培训如何筹集粮食和经费；三是培训学员如何做好群众的宣传动员工作。这样的培训工作就是以“服务于打胜仗”为导向。

（2）本质问题。组织能力建设时经常出现的第二个问题是没有把管理手段的本质理解透彻，这样就会导致“专业性的正确，本质性的错误”。企业绩效管理中经常会出现两种错位：员工绩效与公司绩效的错位，员工考核都是90多分，但是公司的绩效在下滑，甚至收入在下滑；或者是公司业绩在高速发展，但是很多关键问题没有得到解决。

出现这种错位的原因不在于绩效管理方法和工具的选择上。也就是说无论把KPI改成平衡计分卡还是把平衡计分卡改成OKR，本质上都是一样的。平衡计分卡的战略地图就是一个公司级的OKR。

导致员工绩效与公司绩效错位的本质原因是“考核的结果不是你想要的”。如果考核的结果是你想要的，比如你想要的是收入增长，如果员工表现都很好，产生了很好的绩效，就说明实现了收入增长；如果你想要的是竞争力提升，员工的考核结果是优秀，就表明公司的竞争力得到提升；如果你想要的是解决一些关键问题，员工表现优秀，考核结果令人满意，就说明这些关键问题得到解决。

企业如果想实现“考核的结果就是你想要的”，就要做好目标管理。企业管理者要思考这些问题：我要打什么仗；如果要打胜仗，有哪些关键领域；这些关键领域存在哪些问题，这些关键问题怎么解决；我们应该做什么，做到什么程度，由谁来做；在此过程中如何督导、支持、解决问题；等等。只有找到这些问题的答案，公司的管理才会建立在正确的基础上。很多企业让人力资源部负责绩效管理，忽略了公司各层级对目标管理中这些问题的思考本身就是绩效管理的过程。

企业如果想让目标管理有效，关键是要有能打“胜仗”的、业务能力强的“将军”。在很多中小企业中会出现这种现象：老板学习 MBA 课程后回到企业按照管理理论进行“正确的瞎管理”。企业做到一定程度后，老板要放权，因为不放权不能激发员工的工作动力，员工无法成长。一些企业老板放权之后，公司确实发展得很好，而有些企业老板放权之后，公司则是一团糟。之所以会出现两种截然相反的结果，关键在于企业是否具有能打“胜仗”的、业务能力强的“将军”。如果一家企业缺乏能打“胜仗”的“将军”，而老板是为数不多能打“胜仗”的“将军”。那么在这种情况下，老板放权的结果就是公司中层管理者连打什么仗、怎么打“胜仗”都想不明白，更何谈分解任务、承担责任，最后只会是一团糟。

真正理解“有能打‘胜仗’的、业务能力强的‘将军’”这句话，才能做好目标管理。如果企业缺少能打“胜仗”的、业务能力强的“将军”，企业一把手就要深入一线，帮助大家搞清楚打什么仗，怎么打“胜仗”。同时需要强调一点：企业一把手在组织大家打“胜仗”的时候要有耐心，不要直接给出答案，要采用不断询问的方式让大家自主思考问题并承担相应的责任，只有这样企业才能做好目标管理，才能打“胜仗”，为企业培养人才梯队。

人们往往把管理问题简单地归结为没有找对管理工具或管理模式，但这并不是问题的症结所在。如果企业要规避管理中出现的问题，就要深入了解实际情况，了解这些管理问题出现的根本原因。绩效考核关键在于要考核你想要的东西，就是要做好目标管理；做好目标管理，关键在于有能打“胜仗”的、业务能力强的“将军”。只有了解这些规律，我们才能不被理论、模式、招式绑架，才能真正解决问题，从而正确地进行组织能力建设。

（3）导向的系统一致性。就某一件事、某一个点来说符合导向是比较容易的，但是整个管理系统都能够符合我们所倡导的导向，难度就很大。**建设组织能力时，面临的一个最大难题就是导向的系统一致性。**

2002年，我和一位在华为工作的同事一起吃饭。同事是安徽人，人很聪明，也很勤快。他告诉我他在华为没有前途。我很奇怪，问他为什么这样说，他只回答了一句话："华为派我去非洲，我没去。在华为，你不去，尊重你，但是以后升职的机会、掌握股权的机会就跟你没有关系。"

从这个案例看，激发奋斗似乎非常简单，所有的激励机制按照这个导向去做就行了。但是有多少企业能够做到？在一家公司里，一把手被撤职后，不能提拔副手，如果他对这个团队感到不满意想要调离，将会降级使用，这是鼓励大家要团结一致打"胜仗"。企业管理是相当复杂的，要在方方面面的管理建设中始终遵循、落实正确的导向并非易事。

在企业的发展过程中，导向系统一致性是组织能力建设面临的最大难题。在企业创立初期，导向全部归结到老板这里，老板身兼数职，既是企业的营销负责人、产品经理，又是供应链负责人、人力资源负责人，导向就自然而然的统一了。但是当企业发展壮大后，各个系统开始变得复杂，营销系统、研发系统、供应链系统，这些系统无法做到协调统一，这时老板也无法做出全面统一的判断。

要解决这个难题，我认为当年华为的做法值得其他企业学习，华为建立了《华为基本法》，让企业各个系统协调统一。

很多人其实并不一定理解《华为基本法》所起的作用。事实上，《华为基本法》同时解决了以下三大问题。

（1）实现了导向系统一致性的核心抓手这个问题。《华为基本法》是任正非对企业持续成功的系统原则的总结。他明确表达了企业在不同关键领域所要坚持的导向策略，从而形成企业内部的共同目标、共同原则和共同语言。

（2）解决了团队管理素质和能力建设核心工具这个问题。因为在《华为基本法》中包含着华为各个团队一起参与讨论的成果。

（3）促进组织能力建设的导向系统一致性。华为各个体系的团队都按照《华为基本法》所明确的原则体系行动，不断依照这些指导原则建设系统，处理业务，企业自然实现了导向系统一致性。

最后，有必要提一下企业文化的表达问题。常见的企业文化表达方式有两类：一类表达方式为理念式，比如团队、创新、速度；另一类表达方式是华为基本法式，看上去就像一本教科书。**华为基本法式的表达方式的优势是容易转化为行动，便于实现导向系统一致性，是一个很好的管理工具**。以用人原则举例，企业优先从优秀团队中选拔人才，这样一来团队理念就可以落地，大家必须团结一致把业绩做好，才能够获得更多晋升的机会。团队理念落地后，企业就必须培养人才梯队，否则就会失去晋升的机会。企业优先选拔具有自我批判精神的人才，团队理念就可以落地，这样就可以避免出现各个组织成员相互指责的现象，解决协同问题。

葛晶：组织能力建设最见功力的是顶层设计

中国的企业家抓住了第一波城市化机遇，勤奋创业，取得了基于业务的成功，从而把事业做大。完成了第一阶段的创业后，企业家随之面临的问题是组织能力建设与业务增长之间的巨大缺口。面对这一缺口，多数企业家不想摆脱路径依赖的惯性，寄希望于依靠第一波创业时的经验重走旧路，来迅速解决缺口问题。事实证明这样做行不通。

关于组织能力建设，目前在实践层面上，尤其是在企业家层面存在误区。之所以形成误区，根本原因是企业家过于急躁。

1. 组织系统性建设需要克服急躁心态

企业家前期的成功路径是在城市化的进程中抓住了机会，发展业务，壮大事业。彼时的成功偏重于机会导向，而系统性较弱。现阶段的成功路径则更需要依靠系统建设，企业的思维方式也要从以机会为导向转变为以系统建设为导向。

具体来说，现在这个阶段企业家持续成功需要建立一套完整的系统，而建设一套完整的系统往往会经历比较漫长的过程。一些企业家心态过于急躁，寄希望于走捷径，希望找到一套方法让自己所在的企业快速提升组织能力，以便取得成功。

企业家的二次创业阶段是企业实现突破性增长的阶段，也是企业发展的转折阶段。企业经过这个阶段实现持续成功，需要不同于点状结构的系统性建设，这是急不得的。企业家对此应当有清醒的认识，并且及时调整心态。

以华为为例，华为的体系建设取得成功并非一蹴而就，其文化的贯彻和落实经历了二三十年的时间。放眼当今中国的企业家，普遍缺乏的是组织能力建设时所必须具备的系统性思考与建设定力。这件事情不能着急，必须要一步一步来。

2. 组织系统建设要先做好顶层设计

企业在建设机制时需要先想清楚总体原则，做好顶层设计，通俗地讲，就是企业要把整个机制、体系做成什么样子，对人才队伍有什么样的要求等问题全部想清楚，再着手构建人才梯队、机制体系，这样才构成系统性。比如在组织能力建设中人才梯队是关键要素，在人才梯队建设中，专业技术是关键要素。

而在现实中，很多企业家过于急躁，简单地把组织能力建设等同于组织结构建设。可是需要注意的是如果不完成系统思考而仅仅依赖组织结构图，企业无法长远发展。若要清楚了解这个问题，需要先弄清楚各个体系导向上的基本原则。

以组织结构设计为例，当一家企业从单一业务状态变成多元化业务状态，就必然会面临组织的进一步分化。在组织进一步分化的过程中，企业不可避免地需要考虑集权、分权的问题，要考虑两级组织结构设计的问题。

而最终决定一家企业分权还是集权则需要有一系列基本要素约定。从本质上看，通过集权的方式保证或是控制每一个业务单元的发展方式几乎不可能使得一个组织、一家企业发展壮大。从长远来看，组织的裂变必然需要一个有序的分权状态，能够让每一个业务单元承担经营责任，具有主体意识，激发价值创造活力。

需要注意的是上述原则的使用也有约束性条件，比如团队的成熟度和组织体系的成熟度。在管理体系不成熟、不健全的情况下，或者是公司核心团队经营管理能力不强、不具备企业家水准的时候，就无法分权。当管理体系和团队两者的成熟度都较高的时候，就具备了分权的条件。反之，当两者成熟度比较低的时候，则应倾向于集权。

不管企业选择分权还是集权，其背后都指向同一个目标——保证该阶段业务运营有序，能够打“胜仗”，这是基本原则。对于企业或组织而言，每一个阶段的导向可能会有所不同，比如在眼前这个阶段，企业采用相对集权的方式的同时，匹配机制和体系，待发展到体制机制、人才梯队、核心团队水准等制约性因素均成熟后，企业或组织再进一步做大，就具备了分权的条件。

管理本身并非一成不变的定式，它会随着要素的变化而对整个系统做出调整，系统首先通过顶层设计确定一个基本导向和规律，在每一个不同的发展阶段依据要素的变化状况找到要素变化的本质，确定这个阶段的指导性原则。在企业不同的发展阶段，指导性原则也会随着现实变化发生某些调整，但无论如何调整，导向都应该保持一致性，始终在一个系统里不断地向前演进、迭代。

胡向华：组织能力建设需要强化业务视角

从时间跨度或是企业规模的跨度来看，不同阶段组织能力的命题差别很大，这其中存在着一个关键问题，不同角度、不同角色对组织能力的理解差别很大，如何定位组织能力就显得非常重要。我认为应该从管理对象的角度出发，将其从小到大排序，加以界定。

众所周知，个人构成了社会上最基础的组织，因此可以从个人的角度来看待组织能力。组织能力建设的“三角理论”谈的就是这个问题。我们可以从小到大分五个层面来看待组织能力建设，具体如下。

第一个层面是个人，分为员工思维、员工能力、员工治理，包括传统的 HR 职能、人才梯队、机制建设。

第二个层面是团队，尤其是末端团队，如何激活末端团队是组织团队中一个非常重要的概念。亚马逊的“两个比萨原则”就是将其他组织层面的事情放到次要位置，首要关注末端团队的能力建设。

第三个层面是部门，这个层面通常表现的是组织结构问题。

第四个层面是跨部门流程，或者说是跨部门的项目管理概念，这也是华为的强项。

第五个层面是战略和企业文化。

需要强调的是这五个层面的管理对象有所不同，现实中被谈及较多的是第一个层面，也就是个人。我一直认为在**谈组织能力的时候，业务的视角是需要强化的，**组织结构决定了产品和服务。组织结构中某一部分较强，对应的产品和服务就强，反之亦是如此。

这样可以形成连锁反应，一旦组织内的协作出现问题，产品的内部流程就会出现问题，服务响应速度也会随之出现问题。这是一个很重要的概念。

同时，业务视角也是检验一家企业或一个组织的组织能力在经营上是否有效的视角。从业务视角出发，思考组织能力的起点就不再是个人，而是要完成业务，或者是从客户出发，从组织使命出发，思考组织能力的起点就是责任。组织能力建设是一个非常宏大的命题，我们在谈论这个问题，或者是帮助企业解决这个问题的时候，首先要形成一个框架，把问题聚焦在上述五个层面的某一个层面来谈论。如果命题里讲的是企业成长的问题，就要更多地关注组织变革问题。

“两个比萨原则”是由亚马逊CEO贝索斯提出的。他把比萨的数量当作衡量项目团队大小的标准。他的观点是如果两个比萨不足以喂饱一个项目团队，这个团队可能体量太大。而人数过多的团队成员之间无法深入沟通，就会出现扯皮的现象，团队成员之间相互推诿，最终让项目陷入停顿状态或彻底失败。小团队更有利于达成共识，提高决策速度。

李志华：通过人与组织的关系建设组织能力

企业可以通过人与组织的关系建设组织能力，我们从组织能力的基础、组织能力的特点及组织能力的目标三个方面展开论述。

1. 人是组织能力的基础

企业成功的过程中必然伴随着组织能力的建设和提升，可以说企业成功与提升组织能力之间是一种连带关系。从组织能力的角度看，企业要提高投入产出比，令生产更加高效。如何实现这一目标？企业家需要明确一点：在要素投入过程中，产出的主要是产品和服务，而产出产品和服务的过程中存在一个核心问题，就是解决效率和效果的问题。这个问题本质上是组织与人的关系问题。

人是组织能力的基础。组织能力绝对不是基于一种组织架构，人与组织的共生关系构成组织的活力。正是基于这种活力，组织的效率得以提升，成果得以扩大化。在同样投入的情况下，产出的产品和服务是不一样的，这就引出了组织能力体系建设的问题。

多年以前，投入要素的过程中，只要投入就会产生结果，马上就有市场。但是随着市场上产品和服务竞争愈发激烈，倒逼很多企业提出组织能力建设这个命题，这也是组织能力越来越重要的原因。在这个过程中，很多人对组织能力建设的理解存在偏差，因此产生了各种各样的理论，比如“三角理论”“杨三角理论”，等等。

2. 组织能力的三大特点

组织能力包括以下三大特点。

（1）人与组织之间存在价值的共鸣。组织要有价值追求，在今天的外部环境中，这已经是被多次强调的问题。包括企业文化、经营哲学、组织导向等概念，其核心和本质都是在强调文化能够提升思想认知，从而提高生产力。当企业员工对其所在企业或组织的价值观、理念不再认同时，就会离职，这在今天已经成为一种常态。企业员工的工作理念正从“为了活下去”向“为了快乐下去”转变，而在影响员工去留的因素中，能否与组织追求形成价值共鸣是重要的一点。

（2）人与组织共生。它是指组织与人是两个互相促进的平台。打个比方，联想集团董事长杨元庆的知名度和影响力来自于联想这个平台。如果没有联想这个平台，杨元庆或许不会有今天的知名度和影响力。反过来说，没有杨元庆，联想集团或许无法达到今天的发展高度。因此，组织与个人形成了一种共生关系。

（3）人与组织之间共创共享，这是人与组织之间的最终问题。所有的企业或组织发展到一定阶段后都要制定激励机制，以实现人与组织之间的相互激励，即所谓的共创共享。不产生激励机制，企业或组织就会发生变迁。组织合伙人机制、阿米巴机制都是解决人与组织之间共创共享问题。

人与组织之间的共创共享问题，其核心要素有三点：即人与组织的协同、组织的能力、产品的市场竞争力。这三者的逻辑关系是人与组织的协同问题的核心是解决组织能力的问题，而要解决组织能力的问题，关键在于解决产品市场竞争力的问题。

3. 组织应当追求的三重目标

进一步看，如果从人与组织这两个层面去思考，对于组织能力的理解就变得可视化、可度量。在人与组织的关系中，人的内涵可以从以下三个角度阐释。

（1）人的价值追求。也就是通俗意义上所说的“三观”，即人的世界观、人生观、价值观。企业在制定用人机制的时候，对“三观”的评价越来越看重。

（2）人的能力。这体现在学历背景、工作背景、解决问题的背景、处理事情的背景等方面。

（3）机制。这体现在当人的价值观和能力与企业相匹配时，机制是否能够激活其内生驱动力。

在人与组织的关系中，组织所要追求的内容包含以下三个方面。

（1）效率。无论企业采用的是大组织、小组织，还是自组织，如果最终企业的效率低下，就一定有问题。比如有些企业发展规模还不大，就开始搞事业部制，有些企业还不成熟，就开始寻找“呼唤炮火的声音”，这绝对是有问题的。思考如何改变现状、提升效率是一个很重要的问题，一家企业采取何种组织形式要看具体的组织形式是否适合企业所处的环境和发展阶段。

（2）效益。每个组织都要成为一个企业价值的创造者，组织中的每个单元都应该产生价值。这个价值可以是货币价值，也可以是加速整个货币价值形成的隐性价值，这也是很多企业提出平台赋能的原因，平台赋能未必能够产生实在的货币价值，但是能够推动货币价值最大化。

（3）效果。现实中常出现这样的现象：虽然组织产生的效率很高，组织的效益很好，但是组织的发展偏离轨道，与公司制定的战略背道而驰，公司就会出现各种问题。我常说组织的效果可以支撑公司战略。**我们可以从两个层面考察一家公司的组织能否产生良好的效果：一是这家公司是否具有支撑公司战略的组织表达体系；二是这家公司是否具有能够激活人性的组织活力**。当两者都具备的时候，就可以说这个组织适合公司，在企业中有效果。反之，就说明这样的组织存在问题，在企业中没有效果。

苗兆光：组织能力的本质是战略核心竞争力

组织能力从本质上说是战略的核心竞争力。毋庸置疑，组织能力就是实现某项战略所要求的能力，或者说是达到某项战略所必须具备的能力。克里斯坦森、钱德勒等管理大师在研究的过程中，通常会把战略和组织放在一起研究，遵循的逻辑为战略是抽象的、组织是有形的；企业所制定的战略必然要通过组织能力来实现。

1. 能力的三个内涵

建设组织能力的过程中需要强调两个问题：满足战略要求的能力如何建立在组织之上？组织如何拥有满足战略要求的能力？

包括“杨三角”在内的很多组织模型都在被反复提及，但是我研究之后发现这些组织模型也有不靠谱的地方。实行一个战略，首先要弄清楚实现该战略需要具备几项能力，然后把每一项能力落实到组织中。但是我发现按照这些组织模型进行实践，组织模型并不指向战略的要求，缺乏与战略的连接关系，也就是不具备打“胜仗”的能力。

我认为在目前的组织模型中效果最好的是克里斯坦森提出的“三角模型”（RBV），我认为它是解读组织能力最好的理论基础。

克里斯坦森在“三角模型”中说明了能力包含以下三个部分的内容。

（1）资源。无论做什么事，没有资源寸步难行，就像研究手机的人需要懂技术，实现线上沟通需要腾讯会议这类系统。这就是资源。对于企业老板来说，资金是最重要的资源；没有钱，什么都干不了。他们通过让公司上市来获得资金，从而换取其他资源。

麻烦的是在用资金换取资源的过程中，能力的建设需要一个漫长的过程。因此，企业老板在制定一个能力目标前需要了解达成这个能力目标需要什么资源，避免由于时间问题而无法获得资源的情况发生。

（2）流程。流程是资源转化为产品和服务的过程，就像把资金、原材料、土地这些资源转化为房子的过程。企业通过何种方式把资源转化为房子？在资源转化的过程中企业采取的措施有的有效，有的无效。如何提高有效措施的概率？这就需要提到流程，也就是转换过程。

（3）价值观。能力本身具有内生的价值观，在竞争市场上，小米要进入普通用户这个市场，就必须具备低成本的能力，这就要求公司内部贯彻低成本的价值观，比如设计不能冗余，原材料的价格不能高昂，等等。

随着时间的推移，企业不断发展壮大，当企业具备做高端产品的能力时，原有的价值观不能支撑企业的发展，反之亦然。与普遍可接受市场相反，奔驰做不出丰田那样的车，因为在奔驰所有组织里贯彻的价值观是豪华、奢侈，各个部分要有余量，空间要宽敞，体现舒适度。

2. 模型对接现实的三个要点

我试图从资源、流程、价值观三个方面对组织模式做进一步解读，以便该模型能够对接现实。

（1）资源。人是最重要的资源。

我对组织能力的理解是从战略开始，进而分析需要什么样的组织能力，再评估资源。人是最重要的资源，要想把“人”这个资源做好，就必须具备四个机制；只有具备这四个机制，组织能力才会变强。

①评价机制。即如何评价资源是否达到要求。如果你需要一位高级工程师，就必须对候选者、资源逐一筛选、评价，才能确定其是否能够达到你的要求。实现这一过程需要建立一套机制。

②补偿机制。当别人把自己掌握的资源提供给你的时候，你需要对其进行补偿。比如当工程师为你进行技术研发时，你要对其进行补偿。当经销商把客户资源提供给你时，你要对其进行补偿。这就是补偿机制，也就是所谓的利益机制。

③**激励机制**。资源被激励后会变得活跃，没有激励，资源就不会活跃。对于企业或组织而言，资源能否被激活至关重要，这就是激励机制的作用。

④**发展机制**。资源需要不断强大、丰富。比如数据是你的资源，你就必须让数据越来越丰富。如果人是你的资源，你就必须让人的能力不断提升。前面夏老师所讲的人才不是资源，人才梯队才是资源，这就是一种发展机制。资源必须要通过发展机制变得更强，更丰富。

（2）**流程**。让流程变强需要做到以下四点。

①**协同规则**。即我们通常说的 IPD、ISC，把人组织协同起来进行合理分工。

②**知识显性化**。复杂的知识可以通过流程变得简单、固化。比如详细记录一个“最牛秘书”的工作方式。他每天、每月、每年上班做几件事，做每件事的步骤等，然后用这个标准和流程规范去训练其他人。流程本身是一种显性知识，能够把隐藏在每个人身上的特质外化出来，这就是流程的知识显性化。

③**改善**。随着企业家不断丰富知识，提高认知水平，企业的流程必须要一步步迭代，变得更优化，水平更高。华为的流程体系历经几十年才建成，企业的流程需要慢慢迭代才会变成很强，其他企业如果盲目模仿，就无法达到预期效果。在这个过程中，企业必须要改善业务形态；如果不改善业务形态，就无法提升流程转换的效率。

④**治理**。组织治理是指在组织目标确定、组织流程通畅的情况下，将资源分解到组织中的各个环节，前后端在企业目标、策略上达成共识，协同一致。组织治理包括顶层治理、控制体系治理等。

（3）**价值观**。价值观有以下四个原则。

①**利益的平衡**。什么叫作利益的平衡？所谓的价值观就是平衡各方利益，比如顾客的利益、员工的利益、股东的利益等，组织如何平衡这些利益，优先顺序是什么？这就形成了公司的价值观。

②**共识原则**。公司的价值观确定后，还需要在员工中达成共识。达成共识的过程是有意义的过程。如果能够达成共识，就是价值观；如果不能达成共识，就是想象。

③**决策原则**。在具备了价值观，达成共识后，接下来就是将其转化为决策原则，作为决策时的依据。

④**转化为行为准则**。员工必须按照行为准则规范自己的行为。

四、人工智能时代组织如何应变

用量子思维重新想象一切

发言嘉宾：彭剑锋、施炜、孙波、邢雷、张小峰

特邀主持：张小峰

策划及整理：尚艳玲

人类天才棋手柯洁和智能机器人 AlphaGo 的围棋大战以柯洁告负而落幕，但这个结果却像一块巨石从天而降，令人惴惴不安。人工智能即将掀起的“智能革命”被视为人类历史上又一次技术革命。

在复杂难言的未来面前，一切巨变都是序曲，一切描述似乎都显得不准确且无力。怎么办？退回到过去的理论框架里，认为“万变不离其宗”，不要想得太复杂？这样做是很安全，却不免自欺欺人。任由想象驰骋，积极勾画未来的复杂和不确定性，然后对现实悲观？这似乎又有些杞人忧天。

我们认为正确的做法是当未来已来，坚持对“聪明的思考”保有兴趣，不断突破自己的认知边界，通过倾听、观察、参与，补全认知，消除恐惧，建立根基，或许是当下的最佳选择。

邢雷：人工智能终将影响组织的未来

我先给大家念一首诗。

……

是小鸟的蜜语，

他却能写出极美妙的世界。
如果我是太阳的光熹，
催老了人眼认为稀奇的事迹，
……

艳丽的玫瑰和艺术的情绪。
极美妙的新生，
曾经在这世界，
在那寂寞的寂寞的梦里。

怎么样？这些唯美、梦幻的诗句出自人工智能机器人微软小冰的诗集《阳光失了玻璃窗》。据说工作人员从20世纪20年代以后的一万多首诗里选出一些诗，让小冰学了几千遍后，写成这本诗集。有人曾经说未来诗歌艺术是人类抵抗人工智能最后的堡垒，我却持怀疑态度。我这个热爱诗歌的人如果靠写诗生活是否行得通？

不过我也仔细看了微软小冰写的诗，基本上还是“梨花体”，唯美、华丽的词语和意象的堆砌。这说明至少到目前为止，在情感、想象、意识等方面，微软小冰还比较机械化，拼不过人类诗人。但将来会怎样谁都不知道。

AlphaGo和柯洁的围棋大战，我也一直在关注。AlphaGo和微软小冰一样，也是智能机器人。AlphaGo下围棋运用的是计算机最擅长的领域——逻辑和计算。在逻辑和计算方面，人工智能潜能无限，可以说人类绝对不是它的对手。

AlphaGo下围棋和微软小冰写诗是两件事情，一个是在计算机最擅长的逻辑和计算领域通过分析计算得出结果，另外一个是在诗歌艺术领域进行情感表达。两者应该分开看待。我关心的是如果人工智能在情感领域也有所突破，现在人力资源管理领域提出的员工幸福感、心理疲劳、敬业度等问题，将来会不会都不存在？因为智能机器人根本不会存在这些困扰。

计算机科学里有一个“图灵测试”，简单说就是让人跟一台机器隔着一堵墙对话，由此来判断对话的是人还是机器。能突破“图灵测试”的机器人基本上就是人工智能机器人。我觉得微软小冰已经通过“图灵测试”，因为微软小冰之前以著名诗人的名义在论坛和杂志上投稿，诗集里的很多诗都已经发表。

人工智能领域有弱人工智能和强人工智能。弱人工智能就是在一个专门的领域具有专长的机器人，比如工业生产线上的操作工。强人工智能会计划、思考、学习，从经验中提炼概念。比如管理能力中最重要的一项能力是从现象中提炼概念，如果将来人工智能可以做到，那管理领域可能就不再需要这么多人。

我看高盛做了一个网上理财软件，就是人工智能设备通过大数据给客户定制投资分析、投资策略方案。未来咨询公司的一些工作，尤其是数字营销领域的一些工作，人工智能设备通过分析大数据就可以完成。

对于组织来说，以前组织的目标是绩效，是经济竞争能力。如果将来机器人取代人类做很多工作，效率提升以后，绩效可能就不再成为组织的目标，组织追求的很多目标可能会发生变化。

孙波：分工仍是基础理论，但组织内容或将大变

凯文·凯利出版了一本书，名字叫作《必然》，在这本书中他谈到未来的 12 个必然趋势。他是在解构未来，其实我们今天也是在解构组织。当我们解构一个东西的时候，我们自身有没有带着一个结构去解构它？这一点很重要。

如果我们要解构未来的组织，是否需要运用分工理论？经典组织理论在讨论分工问题时，面对的是单一的“人”，所以分工表现为组织功能的划分。如果现在仍然在分工理论下想象未来的组织，则需要从二维的视角来考虑，一维是人与人工智能，另一维是承载功能。比如未来人要承担什么样的工作，机器要承担什么样的工作。在未来的组织里，人可能更多的是承担创意、艺术类的工作，机器可能会从事大量重复性的知识性的工作。这是带着一种理论结构去想象未来组织的可能性。

还有一种可能性是我们根本不带着结构去认识新事物，丢掉既有的

认知框架，用崭新的思维去认识一个新事物。我想这可能是与现在截然不同的一种新的思维方式。

无论是从过去的学科经验还是其他方面来看，一定会有一个预设的结构解构未来的组织。我认为分工理论对于未来的组织仍然适用，只不过具体内容会发生变化。比如我们考虑分工的时候，不仅考虑人与人之间、部门与部门之间的分工，可能还要考虑人和机器之间的分工。再往下想象，或许不是人和机器之间的分工，可能会出现一个新物种：机器的躯壳加上人的部分智商或以往只有人才具备的某项能力。也就是说，分工理论对于我们思考未来的组织还是有价值的，只不过组织的定义会发生变化；它可能不再是"人的集合体"，组织的内容也会随之发生巨变。

凯文·凯利说："现在人类用手的肌肉力量即可开动 250 马力的车，我们假设将 250 马力的车转换成 250 种思想，那么你开的就不是车，而是自动化的电脑。人类未来的目标是将智力作为一种服务，可以像电力一样传输。"也就是说，未来效率将不再是人或组织追求的目标，因为机器的效率高，反而是对效率要求不高的工作更适合人类，比如要求创造力的工作。创造本身就是不追求效率的，不用考虑准确性，这才是人类适合做的工作。同时，组织里的合作关系也可能发生变化，人与人、人与机器如何更好地合作，他们之间不是支配和被支配的关系，也不是对抗关系，而是合作关系。

未来人类可能更适合做创造性的工作，就像我们今天试图做的一样。当过去的理论不能解释新事物时，我们就需要创新，需要重新构建一个认知模型。

施炜：组织新命题：未来大量知识性工作或将由机器人完成

商业智能可以发展到什么程度？

未来人工智能设备可以通过分析大数据来制定营销策略，但目前来看，障碍不是来自于技术条件，而是来自于人们的管理行为——90% 以上的机构还没有形成数据流。

我正在写一本书，写到最难的一部分了，就是“零售革命与商业智能”。我的思路是商业智能的出发点是满足客户需求，问题是是否具备实施的基本条件。大数据是商业智能的“养料”，如果没有大数据，商业智能无法实施，这一点与人类类似。人类必须有足够的经验积累才能形成一种认知的方式。很多商业智能要在有大数据的地方才能够实施。

我们分析一下现在与顾客行为、顾客心理相关的大数据，大概只有几个地方有。第一个是广义的互联网，所有的社交网络，包括微博、微信，只要是顾客发出声音的场所，都有大数据。第二个是广义的电子商务，包括各种电商平台。比如我连续在某旅游网站上订了几张去往某地的机票，以后当我再次打开网站，电商平台就会推荐去往该地的新旅游线路、最新机票信息等。这是一种比较简单的人工商业智能。第三个是在线下的一些广义零售终端，只要有跟顾客互动的地方，顾客进店后的行进路线，在哪个货架停留的时间最长，最终购买了什么商品，商家通过传感技术或电子标签技术把整个零售场所信息化，变成数据流。如果能进一步完善，不仅可以做历史数据分析，还可以做当场即时的反应。亚马逊就在探索这种全程信息化、传感化的新零售模式。顾客把商品放到一个能传输信息的篮子里，那个篮子是一个信息系统，也是一个扫描系统，你出门时通过人脸识别就能自动扣款。

总而言之，从商业智能的角度说，我们考虑的第一要素就是数据。下一步要做的是建立模型，给人工智能系统设置一个计算规则；通过分析数据，运用一些公式得出结论。将来商业智能是否能够揣摩人的行为？比如分析买某种服装的人通常喜欢吃什么水果。

今天我们讨论的是人工智能对组织的影响。我们从什么理论框架出发、从什么角度来谈论组织？我认为可以从马克思对劳动的论断说起。

马克思研究生产性组织的时候，基本上还没有服务行业，所以他认为生产包括两个关键要素：一个是资本；另一个是劳动力。马克思认为机器会逐渐替代人力，在整个生产能力中或者叫生产体系中，人力的比重会逐渐下降，获得的份额就会下降，也就是劳动力在生产体系中的重要性会逐渐丧失。这就是马克思认为工人阶级会绝对贫困化的重要理由。马克思在那个时代揭示的是一种机器替代人力的有机构成。现在到了人工智能时代，我们是不是可以提出一个新的命题？

马克思说工人阶级会绝对贫困化，在一定的历史时期的确出现过大量工人失业，机器取代人力的情况。后来在复杂劳动背景下出现知识型劳动者，特别是管理层。管理层不是人格化资本，高级的知识劳动在社会附加值中所占的比重并不小。有些创业型知识精英和金融资本结合起来还发了大财。这是德鲁克讨论知识社会、知识型员工的背景。

我们在这里可以提出一个命题——“人工智能时代，能够深度学习、具有智慧、能思考的机器人会取代知识型劳动者”。

如果出现这种情况，将会对组织和人产生巨大影响。大部分靠人的知识性服务，不一定是科技知识；而是一些个人的经验，甚至一些情绪和情感的服务，很可能会由智能机器人完成。这是我们讨论智能时代的组织状态、组织结构的起点。

宝洁、可口可乐这两家企业的市场部门都有着数以千计的员工，其职责是了解和分析消费者群体的需求。有了大数据分析之后，就不需要人工作业。如果有了大数据，90%的内容是能够判别出来的。其实人的消费选择倾向基本上是可以掌握的。比如电视剧《欢乐颂》里面的多金帅气温柔的“小包总”，几乎没有不喜欢他的年轻女孩。一个人在火车站口渴了，是买茶饮料还是矿泉水，基本上按照大数定律也能算出概率。

即便是沟通交往类的事情可能也会由人工智能机器人完成。比如你要跟一个人迅速建立一种联系，你可能会分析对方关心什么问题。如果他是一位父亲，你可以先谈孩子；他爱好书法，你可以谈谈你对书法的看法。将来人工智能机器人也会这样做，根据对方的基础信息和消费信息等数据判断他的性格特点、生活态度及关键诉求，建立沟通基础，设计沟通途径。

在人的交往模式上，将来人工智能机器人或许能够解决95%的问题。我们说人工智能机器人能够分析胜任力每个因子的行为并做出相应的判断。将来人可能变得越来越“透明”化。

彭剑锋：用量子思维重构组织

人工智能时代的到来给人们的生活带来巨大的冲击。随着消费者需求层次的提高，企业原有的组织模式越来越不适应社会的发展趋势，无法及时响应客户需求。企业亟须打破传统的思维模式，从原子思维转变为量子思维，重构组织。

1. 真正带来冲击的是思维革命

思维决定认知，认知决定行为。面临技术颠覆性变革，企业亟须进行创造性的认知突破。

最近我在关注量子理论，也看了几本相关的书籍。量子理论很重要的一个思想就是宇宙中存在超物质的精神力量，这种精神力量在支配着物质，支配着精神与物质的转换。这其实和禅宗所讲的“菩提本无树，明镜亦非台，本来无一物，何处惹尘埃”是一致的。镜子上可能有尘，但我心中无尘便是无尘，这就是我的意识在影响物质。

量子物理学中有一个“态叠加”理论，就是量子是叠加的，可以是 A，也可以是 B。在牛顿力学中，A 就是 A，B 就是 B，非常明确。但在量子思维里，在或不在、生存或死亡是模棱两可的，是不确定的。著名的“薛定谔的猫”的实验印证了量子力学中的“态叠加”和不确定性原理。由你的意识来决定猫是死的还是活的，这里就有一种超物质的精神力量在起作用。

这些听起来的确令人觉得玄妙，不可思议。唯物论说物质决定精神，唯心论说精神决定物质。到了量子力学，认为两者是可以互换的，物质和精神不是绝对的控制与被控制的关系，它是“态叠加”，是量子纠缠。物质可以转换成精神，精神也可以转换成物质；“软件”可以转变为“硬件”，“硬件”也可以转变为“软件”。人体既是物质的，也是精神的，总之人体是一个“能量场”。

量子思维突破了我们既有的、根深蒂固的认知，或将成为人工智能时代的主导思维。过去认为人能控制机器人，机器人要听从人类的安排。但刚才大家列举了一些案例，无论是 AlphaGo 和人类棋手对弈，还是微软小冰创作写诗，从某种程度上说它们具有一定的思考力。如果将来机器人拥有自主意识，它会不会认为人类也是机器人？我认为技术发展到一定的程度以后，人类关注的不再是技术问题，而是价值观的问题。这是另一个问题，我们不展开讨论。

回到我们要探讨的问题上来，我比较赞同施老师说的两点内容。过去在工业文明时期，机器代替人工作，机器在赋能。一方面是帮助人类提高生产效率，提升能力；另一方面也是在替代人类劳动，但是替代的主要是体力劳动和重复性劳动。到了人工智能时代，人工智能机器人逐步从事一些知识性劳动，这就是更高层次的替代。

人工智能机器人是在给人类赋能，赋予人类更高的能力；同时，它又在逐步从事简单的知识性劳动。但是一些具有创新性的知识性劳动，带有情感、艺术性的创造性劳动，机器人很难替代人类工作。机器和人的关系比以往更深刻、更复杂。一方面它在不断地赋能，使人的能力不断增强，在不断地满足人类的需求；另一方面人类要达到马斯洛需求层次理论的最高层次，即自我实现，必须依靠自我奋斗，才能满足这一需求。

工业文明时期，马克思认为机器将替代人类从事简单的重复性劳动，从某种意义上说资本家在剥削劳动力，所以马克思说社会最基本的矛盾是资本家和劳动者之间的对立关系。那么，到了智能时代，整个社会的核心矛盾会是什么？是资本跟资本的矛盾、资本和人的矛盾、人与人之间的矛盾，还是人与机器之间的矛盾？到底什么才是整个社会本质性的矛盾？这些在未来可能会有答案。

2. 几大技术将影响组织变革

在人工智能、物联网、生物基因工程等技术取得重大进展的时代，企业应该关注影响组织的三个因素，具体如下。

（1）出现智能机器人。当智能机器人跟人一样拥有智慧，可以深度学习的时候，生产组织方式可能会彻底改变，企业的生产作业全部由机器人完成，车间里几乎没有人。企业甚至连软件工程师、硬件工程师都不需要，因为机器有自修复功能。那时候人类干什么？人类会不会被机器人奴役？我觉得未必会出现这种景象。人类可能会上升到更高的层次，可能会出现一批具有高智商的人，由他们控制整个社会运转；还有一些人可能会处于社会的底层。这是一个大问题。智能时代，我们的生产作业方式、组织方式，主要是生产价值创造方式会发生革命性的变化。随着智能机器人的出现，组织肯定不是传统的车间模式、班组模式，我们可以想象一下会是什么模式。

（2）生物技术的发展，比如基因工程。为什么基因工程现在受到社会伦理的限制？如果不是受到社会伦理的限制，单纯从技术上来说，人类构建的社会体系真的能被人类自己彻底颠覆。如果基因工程不受到社会伦理的限制，人类不用通过组成家庭繁衍后代，可以培育试管婴儿，通过控制基因序列培育出自己喜欢的个体。还有一种理论认为如果从技术上破解了人体生命全息密码，不仅在物质上能够复制出长得一模一样的人，在精神上也可以。就如宗教所讲的灵魂和肉体是分离的，灵魂可以出窍，躯壳就是一个皮囊。那永恒的是什么？永恒的是精神，是思想。人类可能不存在死亡的问题，死的是躯壳，精神永远存在，思维空间永远存在。

（3）对未来影响很大的是物联网技术。Google 的拉里·佩奇说："互联网将消失，未来的世界是物联网的世界，物联网使得大数据出现。"所谓的大数据不是基于人的个性行为的大数据，而是每一个物体都有身份信息，所有的信息都可以交互。关系决定一切，链接、关联就是一种价值，关联产生价值，交互也产生价值。未来最重要的是通过数据关联使得整个价值创造方式发生变化，使得价值重构。万物互联之后，一定会带来价值的重构。这种价值的重构就是客户价值创造方式的变化，这对组织肯定会有影响。

我认为物联网很重要的一个特点是打通了社会、组织、人三者之间的关系。德鲁克一直试图从社会、组织、人的有机联系来阐述自己的思想。他为什么强调企业要承担社会责任？因为他认为企业跟社会都是有机体。到了量子力学时代，整个宇宙都是一个动态有机体，打破社会、组织和人之间的界限，而物联网技术又能实现无界限的链接。

3. 无限大又无限小的个体能量

技术使得组织的边界完全被打破，社会、组织、人全部链接在一起，人是社会中的一员，组织也是社会中的一员，不再是一个个“孤岛”。

这个时候，组织可以无限小，也可以无限大。人的能量可以无限小，也可以无限大。到了这个时代，就要真正尊重个体的力量。因为个体既渺小又伟大，一旦找到价值的制高点，个体就能链接一个组织，重构一个组织。这个时候所谓协同、团队的概念也会发生变化。

当一个真正有能力的人借助互联网、物联网发展，这时候，他就不可能只属于一个组织。借助移动互联网、物联网等技术，他可以同时服务于几家组织。这种情况和凯文·凯利所说的一样，未来资源不再体现为所有权，而是体现为使用权。从组织这个角度来讲，未来资源一定是体现为使用权。企业不再要求高素质人才必须对组织忠诚，因为他随时面临外部的诱惑，他不需要依靠某一个特定组织就能够做出选择。未来人才的使用权价值会替代所有权价值。对于个体而言，你的使用权价值来自于你的能力，来自于你跟社会的链接通道。未来链接得越多，你的价值越大，你的选择权就越大。

未来组织将变得更加开放，更加包容。当然，未来确实可能会出现“马太效应”，越是没有能力的人，价值会无限缩小，真正有能力的人价值会无限放大。信息对称以后，有知识、有能力的人的价值会越来越大。相比较而言，能力弱的人选择和发展的空间会被进一步挤压。未来竞争和淘汰机制有可能更加残酷。

组织一方面更加包容、更加开放；另一方面可能会引入更加残酷的竞争。平台型、合伙制的组织尤其如此，根本没有“搭便车”的机会，一旦不能创造价值，就会被淘汰。传统组织的职位体系其实对个人是一种庇护，只要占着位子就占据了资源；但在平台型组织里，根据价值和客户需求动态配置职位，组织中不再有固定的人员配置岗位，打破了平均主义的饭碗。

自组织、自主经营体机制可以满足人才自我实现、自我超越的需求，与此同时，你的责任和压力会更大，你的信用成本更高。

4. 未来组织与人是合作关系

未来组织与人会真正进入到一种合作伙伴关系，而不是雇佣关系。我和施炜老师，和我们人大的“华为六君子”之间就是保持了一种既松散又紧密的合作关系，相互学习，相互成就。

按照量子力学的原理，产生价值有三个关键因素，第一个是链接，第二个是交互，第三个就是合作。

现在组织中有能力的年轻人最大的问题就是不愿与其他人合作。这些年轻人个人能力很强，但如果不懂得合作，就很难形成势能。量子力学强调能量球效应；能量球之间会通过碰撞和融合产生更大的能量场。

未来不仅组织要开放、包容，高能量的个体也必须开放、包容。个体之间相互融合就必须打破壁垒，打破组织边界。

但是量子理论还强调一个很重要的概念，就是当粒子形成一个能量球的时候，在破坏一个结构的同时会产生一个相对封闭的更高层次的结构，而这个结构会带来更大的能量和效率。如果你要把这个结构破坏掉，就必须吸收更大的能量，这样做会再一次破坏它的结构，形成一个新的结构。所以，破坏结构并不等于不要结构，破坏秩序并不等于不要秩序。这是一个不断超越的过程，而且每个结构在形成的过程中会形成相对封闭、相对稳定的能量场。形成稳定的结构以后，打破它就必须要用更大的能量来搅动，这就是所谓的变革。组织要实现自我超越的目标，就要不断吸收能量，更加开放，不断打破自我，重塑自我，这就对组织变革提出了新的要求。

施炜：未来“高能量个体”的合作型组织

人工智能时代，大部分工作可以由机器完成；少数涉及战略决策、人类情感的工作可以由人来完成。组织里最重要的关系仍然是合作；但问题是谁跟谁合作，采用哪种合作方式。

未来的合作可能会是一个相互关联的高能量的“场”。以前总觉得这个“场”是看不见的，实际上这个“场”是存在的。这个“场”就是一种联系，一种精神意识上的互通，我们也可以理解成是心理契合。不仅是心理契合，也包括认知框架、认知方式的相通。这样，未来合作的重点就是强调深层次的、意识层面的契合。

高能量个体之间的合作既独立又融合。这种合作方式可能意味着低能量个体无法进入这个“场”，因为你和高能量个体不在一个认知层面上，就会被边缘化。从社会的角度说，未来社会分层化可能会越来越明显。

有一首诗描述了高能量个体之间既独立又彼此碰撞、融合的合作状态，这就是舒婷的《致橡树》。

我必须是你近旁的一株木棉，
作为树的形象和你站在一起。
根，紧握在地下，
叶，相触在云里。
每一阵风吹过，
我们都互相致意，
但没有人，
听懂我们的言语。
你有你的铜枝铁干，
像刀、像剑，也像戟；
我有我红硕的花朵，
像沉重的叹息，
又像英勇的火炬。
我们分担寒潮、风雷、霹雳；
我们共享雾霭、流岚、虹霓。
仿佛永远分离，
却又终身相依。

未来的合作是流动的合作。这实际上是一种自组织形态，有各种中心，谁发起、驱动任务，谁就是中心。如果公司保洁员今天发起一场资源节约活动，那他就是中心。未来组织的合作是流动式的，是多维度关联的。这种合作可以无限放大，也可以瞬间缩小。

未来的合作强调价值共享，组织比以往更加追求平等，去威权化，没有固定的中心，组织里都是能创造高价值的高能量个体。在这种情况下，任何人都无法独占这个价值（包括经济利益价值、社会声望的价值等）。如果你独占这个价值，就没有高能量个体跟你碰撞、融合。去威权化的组织会形成利益共创和共享机制。

当然，共享并不是平均分配，这是新的劳动价值理论。这里又隐含了一个前提，就是评价机制，没有评价机制就没有分配。这样一个由高能量人群组建的平台是一个高密度的“场”，必须建立一套评价机制。参与者共同制定这套评价机制。评价机制不透明、不合理，就可能有低能量的人混进来，整天高呼口号，拍领导马屁，造成“劣币驱逐良币”。评价机制实际上是建立共享型的组织的前提。

在“高能量场”上，必须坚持民主决策、科学决策，真正形成使命驱动的合伙人组织。为什么很多组织不能实现民主决策、科学决策的机制？就是因为没有建立使命感，一些人往往从个人利益出发考虑问题。

高能量的人具有使命感。因为有使命感，才有高能量，高能量又促使他们增强使命感。在一个高能量个体组成的组织中，大家都具有强烈的使命感，目标一致，配合默契，相互协同。这就是高能量使命型合作团队。

在这样一个高能量的“场”里要有一个基本的结构和运行逻辑。基本的结构和运行逻辑是什么？基本的结构包括这个“场”里面的价值结构和认知结构。运行逻辑是心灵契合和认知契合。

什么叫价值结构？就是有价值观角度的是非判断，同时有真伪判断，这个判断也包括推理性的判断。这个“真”不一定是眼见为实的真，而是符合逻辑、推理的“真”和思维的“真”，是未来可能出现的概率的“真”。概率就是一种分布，这种分布在运动中将会呈现出一种随机分布的状态，只要运用大数据加以分析，就可以从中找到规律。

什么叫作认知结构？它是如何形成的？认知结构是高能量的个体之间碰撞、交互、融合，沉淀成组织记忆。这个组织记忆里也会有一些带有个人痕迹的基因，比如华夏基石的组织记忆中会有彭老师的个人记忆，会有我的个人记忆，也会有其他十几年一起共事的合伙人的个人记忆。

张小峰：量子时代的组织观——组织的八个“生命体特征”

深入讨论和探求之后，我们发现组织的本质从来都没有变。只不过随着人类认知的不断延伸，在新科学的视角下，我们越来越接近组织的真相。

在量子思维中，企业这样的有机系统不是割裂的静态组织系统，而是以发展为目的，能自发进行熵变的自我进化系统，是永不停歇的动态的组织结构。用量子世界的一些基本观念来解释组织系统的特征，就显得尤其贴切。

我们可以初步得出结论，量子理论下的组织应该具备如下特征。

1. 组织系统的生命体特性

生命是一种过程，生命体特征指的是从生命表现出来的自我繁殖、生长发育、新陈代谢、遗传变异及对刺激产生反应的复合现象。组织的生命体特征指的是组织应该具备自主驱动、资源配置、智慧分析、持续改进、价值导向的相关特征，才能在不确定的外部环境中生存和进化。

2. 组织特性的测不准与叠加态

由于组织内部关系的普遍存在性，以及物质与精神意识的相互纠缠性，过去与现在的叠加性，我们便不难理解组织特性中的测不准、纠缠和叠加态。以测不准为例，当组织假设员工敬业度出现问题的时候，会采取相应的测量方法界定和验证问题。在测量的过程中，员工的敬业度已经展现出不同的表现形式，也就是不满意情绪在测量动作做出以后就有所削减。所谓叠加态，以激励问题为例，员工感知企业的激励方式出现问题，可能不只是薪酬体系出现问题，有可能评价体系、经营体系，甚至业务体系也出现问题，企业表现出的问题是叠加的，所以要系统地、全面地、动态地思考问题，而非静态地、局部地思考问题。

3. 组织进化的间断均衡和能量跃迁

作为生命体组织，组织的发展和壮大可以参考“进化论”的相关观点。而古尔德提出的“间断均衡”和量子世界观中的能量跃迁都指引着企业经过长期的积累过程，不断地积蓄能量；内部各个能量场在不断的碰撞之中，形成新的更大的能量场。对于企业的启发在于既要激发内部的能量场，不断地积累能量和实力；同时也要实现多个能量场之间的碰撞和跃迁，要把握住机遇，在能力导向和机遇导向的不断推进中实现企业的存续和发展。

4. 组织各要素的二象性

在量子力学里，微观粒子有时会显示出波动性（这时粒子性较不显著），有时又会显示出粒子性（这时波动性较不显著），在不同条件下分别表现出波动或粒子的性质。波粒二象性对于过去静止的世界观产生了极大的颠覆作用。在企业内部也有很多二象性的现象，比如人是手段还是目的？有以“人是手段”，通过利用人性而获取商业成功的华为，也有以“人是目的”，通过划小核算单位，平台化转型而实现商业价值的海尔。同样，在企业与外部交互的过程中，产品与市场相互影响，才有了跟随消费者需求和引领消费者需求的不同商业思想，它们也都取得了持久的成功。

5. 耗散结构——组织进化的驱动力

作为生命体系，通过耗散结构，组织进化的驱动力来自于多个方面，既有同外部交互的力量，也有内部自驱动力量，所以企业的发展需要依靠多个驱动力：环境驱动力—业务驱动力—组织驱动力。环境驱动力主要来自于技术驱动、客户驱动和市场驱动；业务驱动力主要来自于价值驱动；组织驱动力主要来自于管理驱动、人才驱动、文化驱动。企业的学问不同于其他，企业失败的原因多种多样，成功的原因同样多种多样。所以要找到适合自身的驱动力，并持续积蓄能量，实现能量的不断跃迁。

6. 成为能量系统中的“吸引子”

量子世界观中另外一个重要影响因素就是“吸引子”。世界是由关系构成的，关系有中心型关系和非中心型关系。中心型关系就需要一个强有力的“吸引子”，不断吸收外部能量来相互碰撞，构建关系，实现跃迁。而在企业内部，不再通过任命产生领导，领导者要成为具备领导魅力和气质的内部“吸引子”；通过构建人才之间的关系，形成一个个自组织；通过自组织之间的相关吸引，形成平台型组织。未来平台型组织要成为商业模式中的“吸引子”，通过自身能量的不断召唤来构建平台型组织，打造自己的商业生态。

7. 组织价值的相对论

量子世界观里没有生死，存在和消亡都只是意念和认知，对于企业的意义在于打破执念，不再纠结于财务价值，企业存在的价值是利他的价值，所以企业的存续是由外部决定的，外部的精神意识决定企业的价值。企业的存在和消亡都是广义的生态价值，企业要有价值地生，有尊严地死，生命只是一个过程、一个状态，可以向生而生，也可以向死而生，企业的价值性才会永存。对于企业家的指导意义在于：一方面找到经营企业的至高使命，体现社会价值和生态价值，是企业生存的唯一理由；不断地驱动企业进化，从低能量场跃迁到高能量场，是企业的根本规律，也是企业家的职责。另一方面也为企业有尊严地撤退找到了依据，在面对外部环境和压力时，需要放手的时候要大胆放手。

8. 念力（愿景、使命、价值观）——组织存续的意识流

量子世界观强调主观意识和客观物质的可转换性，真正实现世界认知是念力，“所想即所见，所思故所在”，因此愿景—使命—价值观要成为企业经营和存续的至高法则，要通过企业层面的意识流不断推动在量子世界中的能量跃迁，达到永恒。

这个世界从来没有变，只不过是我们变了；更深入地认知这个世界，不是为了改变世界，而是为了改变我们自己。

彭剑锋：用量子思维重构管理体系

后工业时代、人工智能时代……当这些“未来”已来，世界已经变得越来越像是一个“液态”的世界。凯文·凯利说：“所有的东西都在不断地流动，不断地改变和升级，变成另外的东西。”“硬件”转变为“软件”，有形转变为无形。我们这些长期在企业一线工作的管理研究者常常会感到捉襟见肘，用传统的管理理论已经越来越难以解释这种变化，我们对实践的认识普遍滞后。也许正如牛津大学教授、量子式管理提出者丹娜·左哈尔所说，在不确定和质变时代，我们真正需要改变

的是思维。我们要抛弃旧的思维体系，从头开始，换一种思维方式看待全新的世界。

但我们的目的并不是研究量子科学及它与管理的关系。正如物理学家费恩曼所说“我想我可以有把握地说没有人真正理解量子力学”，但是科学家也承认量子理论“很奇怪，但它是对的，而且非常重要”。到目前为止，我们只是试图打破认知局限，跳出工业时代的理论窠臼，用量子理论的基本原理和量子思维去看待后工业时代的管理问题与发展趋势。

1. 管理新挑战：如何基于未来看未来

今天，不确定性和破界、自组织、创新驱动一起成为企业管理命题中的关键词。在这种趋势下，无论是在企业管理实践中还是在理论研究探讨方面，对人的认知理论，人与社会、人与组织的关系都在发生深刻变化，

深圳的光启科技是一家创新型企业。在华夏基石为其提供文化和价值观管理咨询时，我们就遇到了一个挑战：诞生于工业时代，在相对稳固的秩序下构建的组织模式和管理思维已经难以支撑一家创新驱动的技术型企业在质变与不确定时代的经营与发展。

光启科技的信仰是“改变世界的创新”，追求建立颠覆式创新的生态系统。这家企业的几位创始人都是从美国归来的科学家，他们所要打造的组织及构建的商业模式没有可以直接借鉴的样板。这样的一家以创新为核心的高科技企业应该运用什么样的经营模式，建立什么样的组织形态，拥有什么样的人才机制？这些显然与我们起草《华为基本法》所要面对和回答的问题完全不同。从组织的模式到组织的结构与功能都需要进行颠覆式的创新。光启的创始人刘若鹏博士提出通过制定《光启颠覆式创新操作系统》（《光启基本法》），不仅要完成对光启未来发展的系统思考与顶层设计，更要找到高科技企业未来的创新与人力资本的发展之道。

这样一家定位于“来自未来，改变世界”的高科技企业不能沿用过去的思维，即基于过去看未来，而是要基于未来看未来。

我们在跟这些科学家型的企业家交流的时候，深切地感受到我们自

身固有思维模式的局限性，发现他们的很多思想来自于量子思维。比如光启在它的颠覆性创新系统理论中提出产品与市场的二象性原理、组织行为的能级最低原理、能级跃迁原理、测不准原理；提出管理的“裂变和聚变”，用互联网实现“小熵管理”；通过扁平化管理模式减少熵增的饱和度；通过信息化管理降低熵增的速度，等等。这些表述的背后其实是一种思维的改变，即从原子思维转变为量子思维。

另外，我在几位博士的带领下深入研究张瑞敏的管理思想和他所领导的海尔管理变革案例。我发现张瑞敏也是一位将量子思维运用于管理实践的先行者。他提出组织去中心化、去威权领导，人人都是 CEO，就是用量子理论强调“激活个人”，想方设法释放个体价值。他开创的“人单合一、自主经营体”及“创客”机制为员工成就自我，以及使员工从价值创造工具转变为自我驱动的价值创造主体找到了合适的土壤。而华为的任正非是国内最早用熵增、熵减理论思考组织变革与人才激活机制的企业家。国外的企业谷歌虽然没有明确提出量子管理学这样的概念，但谷歌的组织与管理机制被认为是量子管理学实践的典型代表。以稻盛和夫为代表的日本企业出于对人性的理解和尊重，提出的“敬天爱人”的经营理念及阿米巴的组织管理模式与量子式管理的本质不谋而合。这些都说明在实践过程中一些敏锐而具有洞察力的企业家其实已经在用量子思维、量子理论指导企业的战略管理、组织建设和人才管理机制建设。

实践往往先于理论，管理学尤其如此。就如我们这些年一直在强调的管理就是实践，实践就是最伟大的老师。

一方面是管理实践中的变革；另一方面是管理理论的创新。其实，量子管理并不是一个全新的概念，早在 20 世纪 90 年代，牛津大学教授丹娜·左哈尔就提出量子理论和管理的关系，并出版了著作《量子领导学》，这本书有中文译本。而国内的一些学者在 2012 年也发表了数篇相关的学术论文。之所以没有在国内引起广泛关注，与当时大数据、智能化等基于互联网的技术还没有像现在这样深入和广泛地影响企业有关，也与学者没有为量子管理学在企业的落地提出一套体系方法论有关。

丹娜·左哈尔指出在工业时代，支配企业经营和管理的思维是牛顿思维，即认为所有东西都是有迹可循的，注重定律、规则和控制，因此管理或做事的思维方式都能找到一些有迹可循的规律。泰勒的管理思想就属于牛顿思维，强调作业程序、标准、上级指令。丹娜·左哈尔明确提出牛顿思维是工业时代的产物，而量子思维是信息时代和智能文明时代的宠儿。这些提法实际上为我们进一步思考量子理论在企业中的运用提供了理论基础。所以说今天我们提出用量子思维思考质变和不确定时代的管理创新并不是赶时髦、造概念，而是在企业的管理实践中发现量子力学的很多理论和方法与智能文明时代的组织变革方向、公司治理的发展趋势，以及人才的发展是契合的。这更加激发了我们研究和思考量子力学理论的热情，促使我们思考如何将量子力学理论应用于企业管理，尤其是人力资源管理。

2. 牛顿思维下，个体是一座“孤岛”

时代造就了不同的管理思维。在大规模工业制造时代，亚当·斯密将牛顿思维模式运用到经济学领域，创造了巨大的成功。但是在后工业时代，当今世界的不确定性、复杂性和企业本身的预测控制本能要求企业有更加灵活的应对复杂环境的思维模式。

牛顿思维支配下的管理范式有着鲜明的特征，我大致总结了一下，主要有以下六个方面的特征。

（1）强调秩序和规则。以科层式管理和流水线为代表，组织强调秩序、规则，自上而下的指令系统，上下工序严格的节奏，通过制定秩序和规则才能让组织产生效率。

（2）强调稳态和结构，金字塔式组织即是稳态和结构的典范。

（3）强调权威和可控，崇尚权威与等级，通过严格的考核与强制淘汰进行管控。

（4）强调所有的东西都有迹可循，有规律，有范式，管理更多是基于过去，基于范式，基于积累。这在工业文明时期是非常有效的，因为它可以通过复制实现标准化，产生更大的效益。

（5）强调边界和标准，组织是有边界的，一切管理对象都要有标准，任何事物都要可衡量；强调管理就是基于衡量，不能衡量就没有管理。

（6）强调组织纪律与服从，强调组织纪律至上，组织利益大于一切，个人绝对服从组织，依照上级指令去工作和协作。

以上这些特征，我认为其背后的管理假设是建立在人性本恶的基础上的，强调要通过规章制度抑制人性的弱点，弘扬人性的优点。体现在人力资源管理上就是严格分工，明确岗位职责，统一作业程序与行为标准，强调组织要高度集权，员工要依据上级指令做事，崇尚权威等级，组织内部的运行建立在等级秩序的基础上。

牛顿力学认为物体都是独立分割的，只有受到外力影响才会改变，这样的科学影响着人们的世界观。在社会学的关系中，每个人都是一座“孤岛”，相互之间没有联系，不需要对他人、对社会负责。在牛顿思维下，每个个体都是一个“原子”，他们对于整个组织来说体现为有序、团结，但其实每个个体既孤立又封闭。每个人只盯着自己的上级，盯着指令和目标任务，很少与其他个体产生交互和交换，所以个体价值、主动协同、群体智慧一直是传统组织难以实现的问题。

但是，牛顿思维已经不能适应不确定环境中的创新驱动需求和组织变革需求，不符合人力资本驱动的发展趋势，更与互联网连接一切的本质特征相悖。换句话说，牛顿思维可能适合工业文明的要求，但是不一定适合智能文明和互联网时代。

在创新驱动和互联网的影响下，组织的意义在于最大限度地激发知识型员工的活力，组织创新的动力，因此要强调混序、破界、极简和自组织，这与牛顿思维所注重的定律、秩序、规则和控制不可避免地产生冲突。用旧理论难以解释新事物，所以我们需要换一种思维方式来理解组织和管理。

3. 用量子思维创设管理新范式

首先，量子管理是一种思维革命，要求打破过去的牛顿力学的确定性、稳态化思维，承认世界的变化和不确定性常态，用量子思维重新看待一切，尤其是未来，可以说它是一种站在未来看未来的思维。其次，它是在不确定环境中，重新构建管理认知体系的指导性思维。当一切不确定时，我们需要用不确定的思维重新看待企业、战略、组织和管理等。不得不承认，我不是学理科的，对量子理论的认识非常肤浅。我只能从社会科学的角度结合自己对管理实践的感悟谈谈自己的看法。我认为量子管理可能会有如下十个方面的内涵。

（1）量子管理思维推崇企业持续不断地变革与创新，构建动态有序的聚变式成长组织。牛顿力学以确定性和决定性来回答问题，量子理论则用可能性和不确定的“态叠加”思维来回答问题。受牛顿思维影响，工业时代的管理思想通过制定规则来固化企业的一切行为，消除了变化和不确定性。事实上，企业原本就不是一个固定不变的堡垒，它是一个动态化的有机组织。当外部环境变化万千、市场难以预测时，企业如何寻求战略机会，激发企业的内在潜能，寻求新的战略成长？这要求我们承认这种动态变化，因势利导，创新激活，而不是用规则和制度强制企业有序和固化。

我们提出这样一种观点：在不确定环境下，组织要实现动态有序和柔性发展。组织从有序到混序，再到有序，再到无序，再到混序，再到有序，循环往复，是一个能量不断增加和集聚的过程。在低能量状态下，量子有序化程度较低，当能量增加时，量子的无序化也在增长，也就是熵在增加，无序也在增长。这时候量子会自动组成某种能量，并形成高度有序的结构，如果要打破这种结构就需要更高的能量，这就意味着无序的进一步增长。组织就是这样一种动态发展的过程，是无序中的有序。

如果要实现组织的动态有序，就要求企业通过管理创新打破原有的秩序，但不是彻底破坏，而是建设性地破坏；在打破原有秩序的基础上，依靠集聚更高的能量来构建新的高度有序的结构。所以，在此我们说要用量子力学思维重构组织，并不是说要把过去的直线职能制结构化完全打破，完全抛弃结构化。结构产生效率，这是被工业实践验证过的。现在并不是完全抛弃结构化，只是说要通过动态有序的结构变化改变过去过于固守结构化带来的组织板结和固化，倡导通过动态有序产生新的结构；而新的结构又需要新的能量来打破，从而产生组织新的价值创造能力，形成新的竞争能力。

企业的战略竞争力与组织管理能力恰恰来自于不断转型、变革，积极主动地对未来进行探索。在转型变革中寻求新的结构，在组织的变革过程中，从无序到混序再到有序的循环往复过程中寻求更大的价值创造能力，形成企业新的核心竞争力。所以，企业的核心竞争力源自动态有序，而不是静态叠加。过去我们讲竞争力，追求的是不可超越，恒久不变，而现在企业的核心竞争力是不断有序变化的，追求跃迁式成长。光启科技就采用了量子力学中的能级跃迁原理，提出要实现能力跃迁，追求跃迁式成长，不固守相对饱和的市场和业已形成的竞争力。告别过去在一个轨道里面扩张和发展的直线性思维，而通过在相邻产品市场轨道的开拓和创造，形成共生轨道。

这时候企业的成长轨迹一定不是平滑的曲线，而是跳跃式、聚变式的成长轨迹。

（2）尊重个体的价值与能量，鼓励员工的参与，强调群体智慧的力量。在牛顿力学思维下，每个组织中的个体只是一个分子，一个螺丝钉，一个工具，孤立而渺小，价值有限，必须和其他的分子组合起来，借助组织的力量才能产生能量。量子理论彻底颠覆了这一理念。我们引用原文加以阐述，“在量子世界中，只要用正好的能量将电子‘踢’一下，它就会立马从一个能级跳到另一个能级，这叫作量子跃迁。”把这种思维运用到企业管理中，就是要尊重个体的力量，尊重群体智慧的力量。渺小的个体可能也会产生无穷的力量，形成高能量个体；微小的创新可能会带来颠覆式的变革；个体力量的聚合和爆发可能会带来整个体系的量变和质变。

因此，量子管理思维提倡要尊重每个微小个体的话语权和参与权，强调群策群力。这与工业文明思维下强调企业家个人智慧、个人驱动有所不同，组织里除了企业家，员工也是主角，是价值创造源泉。这种观点与知识经济时代人力资本越来越成为企业价值创造的主导要素相适应，符合时代发展的趋势。

（3）鼓励创业者心态，个体自由创新思维，释放个体能量；机制大于管理，激活就是价值。

在强调规则、秩序和结构的牛顿思维模式下，每个人在组织中是固化的角色，分工明确，职责清晰，被动工作。这在一定的条件下固然能产生效率，但也产生了约束力，相当于给每个人画了一个圈，他们不能迈出这个圈子。当企业把个体视为量子时，情况就有所不同，量子是微观物质世界的产物，它本质上是自由和运动着的，通过不断交互集聚能量，创造价值。所以，量子管理思维强调鼓励员工有创业者心态，对未来有美好预期，自我驱动，发散思维，自由创新，鼓励员工尽情发挥潜能与创意，以释放全员创新能力为目标。海尔的创客机制与腾讯的非核心创新机制帮助员工找到正确的价值观，并提供条件，鼓励每个个体创造最大价值。谷歌围绕着创新使命不拘一格使用人才，鼓励个人创新。

在量子管理思维下，组织里一定是机制大于管理，整个管理机制的核心是激活人的价值，释放各种能量，鼓励员工自由创新，强调组织的机制驱动。同时，个体权威（主要指企业所有者或处于金字塔顶端的最高领导者）将不再凌驾于组织之上，而是强调通过组织内各个“能量球”的自由碰撞释放能量，形成一种“众望所归”般的发展势能。

（4）突出精神的力量，放弃威权，管理不是权力驱动，而是自我驱动、使命驱动。过去，整个组织的运行是崇尚权威，是自上而下的，管理和被管理者之间的关系是控制、指挥、命令与服从的关系。而量子管理思维要求放弃威权，领导与被领导者之间的关系转变为支持与服务关系。个人不再是组织的一个棋子，而是一个生命体，要自我驱动、使命驱动。人的精神内在的正念所产生的能量激发出的创造潜能是无穷的。过去强调物质的力量大于一切，而世界既是由物质构成的，也是建构在精神层面之上的。在物质极大丰富的今天，就个体激活层面来说，精神的力量大于物质。

整个组织的驱动机制、能量源于信念，而不是来自于权威。组织的动力不是来自于领导，而是来自于基层；组织的智慧不再是自上而下，而是自下而上的，推崇上下联动。管理的驱动机制也不再来自指挥命令系统，而是来自使命驱动、自我驱动。领导不是发号施令者，而是服务者、支持者。

（5）组织不只是利益共同体，还是生命共同体。在量子理论中，没有人是“孤岛”。人与组织之间不是控制关系，也不是单一的利益关系；而是生命共同体，是协作关系。收入与其他利益不再是人在组织中的唯一诉求。中国航天火箭技术研究院人力资源部部长王伟对我说京东商城这个平台曾专门派人到他们那里取经，很多人问："为什么一群收入不是很高、工作挑战性却很大的人能造出火箭？"王伟说之前他们也没有思考过这个问题，但在听了我讲的课后，他说："我找到答案了，我们并不是一个利益共同体，而是命运共同体、生命共同体。我们火箭研究院的这些人是有信念、有使命感和荣誉感的一群人，我们的任务是为国家和民族争光，而不只是为个人和某一个集团的利益服务。"

命运共同体的核心是共识、共担、共创、共享。当组织不再是单一的利益共同体时，人与组织之间、人和人之间就不再是控制关系，而是一种团结协作、休戚与共的关系。

（6）强价值观约束，而非强制度和纪律约束，推崇信用价值和信任文化。量子思维下的管理不是不要制度约束，而是主要通过价值观约束，这其实对人是更高层次的约束。这种约束来自于心理契约，来自于人的信用价值。过去，在信息不对称的环境下，一个人今天在这家企业干得不好，可以跳槽到另一家企业工作。用强纪律约束无法约束人的价值观，所以价值观约束才是最高层次的约束。另外，更强调人的信用价值，而不是唯业绩论英雄。信用是一个人职业的"通行证"，而且信用跟随人一辈子，如果你的信用不好，就没人跟你合作，没有人给你提供机会。所以，量子思维下的管理摒弃了过去的强控制，更加强调两个约束：一个是价值观上的约束，另一个就是信用约束。

有人问："信用建立在什么基础之上？"我认为信用建立在信任的基础之上。因为只有信任才能放权，只有讲信用才能获得信任和授权。现在的企业家在管理实践中发现一种现象：如果知识型员工想跟领导对着干，企业管理者就算制定再健全的管理制度，他们照样可以钻空子，管理制度就会失效。所以，量子思维下的管理强调组织不是基于制度约束，而是基于信息化的信用约束。如果一个人没有信誉，不仅在这家企业没有发展机会，在整个社会也没有发展的机会。如果一个组织里没有信任文化，仅仅是基于人性恶的假设来设置制度和流程，必然会走向极端控制，扼杀人创造价值的活力。价值观约束和信用约束是一种内约束，制度流程是外约束，我们提倡在量子管理思维下以内约束为主，外约束为辅，内外兼修。

企业管理采用制度控制的方式会使员工产生惰性，员工只需要按照组织规定执行，由组织承担所有的成本和风险，而信任是最好的控制方式，因为当一个人进行自我管理时，他就失去了依赖对象，反而有了自我约束、自我成长的动力。

（7）释放人性，激活个体，发挥能量球的关联、互动效应。在量子管理思维下，每个个体都是一个量子，都是一个能量球，世界是由能量球所组成的，能量球碰撞时不会弹开，反而会相互融合，不同的能量因此产生难以预测的组合变化，衍生出各式各样的新事物，蕴含着强大的潜在力量。个体之间的充分连接和交互可以产生难以预测的创造力和灵感级的群体智慧。

在量子理论中，人的沟通、交互价值不可估量，可以产生倍加效应、聚变效应，这就要求组织给员工充分的"自由度"。就像张瑞敏所说的："每个人都希望得到别人的尊重，我的任务就是创造一个环境，让大家充分发挥出个体的力量，自由组合，自由连接。"在他看来，企业实施量子管理首先要把权力下放给每一位员工，放手让员工发挥创意，自下而上地为公司注入源源不断的动力。其次，注重关联和互动，让个体在互动和"碰撞"中升级智慧和创造力。单一个体是相互连接的，个体孕育观点，交互产生价值网，互动交流产生聚合效应，实现群体创新。

（8）量子管理思维强调利他商业模式与利他文化。大家知道牛顿的"力学三大定律"建立了人们对宏观世界的认知，与此相比，量子力学揭示的是微观世界的奥秘。量子力学表明微观粒子（比如光子或电子）同时拥有粒子性与波动性，即"波粒二象性"。粒子振动的时候会影响周遭没有振动的能量，导致弦能量的相互作用。这个视角拓展了科学家的思维，说明宇宙中存在非常有趣的互动式关系。由此，量子力学对社会学的影响在于世间万物都是密切相关的，当每个人从私利出发，不对环境负责，不对社会负责，最后就会受阻。每个人都是世界的创造者，助他人者必得人相助。所以，他人的成功并非与己无关，"无关"的结果便是不方便。量子管理学提出组织要成为生命共同体，组织和人、人和人之间不再是单纯的利益关系，而是共识、共担、共创、共享的互补和共赢关系。

从这个意义上说，量子思维与东方智慧是非常接近的。东方智慧也强调要有“利他”的价值观，强调“达人利己”“厚德载物”。在互联网时代，这种价值观在企业中首先体现为客户价值优先，企业员工先让渡客户价值，然后再关注自我价值。其次，强调竞合关系，而非零和博弈关系。最后，成就他人，成就客户，成就员工。当然，员工也是客户，只有让客户成功才能让组织成功。

过去很长一段时期企业强调竞争，现在强调效率的利己主义主导的商业模式难以持续生存。在质变和不确定时代，在量子思维和生态思维主导下，企业要持续生存发展，其商业模式一定是建立在“利他”的基础上先成就他人，然后成就自己，也就是中国传统文化所倡导的“达人利己”。

（9）变命令为服务，变权威为支持，拥抱多样性，做量子领导者。用量子思维来重新认知管理时，领导者的角色自然发生了转变。在传统的管理模式下，领导者像是大海中的灯塔，指引着员工前进的方向。而现在外部环境复杂多变，领导者这个灯塔本身也可能会迷失方向，领导者做出的决策有可能给组织带来极大的风险。企业领导者应该怎么办？我认为企业领导者应该做一个量子领导者，发挥量子领导力，具体来说，一个合格的量子领导者要做到以下几点。

①量子领导者要放弃权威的形象，不再高高在上地发出指令，也不是一个权威发布中心；而是做一个参与者、组织者，起到模范带头作用。

②从前端转到后端，做一个服务和支持者，以共同的愿景和价值观来激发组织和人的力量，而不是以权威和控制来支配人。

③信任、放权。

④做组织建设的参与者，鼓励员工突破自我，创造更大的价值，具备同理心，能够站在员工的角度思考问题。

⑤尊重员工的多样性。

⑥积极乐观、谦逊有礼，具有强烈的使命感和责任感，为了实现企

业愿景持续努力奋斗，矢志不渝。

以上是量子领导者必备的素养。除此之外，量子领导者最重要的素质是自我超越，勇于质疑和自我批判，有独立的思考能力，能够跳出固定的思维模式，重建框架体系，敢于面对挑战，乐于接受未来的各种可能性。简而言之，就是能够适应动态变化，抛弃传统的思维理念，大胆创新。这是一个量子领导者最重要的素质和能力。

（10）关注和满足深层次的价值体验与灵性成长。量子管理学的创始人丹娜·左哈尔提出“灵商”的概念，强调要开发个体的“灵商”。“灵商”（Spiritual Intelligence Quotient，可以简写成 SQ）是心灵智力，即灵感智商，就是对事物本质的灵感、顿悟能力和直觉思维能力。

“灵商”是建立在马斯洛需求层次理论金字塔结构的第六层之上的。根据资料显示，1959 年以后，马斯洛对东方文化的研究促使他反思自己创建的人性观。他发现在“自我实现”这一人性需求“灵商”之上，人类天性中还有一种固有的精神维度，那就是精神的自我超越需求。马斯洛感到五层需求的层次架构不够完整，自我实现并不能成为人的终极目标。他意识到一味强调自我实现会把人导向不健康的个人利己主义。马斯洛试着用不同的字眼来描述他新发现的人类天性中的这一最高需求，比如超个人、超越、灵性、超人性、超越自我、神秘的、有道的、超人本（不再以人类为中心，而是以宇宙为中心）、天人合一，等等。他将“高峰经验”及“高原经验”放在这一层次上。后来，精神医学家马歇尔将马斯洛需求层次理论金字塔结构的第六层描述为“自我超越的需求”。丹娜·左哈尔基于马斯洛的需求层次理论提出“灵商”这个概念，强调要开发员工对事物本质的灵感，要让员工有顿悟能力和知觉思维能力。组织要激发人的创造性，追求满足人的第六个层次的需求，即“自我超越”的需求；而不是第五个层次的需求，也就是“自我实现”的需求。但是真正要激发创新的内在动力系统，就要满足自我超越的需求，就是要让个体有巅峰体验。

从这个角度说，企业的激励体系、分配体系就是要更多地关注员工的体验，这与我们提出的全面认可激励是一致的，让员工有成就感，让他实现自我超越的巅峰体验，灵性成长。

以上是我对量子管理思维的粗浅认识。“无知者无畏”，正因为许多观点不成熟，所以我才拿来与大家分享，希望大家予以评判，提供参考意见。但有一点我是坚信不疑的，管理是实践的艺术，是创新，是与时俱进的科学，在不确定时代，需要转变思维方式，更新管理理念。就如文章开头所说，固守着传统理念，用旧理论解释新时代发生的变化也许能够自圆其说，但不能给人以启示。阻碍企业发展的往往不是“硬件”，而是“软件”，是思维方式，管理者要打破认知局限，勇于接受新事物，以开放的姿态迎接新时代的到来。

重新想象组织

第四篇　案例篇

一、华为：向组织的自发趋势说不

文/黄卫伟

没有管理，企业不会自动向好。企业不是永动机，不是说企业家把企业建立起来以后推动一下，这家企业就可以自行运转，企业家需要依靠管理来推动企业进步。

企业自发演变的趋势是什么？企业自发演变的趋势是走向混乱，走向消亡，就是我们通常说的不进则退原因有两点：一方面是来自外部环境的市场竞争压力；另一方面是企业内部存在着衰亡的自发趋势。这就是我要和大家讨论的话题。

（一）企业自发趋势之一：偏离“以客户为中心”

造成这一现象有以下几个方面的原因。

（1）企业存在的意义。企业存在的意义是什么？西方经济学理论认为企业存在的意义是追求利润最大化、股东价值最大化，这是主流的理论。以股东为中心而不是以客户为中心，满足客户的需求是实现股东价值最大化的手段，而不是目的。手段相对于目的而言会处于自发的衰退状态，因为它不是企业所追求的。随着规模扩大和分工细化，企业内部岗位与部门离客户越来越远，感受不到市场竞争和客户需求带来的压力。

（2）行业垄断。行业垄断导致竞争和生存压力减弱，从而弱化了满足客户需求的紧迫感。

（3）技术导向。华为内部一直存在着一个基本矛盾，就是客户需求导向优先还是技术导向优先？技术导向优先可能会导致企业生产出的产品工艺先进，但不是客户所需要的产品，也不能给企业带来商业价值。

（4）流程的异化。企业推行流程化管理的目的是通过不断完善流程堵塞管理漏洞，强化管理控制。久而久之，这套流程会越来越完善，但是效率也会越来越低，完美的流程往往是效率最低的流程，是官僚化最严重的流程。所以这也是一个矛盾，就是流程做到什么程度？企业家怎么把握流程和灵活性的度？

（5）最根本的原因是人性的弱点，人的行为原动力都是利己的，以客户为中心是通过“利他”而利己，我前面提到的以股东为中心会诱发以利己的方式利己，这些在企业内部存在的因素相互作用的结果就是企业有一种自发的偏离以客户为中心的趋势。

华为的应对举措：将以客户为中心置于核心价值观的首位。

以客户为中心看似简单，其实是最难做到的。我研究一些优秀企业的管理模式后发现，**杰出的企业不是杰出的思想造就的，而是朴素的思想造就了杰出的企业，所以杰出的企业之所以杰出就是因为把看似简单的事情做到极致。**

当企业从上到下强调客户需求导向的时候会对技术导向有所淡化，而华为的举措就是为了解决这一问题。华为坚持客户导向优先于技术导向，为此华为从 2011 年开始把研究与开发分开。开发就是以客户需求为导向，就是商业成功导向，开发是具有确定性的；研究可以是技术导向，也可以是瞄准科技前沿那些具有突破性的创新或颠覆性创新，但是研究也是有边界的，这个边界仍然是由客户需求和企业所在的领域来定义，这也是以客户需求为导向。在《华为基本法》中对华为的经营目的下了定义，就是追求一定利润率水平上成长的最大化。华为现在需要做的是着眼于未来企业发展，把更多的资源投入科技研发。

（二）企业自发趋势之二：分散企业战略焦点的多元化扩张冲动

造成这一现象有以下几个方面的原因。

（1）来自职业经理层的动机与目标。职业经理人是推动企业横向多元化发展的一个内在因素，职业经理人追求两个目标：一个是高薪酬；另一个是企业规模。企业规模越大，他的成就越高；薪酬越高，越可能成为企业不可或缺的管理人才。

美国哈佛商学院教授写的《看得见的手》里有一个研究结论，美国企业在执行经理的帮助下获得了长足的发展，规模不断扩大，但是这种长足的发展更多的是一种向不相关领域多元化扩张的结果。在市场交易处于卖方市场，即供小于求的情况下，这样做没有太大问题；一旦市场形成供过于求的局面，这种横向多元化扩张给企业带来的结果是企业在自己擅长的领域投入不足，因为多元化扩张分散了企业的资源。

（2）来自技术精英试图在非相关领域创新以得到领导者认可的欲望。华为在这方面比较典型，所以华为提出战略竞争力量不应消耗在非战略机会点上，这是华为 2014 年明确提出的战略资源配置方针。华为为什么这样做？因为华为的领导者任正非意识到了这一点，他对技术精英说："你们不要再做小产品，要把力量集中在做大产品上，集中在未来大机会上。"正是因为领导者战略思想清晰，企业全体员工长期坚持按照这种指导思想做事才有了华为的今天。

（3）来自企业人力资本和管理能力富裕的扩张冲动。这些优秀企业在经营的过程中技术能力和管理能力不断积累。当管理者和技术精英积累的能力越来越多，如果无法施展才能，这些高级人才就会选择离职，跳槽到其他企业。

优秀经理人和技术尖子跳槽是企业人力资源管理中一个令人头痛的问题。怎么留住这些人才？薪酬是一个必要条件，但是只有高薪酬仍然留不住人才，为什么？因为顶尖人才更看重自己在企业中是否能够发挥才能，实现自我价值。如果企业不能给他提供一些具有挑战性的项目和资源，他就会选择离职，跳槽到企业的竞争对手那里，为其服务。

可是企业也不能完全按照这些优秀人才的想法行事，这在企业中形成了一个基本矛盾：如果企业想吸引优秀人才，就得有吸引他的资源和项目，但是这些项目如果超出企业战略的边界，超出企业专注客户需求领域就会造成企业的整体资源被分散，从而削弱企业的竞争力。企业现存的人力资源既刺激企业扩张，也限制了企业扩张的速度。

华为的应对举措：强调聚焦、压强，战略舍弃。

战略的关键不在于“战”，而在于“略”。“略”有两层含义：一层含义是企业家要明确有所为，有所不为，决定自己不做哪些事情。还有一层含义就是战略是着眼于企业未来的发展，企业家在制定企业战略的时候要忽略细节。这就是一些外行的优秀企业家反倒有长远的战略规划的原因。在这方面比较典型的企业家是阿里巴巴的马云，马云的专长是外语，但是现在阿里巴巴的企业战略非常清晰，企业有三个发展方向，一个是阿里巴巴创立的电子商务，一个是支付端，还有一个是云计算和人工智能。阿里巴巴的资源也集中在这三个方面。阿里巴巴的企业家清醒地认识到“没有舍弃，就没有战略”。

华为强调战略力量不应消耗在非战略机会点上，在预算资源分配上集中力量攻破进入大市场的门槛。对于企业来说，一定要在某一方面做到比竞争对手更加优秀，就像耐克的广告语所说，“你不是赢得了银牌，而是输掉了金牌”。虽然银牌也很不错，铜牌也勉强可以接受，但问题是现在和未来竞争的显著特点就是行业内的第一名盈利比第二名高得多，而第三名往往挣扎在生死线上。所以企业一定要追求卓越，这一点毋庸置疑。

（三）企业自发趋势之三：奋斗精神减退的懈怠趋势

造成这一现象的原因是**长期艰苦奋斗不可能自发地实现**。热力学第二定律阐述了一个道理：热量不能自发地从低温物体转移到高温物体。人的天性中具有惰性，人往往在生活富裕以后会出现惰怠的状态，但人的主观能动性可以改变这种自发趋势。

华为人力资源部找到一个依据科学理论得出的理论基础，就是热力学第二定律。所以华为的做法就是按贡献拉开分配差距，并且建立制度化的淘汰机制。制度化的淘汰机制也是彭剑锋领导着我们这个团队（《华为基本法》起草小组）帮助华为创建的。

华为的应对举措：坚持竞争淘汰机制。

华为现在学习衡水一中的考试方式，对中层干部、中层技术专家进行考核。从外部聘请在软硬件方面表现出色的咨询公司来出题，对中层干部、中层技术专家进行考核。淘汰制的考试不只是在中学、大学才有，企业也要有。考核不合格的人员要退回战略预备队重新学习，三个月以后再次参加考核，如果还是不及格，就要降一级，再过三个月考核还是不及格，就再降一级，直至淘汰。为什么说企业的竞争力实际上是在企业内部培养出来的？如果企业内部的良性竞争、制度化的淘汰机制及按贡献拉开分配差距的机制不能奏效，企业在市场竞争中就没有竞争力。面对当前的这种经济形势，企业关键是要做内功，在企业内部培养竞争力。

（四）企业自发趋势之四："利出多孔"纪律松散的趋势

造成这一现象的原因是**利出多孔，令不行、禁不止，军心涣散。**《管子国蓄》中说："利出一孔者，其国无敌；出二孔者，其兵半屈；出三孔者，不可以举兵；出四孔者，其国必亡。先王知其然，故塞民之羡，隘其利途。故予之在君，夺之在君，贫之在君，富之在君。故民之戴上如日月，亲君若父母。"

华为的应对举措："利出一孔"。

华为对高管、骨干层采用"利出一孔"的原则进行严格管理。华为老总任正非说："我们坚持'利出一孔'的原则，EMT宣言就是表明我们从最高层到所有的骨干层级全部收入只能来源于华为的工资、奖励、分红，不允许有其他额外的收入。"这就是从组织层面、管理制度上堵住从最高层到执行层个人牟取私利，通过关联交易损害集体利益的行为。华为高层和骨干层不允许炒股。华为对高层和骨干层实施严格的管理，只有高层和骨干层"利出一孔"，才能够把全部的精力投注在公司发展上，做到这一点是很不容易的。如果做不到这一点，华为不可能优秀。

现在一些企业为什么表现为缺乏战斗力、缺乏凝聚力？就是因为“利出多孔”，企业不能给员工提供更高的薪酬，对员工管理松散，甚至出现腐败现象。企业没有竞争力，如何与其他国家的企业比拼实力？华为如果不是坚决杜绝腐败现象，美国对其采取打压政策时华为就会毫无还手之力。

我们由此得出结论，**企业应该深入思考德鲁克提出的三个经典问题**：我们的事业是什么？谁是我们的客户？客户的认知价值是什么？按照中国人的说法，就是企业家和经理人要想清楚两个基本问题，一个问题是**我们创办什么样的企业？**另一个问题是**我们应该如何创办企业？**

企业家不能一味强调外部环境对企业形成的压力，要在自己身上找原因，苦练内功，培养企业的内部竞争力。唯有如此，才能在激烈的市场竞争中立于不败之地。

二、韩都衣舍小组制的未来

文/尚艳玲

我大概在2011年知道韩都衣舍这个品牌，办公室的一位女同事常常谈起它。当时韩流大行其道，同事在追韩剧、韩星时发现韩都衣舍不仅卖“韩流范”的服装，也跟他们一起追星。他们在微博、百度贴吧等网络社区创立很多诸如“韩都衣舍 big bang 粉丝团微博”（big bang 是韩国男子偶像团体）的追星组织，及时更新明星动态，讨论明星衣装时尚，带动相关主题讨论，赢得大量年轻追星族消费群体。

我当时觉得这个品牌的营销很有创意。当时，别的品牌营销人员大多站在店面门口拼命招手揽客：“走过路过不要错过。”他们却直接与用户建立联系。“喜欢她所喜欢的，给她所想要的”，和它的目标用户——20岁左右的姑娘们一起追明星，一起玩，不知不觉间，用户就变成了韩都衣舍的粉丝。

2015 年我通过发送电子邮件的方式采访了韩都衣舍企业文化负责人胡向东，才知道“韩都衣舍××粉丝团”并不是公司有意识地设计出来的，而是“产品小组”的年轻人玩出来的。这些年轻人把自己喜欢玩的内容及身边伙伴在玩的内容分享给用户，他们自发地经营粉丝团微博、贴吧、微信群这样的网络社群，广泛地连接有着相同爱好的年轻人。

韩都衣舍小组制的年轻人在和用户充分连接的过程中，不仅能敏锐地捕捉到细分顾客的真实需求，而且据此构建了一个开放的社会营销网络，即“社群营销网络”。

对于韩都衣舍管理团队来说，更重要的一点是当组织的大部分人都在与内部、外部人员充分发生连接，“小组制”组织结构因客户价值而自由裂变，这些所产生的“想法流”正是组织宝贵的创新源泉。

“连接”与“裂变”使韩都衣舍组织运作方式灵活、高效，创造了新的商业运作模式，取得了不俗的业绩，在淘宝平台上竞争最惨烈的女装领域做到了“快时尚第一”，连续六年销售量第一，粉丝收藏量超过1500 万，更是为韩都衣舍积淀了组织变革与创新的潜在能量，顺利转变为具备适应性和创新性的组织形态，而这一点正是不确定时代企业决胜未来的关键。

裂变：小组制激活组织

A：你知道吗？尼班诗有童装啦。

B：啊，叫啥？

A：honeypig，他们正在招人，怎么样，去试试？

B：转部门，不好吧。

A：有啥不好的，不想当选款师的制作不是好运营！新品牌多有挑战性。

B：行，去试试，都有什么岗位？

A：我截图给你。

A：招聘岗位……

B：怎么联系啊？

A：就在 12 楼 NB 事业部，可以联系“山葫芦”，QQ 号是……

这是韩都衣舍办公大楼的一幅招聘海报上的对话内容，企业内部发展得比较快的小组在招募人员。我们从中可以看出韩都衣舍小组制的核心特征是自由裂变。

这里有一个有趣的细节：这个“山葫芦”是某个小组长的花名，而韩都衣舍人全部都有花名，均出自《本草纲目》。韩都衣舍的创始人赵迎光的花名是“百两金”。《本草纲目》记载：百两金，叶似荔枝，以根入药，清热、祛痰、活血、解毒。

赵迎光以“百两金”作为自己的花名，是否在借此说明自己作为“一把手”在韩都衣舍的作用是化淤、解毒、疏通，保持组织的轻快和畅通。如果真是如笔者所猜想的，那不得不为赵总的领导智慧点赞！组织和人一样，健康就一个字：通！组织系统如同人体系统，痛则不通，通则不痛。

韩都衣舍是一个轻快畅通的组织，而小组就是它保持轻盈活力的“鲶鱼”。近三百个小组（小组数量随时都在变化，所以没有确切的数量）每年推出 3 万款新品。与此相对应，团队之间的竞争也相当激烈，内部任务市场充分开放，人员可自由、轻松地流动。公司并没有淘汰机制，小组自然实现新陈代谢，即“产品小组更新自动化”。

（一）韩都衣舍小组制的核心特点

1. 模式

韩都衣舍小组制模式的全称是“以产品小组为核心的单品全程运营体系”，即将服装企业传统的设计部门、视觉部门、采购部门、销售部门等打散拆分，其中产品设计、导购页面制作与货品管理三个非标准环节交由产品小组负责；供应链、IT、仓储、客服等可以标准化的服务则统一由公司提供。所谓的“单品全程运营体系”，是指每一款产品从设计、生产到销售都以“产品小组”为核心，企划、摄影、生产、营销、客服、物流等相关业务环节配合产品小组提供服务和支撑，全程实行“多款少量，以销定产”的数据化、精细化运营管理。

2. 结构

小组一般情况下少则一个人，多则四个人。一位设计师（选款师）负责产品研发，一位页面制作专员负责末端销售的所有事宜，一位货品管理专员负责库存和采购。

3. 权、责、利

小组有五项权力：一是确定款式。产品出什么款式由组员自己决定。二是确定尺码及库存深度。在S至XXL这些尺码中，根据自己的细分顾客特征决定究竟生产哪几个尺码，每个尺码生产多少件产品。三是确定基准销售价格。四是确定参加公司和淘宝平台上的哪些活动，比如“聚划算”“双11”或是狂欢节，等等。五是确定打折节奏和深度。

小组的责任是对销售任务目标、库存周转毛利率负责。

小组的利益是奖金＝销售额×毛利率×提成系数。每个小组基本上每天都可以计算出可以赚多少钱。小组成员获取的利润、奖金是自己根据销售额算出来的。其中有三个核心指标：业绩完成率、毛利率、库存周转率。

4. 管理特色

（1）小组排名。每天早上10点，公司会公布所有小组的排名。每个小组每天可以看到其他小组的业绩，每时每刻都可以看到竞争对手的数据，排名几乎每天都在变化，小组成员自然保持着紧绷的状态。

（2）奖金分配。公司分发奖金是以小组为单位，小组内部分配则是由组长决定。组长分配公平，员工自然愿意跟着他干；分配不公，组员可能就会选择跳槽到其他组，或者是自己重新成立一个小组。

小组采用自由组合的方式。觉得自己可以当组长的人可以一个人先干所有的活，感觉自己有能力组队的时候再成立一个小组。销售额上不去的小组自动解散，重新组合。市场发生变动（好的变动包括销量激增等，坏的变动包括滞销等）时自由分化或自动解散。

（3）提成培养费。如果一个小组成员分裂出去，重新组成一个新的小组，这个小组的组长要向原来的小组交纳一年的培养费，公司的财务系统每个月会把他的奖金的10%自动划转给原来的组长。这样原来的组长也愿意组员分裂出去单干，因为可以增加自己的收入。公司以这种制度鼓励各个小组自由分裂。

通过“小组制”的自由裂变，韩都衣舍实现了以下几个主要目标。

（1）实现全员参与经营，分为主动参与和被动参与。自主经营体一定是责、权、利的统一体，所以小组成员一定要主动参与。另外，因为小组成员来自基层，所以他们会倒逼公共服务部门被动参与，如果公共服务部门不参与，小组成员就可以进行投诉。

韩都衣舍的组织结构如图4-1所示。

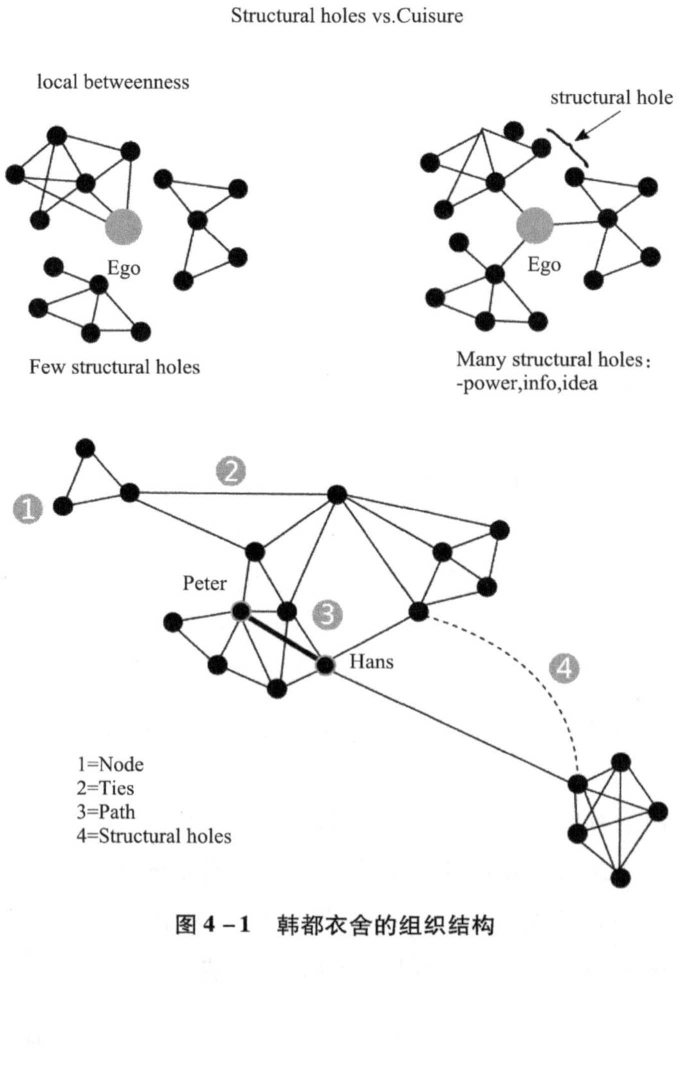

图4-1　韩都衣舍的组织结构

（2）培养员工的目标意识。相比于部门制的核算，小组制的核算更精确、透明，每个人的贡献都显示得很清楚，不是由公司给员工算工资，每个人可以算出自己的收入，自主决定经营目标。

（3）不断发掘具有领导力和创新能力的复合型人才。小组不断裂变、分化，使得具有创新意识和复合能力的人才不断涌现。

（4）实现上下层级之间权力的博弈，以及协同作业。管控部门类似于政府机构，总想着控制和干扰个体，但自主经营体或个体总是在争取更大的自由度，避免组织干扰，双方既博弈又合作。

（二）小组制“爆裂”导致的组织变革

小组制“爆裂”导致的组织变革包括以下几个方面。

（1）数据驱动。胡向东在一次演讲中说小组制运营的基础是一套以“爆旺平滞”算法为驱动的 C2B 运营体系。它是在商品销售过程中通过数据运算将产品分为“爆款”“旺款”“平款”“滞款”，并在第一时间对“爆款”“旺款”进行返单，增加产品存量，同时对“平款”和“滞款”进行促销。在这个过程中，一方面是对产品款式进行数据监测，通过消费者的购买“投票”，实现产品款式的“公众设计”；另一方面，快速处理“平款”和“滞款”，加大“爆款”和“旺款”存量，提高售罄率，无限降低库存风险。

通过这套算法，员工能及时接收到经营数据，了解到自己设计的款式是否受欢迎，可以获得多少利益等。对于企业而言，能够精准快速地获取市场需求，实现及时响应，并且相应地做出调整。这其实也是一次组织结构的变革，改变供应链的组织模式，让传统的服装工厂慢慢向数字化工厂靠拢，不断升级换代。

（2）“大平台 + 小前端”的赋能体系。在电商界，韩都衣舍是 S2b 模式的实践者，S 是大的服务供应平台，b 就是各个品牌。韩都衣舍的管理者强调 S 和 b 之间的关系既不是买卖关系，也不是传统意义上的代卖关系，而是“大平台 + 小前端”的赋能关系。韩都衣舍将公司的小组看作一个个企业，将其他服务部门比喻为政府机构。他们不仅要提供服务，还要赋能，包括为小组制的生存运营创造环境条件，提供信息，把握发展方向，指引队伍前行。

（3）品牌集群。以小组制带动的数据驱动平台不仅指向内部运营，韩都衣舍的构想是打破组织的边界，形成生态赋能产业链，通过“云孵化”使韩都衣舍形成一个品牌集群。未来10年，他们希望同时（而不是累计）服务1000个以上品牌，实现年交易额2000亿元，提供100万个就业岗位。企业的愿景是打造具有全球影响力的互联网生态运营集团。

链接：“想法流”与创新型组织

在《创新公司》一书中有一个著名的问题：为什么有些组织活力四射，创意不断，（结构）不停裂变，感觉他们像在玩一样，却经常有让人惊喜的创作；而有些公司却驻足不前，毫无新意，似乎每个人都在拼命付出，却没有创新性和凝聚力。

这个问题也可以换一种说法：组织的创新究竟来自哪里？

美国数据科学家阿莱克斯·彭特兰在《智慧社会：大数据与社会物理学》一书中用“想法流”（Idea Flow）的概念对上述现象进行解析。“想法流”是指行为和信仰通过社会学习和社会压力在社会网络中传播。“流”是物理概念，传统物理学旨在了解能量的流动是如何转化为运动的。按照这样的理解，想法或者说信息的流动其实也能促使或转化为行为的改变，这就是社会物理学。

为了更好地理解这一概念，你可以把人际关系网络想象成纵横交错的河道，河道上面的水流就像是“想法流”。“想法流”流动得越快，组织的创新来源就越多，成功率会更高。

为了进一步说明“想法流”的形成及其对创新的影响，阿莱克斯·彭特兰引用社会学家罗纳德·伯特于1992年提出来的人际关系网络中“结构洞”理论和相关实验。“结构洞”的大概意思是人总是信任特定的人，并依赖于特定的人产生交换。因此，当两方关系并不十分密切时，与双方关系都很密切的第三个人就占据了一个“结构洞”。在“结构洞”理论中，作者强调了社交关系中的效率原则，你每认识一个陌生人，就可以为你带来一个新的“结构洞”。“结构洞”越多，你在每个关系上所用的时间和精力成本越少。

罗纳德·伯特曾在 Raytheon 公司里做了一个关于“结构洞”对于创新影响的实验。当时这家公司刚刚兼并另一家企业，他们希望通过有效的社会学研究来解决不同文化之间的冲突，提高管理效率。在实验中，罗纳德·伯特邀请各个部门的经理写下自己认为最棒的商业推进方案。最终，研究发现能够提供最具价值的商业计划的经理往往拥有更为活跃的外界社会关系。

罗纳德·伯特的研究得出两个对企业很重要的启示。

（1）低层和边缘创新是组织创新最重要的源泉。原因是那些处于边远地区或外联部门的员工往往拥有更多的外部关系，这些关系帮助他们获得新思想，提高创新的速度，进而影响着公司整体的竞争能力。换句话说就是身处公司边缘（这里是指在组织结构图中的边缘）的员工，也就是组织中离客户最近的一线员工，他们更容易实现创新。原因是这些员工处于与顾客、其他组织接触的前沿地带，经常能看到对于同一问题的不同解决方案，拥有更为丰富的“结构洞”。

（2）组织要创建“想法流”的“三角洲”。“结构洞”可以看成是人际关系网络中的媒介，但它不一定是具体的一个人，可以是环境，也可以是组织机制，比如 Google 公司内无处不在的小厨房，韩都衣舍几百个根据需要自由组合的产品小组，苹果公司大楼的天庭（苹果公司大楼中的天庭设有会议室、休息室、邮件收发室、放映厅、游戏空间和用餐区，人流在这里交汇）。

凡是人流可以交汇，发生偶遇、碰撞、链接，就会形成一个个“想法流”的“三角洲”。就像是河流交汇的“三角洲”往往是经济发达地区一样，“想法流”的三角交汇处也是创新创意的温床。

创意并非一项个人独立完成的工作，灵感需要在交流和碰撞中产生。无疑，苹果、Google 等一些高科技企业的办公环境设计为组织中的“想法流”提供了“三角洲”——不拘一格的工作形式和工作地点增加了员工偶遇的机会，促进跨界思维的沟通，从而“引爆”整个公司的创意思考，提升每个人的创造力，最终变成整个组织的竞争优势。

韩都衣舍自由组合、自然进行新陈代谢的产品小组，以及以小组为

“细胞”与内外部充分连接和交互，形成许多“想法流”的“三角洲”，并由此延伸，从而改变整个组织的形态。

这样的组织表面上看是有结构的，比如韩都衣舍提出的“大平台+小前端”结构，但是在这种结构里面布满了张力，涌动着一股力量。一旦想象力允许，或者是业务需要，它就可以成为一个没有结构约束，没有边界限制，像河流一样自由奔放的组织。

河流的主要特征是什么？奔腾不息，活力永存，既柔韧又刚强；不拘形态，因需而变，对环境适应性极强；容纳万物，滋养生命。

我们可以由此想象一下，像河流一样的组织会是什么样子。我认为新的组织内容是边界自定义，形态自定义，内容自定义！最重要的是生命力旺盛，适应力强，柔韧强大。任何障碍都不会阻碍它流淌的方向。我们将这样的组织称为“河流组织”。

当然，“河流组织”只是笔者对韩都衣舍“小组制”的观察引发的对未来组织的一种大胆想象。未来组织究竟会是什么样子，我们拭目以待。

三、小米组织变革：积聚人，整合人

文/苗兆光

2018 年 9 月，雷军以公开信的方式（见附文）发布了小米新的组织结构，其中有四点经验值得关注，对于从创业期过渡到战略成长期的企业具有参考价值。

（一）小米新组织结构的四条信息

1. 战略层与战术经营层分离

成立组织部意味着干部的整合成为重要的战略事项。原来的合伙人要么负责战略性事项，要么负责战略性业务。比如总参谋部、组织部属于战略性职能，小米金融属于战略性业务。合伙人负责的是这些战略性的业务，而方向明确的业务基本上用的都是“80 后”的“新兵”。

2. 重新整理业务

企业理清了业务单元，分出很多新业务并加以整合，将生态链的业务合并到手机业务里。小米近几年的发展是以“方向大致正确、看准人高授权”的方式扩张的，企业领导者给下级指出企业发展的大致方向，允许下级自主决策。同时自己承担责任，在充分激活业务团队价值创造活力的同时，也出现了业务交叉、互相越界的情况，需要企业对组织形态重新进行梳理。

3. 给年轻人提供发展的空间

为年轻人提供成长空间，企业业务量在 8 年内实现快速增长，为大批年轻人提供了机会，未来企业如何发展？最好的办法就是拆分组织，拆分业务。

4. 打破原有的组织结构

原来合伙人各管一摊的方式持续了 8 年，也固化了，如果再不打破原有的组织结构，企业无法适应复杂多变的市场环境，这就需要对组织进行拆分、合并，重新构建新的组织结构。

这是小米新的组织结构传递出来的信息，至于小米为什么要这么做，我们先来了解一下小米是如何从创业期一步步发展到现在的。

华为这样的优秀企业发展到现在已经有 30 多年的历史了。华为已经建立了人才培养体系，具备大量优秀人才。只有在开拓新业务的时候，没有充足的人才储备，比如华为涉足芯片领域，因为没有实践经验，会招聘相关人才。在成熟的业务板块，人力资源管理的流程通道畅通。但在创业阶段，华为没有充足的人才储备，企业快速发展，也来不及培养人才，只有从外部“引流”。小米也是如此。

（二）小米满足人才需求的三种方法

小米通过以下三种方法来满足人才需求。

1. 依靠魅力型领导来吸引人才

雷军就是魅力型领导。在创业初期，他将超过 70% 的时间用在寻找人才和调动人才的价值创造活力上。三星的李秉哲、李健熙也把很多时间花在招募人才上。在企业的初创阶段，领导者招人、选人、用人是极其重要的事情。在这个时期，企业的管理机制和发展愿景是很难打动人的。企业员工对企业的信心来源于企业领导独特的人格魅力，这是员工是否愿意入职的重要条件。雷军当时要招聘一位硬件工程师，他花了一天的时间和对方沟通，并且持续跟踪了几个月，最后人还是没有来，因为人家很难相信你描述的愿景。华为在1992年以前招聘人才也是依靠任正非一个个“硬磕”，说服员工，让员工相信企业未来会有美好的发展前景。雷军也具备这样的特质。他自己的经历和在互联网界的影响力，对未来的设想，对业务判断的感染力，以及业界的口碑，帮助他在创业初期集聚了一批人才。

2. 靠事业来吸引人才

当时手机行业的“风口”对外部人才的吸引力比较大，很多人愿意加入这样的朝阳企业。一些企业招不到人，这时候企业家的责任就是要找准业务发展方向，让业务具有吸引力。如果业务在“风口”上，总会吸引愿意大浪淘沙的人，有奋斗精神的人，这也是小米在创业期吸引人才的一种方式。当手机业务规模扩大的时候，吸引人才就变得更加容易。

3. 靠机制吸引人才

企业依靠机制吸引人才，在于两个创新，具体内容如下。

（1）合伙人机制。互联网企业对硅谷风险投资机制和企业估值机制的运用比较娴熟，所以通过这种早期构建的合伙人机制设立一级、二级合伙人，给企业积累了很多骨干型人才，包括在新的组织方案里起用的大量人才，他们大多是“80后”，也是第一批被小米机制吸引来的员工。

（2）生态链模式。在小米业务结构比较复杂的情况下，获取经营性人才是一件比较困难的事情，不仅小米如此，大部分企业都是如此，因为这类人才属于复合型人才。这就需要企业构建声誉。小米发展历史短，很难靠建立培养体系培养出这样的人才。对生态链的业务依靠“铁人三项”，需要整合大量具有新产品研发职能的企业用生态链模式进行平台赋能，加上机制的牵引，把大量小的生态企业吸引到小米的业务平台上来。

生态链与其说是业务的模式，不如说是人才的模式。

（三）小米组织变革的中心工作是“整合”

小米在创业期靠三个支点从几十人的队伍发展到近两万人，但这种吸引人才的方式也存在问题，主要表现为以下两点。

1. 领导人管理幅度问题

创业初期，雷军是企业的领导者，负责做出决策，其他人负责执行指令。这时企业需要大量引进人才，采用野蛮式扩张方式拓展业务版图，任何一家大企业都曾经经历过这样的发展历程。企业发展到现在的体量，领导者的管理幅度已经没有当初那么大了。

2. 业务边界模糊问题

在早期依靠机制吸引人才的时候，企业不可能把业务边界定义得很清楚。企业领导者没有完整的想法，企业发展方向大致正确即可，企业采取野蛮式生长方式发展业务。在这种情况下，小米团队被激活，但是具体业务之间没有明显的边界，会有重叠和交叉。企业规模扩大后就需要重新整理业务，进行分类。

创业期是企业业务量快速增长的阶段，对人才的吸引力很大，企业主要依靠个人的发展空间和机会吸引人才，所以“风口”很重要。一开始公司只有 100 人，第二年扩张到 2000 人，原来你是普通员工，现在你是经理，大量的人才就是在这样的情况下获得成长机会。现在，企业队伍发展到近两万人，销售额达到 1000 多亿元的规模，个体升迁的机会没有以前多，企业的层级也变少了。这时候企业能为员工提供什么机会？

雷军进行组织变革的意图是细分业务，提拔年轻干部。业务细分后，业务单位变多，就能任命很多年轻干部。领导者放权，每个年轻干部管一个业务板块，虽然体量不大，但上不封顶，业务做多大，级别就有多高，相当于打开了年轻人晋升的通道。原来依靠机制吸引人才，带动组织增长的模式最大的问题在于容易产生“山头”主义。现在，我把业务交给你，给你配置资源，只管你要结果，不管过程如何，如果你做不好，我就立刻换人。这样做有利有弊，好处在于企业在发展过程中培养了人才，弊端是会导致“山头”主义。如果不打破组织壁垒，企业就无法进一步发展。我估计小米和大多数企业一样，在创业初期依靠机制吸引人才，结果也出现问题。面对这种情况，企业一般会重新调整组织结构，打破旧有的管理方式，让各自为政的部门负责人学会站在公司的战略层面思考问题，站在年轻人的发展空间层面整合资源。

小米这次进行组织变革，中心工作就是整合资源。将其用人的特点加以整合，用一个字概括，就是“合”。“合”包含两层意思：第一层含义是用合伙人机制积聚人才；第二层含义是用生态链的方式积聚生意和经营性人才。现阶段的重新整合是要把依靠机制吸引来的人才整合成一个整体，让企业具备竞争力。

附文：雷军关于组织改革的内部信

各位小米的同学：

经过 8 年奋斗，小米已经成为营收过千亿、员工近两万人的公众公司。为保障公司的可持续发展，我们必须把组织管理、战略规划放到头等位置，建立更具前瞻性的战略领航与更坚实有力的组织保障能力。公司管理层经反复讨论决定对公司组织架构进行系统性调整。

本次调整我们全面强化集团总部职能，加强公司价值观传承和组织建设，提升组织效率和活力，强化公司人才梯队建设，发掘更多年轻人才并给予更多提升的机会。同时，对相关业务进行梳理，让组织结构更合理，团队更有战斗力。

组织架构调整具体如下。

(1) 新设集团组织部和集团参谋部，进一步增强总部管理职能，同时调整王川、刘德、洪峰和尚进等高管的工作分工。

组建集团组织部，负责中高层管理干部的聘用、升迁、培训和考核激励等，以及各个部门的组织结构设计和编制审批。任命高级副总裁刘德担任组织部部长，向 CEO 汇报。任命金玲为组织部副部长，向刘德汇报。

组建集团参谋部，协助CEO制定集团的发展战略，并督导各个业务部门的战略执行。任命高级副总裁王川为集团参谋长，向CEO汇报。任命向征为集团副参谋长，向王川汇报。

任命高级副总裁洪锋为小米金融董事长兼CEO，专注小米金融业务的发展推进。

由原公司市场部公关团队组成集团公关部，任命徐洁云为总经理，向品牌战略官黎万强汇报。

原公司市场部（除公关团队外）、销售与服务部的电商市场组和新媒体组三个团队合并，成立销售与服务市场部。任命梁峰为总经理，向集团副总裁汪凌鸣汇报。

任命集团副总裁尚进协助高级副总裁祁燕负责小米产业园区及各个区域总部的规划和建设。

（2）电视部、生态链部、MIUI部和互娱部四个业务部重组成十个新的业务部（四个互联网业务部、四个硬件产品部、一个技术平台部和一个消费升级的电商部），各业务部的总经理直接向CEO汇报工作。

组建电视部，由原电视部的部分部门组成，负责电视业务，同时孵化空调等新业务。任命李肖爽担任总经理。

组建生态链部，由原生态链部的部分部门组成。任命屈恒为总经理，赵彩霞为副总经理。

组建笔记本电脑部，由原生态链部笔记本电脑部组成。任命马强为总经理，刘新宇为副总经理。

组建智能硬件部，由原生态链部智能产品部组成。任命唐沐为总经理。

组建IoT平台部，由原生态链部IoT部组成。任命范典为总经理。

组建有品电商部，由原生态链部有品部组成。任命高自光为总经理，陈波、赵欣然为副总经理。

组建互联网一部，由MIUI部分部门和小米互娱部的部分部门组成，负责MIUI核心体验、技术中台、商业产品研发及广告销售、游戏发行、商务合作和MIUI国际业务等。任命李伟星为总经理。

组建互联网二部，由MIUI部分部门和小米互娱部的部分部门组成，负责应用商店、游戏中心、小米音乐、小米阅读、小米生活等。任命仇睿恒为总经理。

组建互联网三部，由MIUI部分部门组成，负责资讯类、搜索类、开发者生态系统等业务。任命于锴为总经理。

组建互联网四部，由原电视部的部分部门、MIUI部分部门和小米互娱部的部分部门组成，负责电视版MIUI、小米视频、画报、直播、米聊、米车生活、快视频，以及互联网创新业务等。任命白鹏为总经理。

汪文俊带领的MIUI系统底层团队和王文林带领的MIUI品质交付管理团队并入手机部，向林斌汇报。

以上任命即日生效。

没有老兵，没有传承。没有新军，没有未来。今年年初的公司年会上，我们就提出公司各条战线上都必须提供强有力的组织保障和管理护航。所以，我们要着手培养、提拔一大批年轻的管理干部，构建更具活力、更有进取心的各级“前线”指挥团队。让每一个有能力、有抱负、有冲劲、敢担当的年轻人都能在“战争”中学习战斗，在战斗中快速成长。

这次的调整就是这项工作第一阶段成果的展现。本次任命的十多位总经理中，“80后”占据大多数。十个业务部门成立的背后，二级部门等分支团队中还有更多年轻管理人才、专业人才已经脱颖而出。

小米的同学们，请拿出舍我其谁的气势，怀抱建功立业的雄心，不负时代，勇于担当，一起书写小米英雄辈出、将星璀璨的全新传奇！

雷军

2018年9月13日

四、业务开创的最佳组织形式：事业部制的前世今生

文/苗兆光

通用汽车战胜福特是商业世界里先进组织方式的一次辉煌胜利，通

用汽车以事业部群雄并立、协同进击的一群人打败了福特高居金字塔尖决策的一个人。

（一）认识事业部，事业部制的特点与分类

1. 事业部与事业部制

事业部是企业内部根据不同产品、区域、细分市场或职能组建的利润中心。理解事业部有两个要点：其一，事业部是企业内部根据战略发展和经营需要创造出来的经营机构，并非对外注册的公司；其二，事业部是企业的一个部门，只是其核心属性是经营性质，它在总体上采用的是利润中心的核算模式，并非成本中心。

事业部制（简称M形结构）是依据企业所经营的事业，按照不同的产品、区域、客户群等进行划分，在企业内部设立多个事业部。各事业部在企业的经营管理上有其特殊的自主权，在财务上实行独立核算，是受公司总部把控的利润中心。

2. 事业部制的特点

（1）企业的二级机构是按产品、地区、客户等为依据划分的事业部，各事业部一般不具有独立法人资格。

（2）按照“统一政策、分散经营”的原则，实行分权管理。事业部有自己的产品和市场，拥有较大的生产经营自主权，能够完成某种产品或服务的生产经营过程。

（3）各事业部都独立核算、自负盈亏，彼此之间的往来要遵循等价交换的原则。公司总部是投资中心，事业部是利润中心。

（4）公司对事业部的管理主要表现为规定经营方针和销售目标（或利润目标），实行资金的统一调度。

3. 事业部制的作用

事业部制作为统一决策与分散经营相结合的典范，有如下作用。

（1）有利于应对企业规模扩大、业务多样化导致的管理复杂化。随着企业规模的扩大和业务的多样化，企业内部需要协调很多层次的分工活动，使得组织层次不断增加，导致组织的效率降低，组织问题频繁

发生，管理和监督费用增加。事业部制通过对企业管理进行重新分工，降低了规模化、多元化企业的管理难度。

（2）有利于公司领导层摆脱日常行政事务和直接管理具体经营工作的繁杂事务，致力于重大问题的研究和决策。

事业部制具有更明确、更清晰的管理层级，各事业部作为利润中心，在生产、销售、采购、运输等经营活动中都具有自主权，相当于一个完整的企业。而公司总部机构则除了监督、评价、控制和协调各事业部的活动外，主要致力于制订战略性计划和研究制定公司各项重大政策，这就克服了直线职能制下高层管理人员深陷于日常经营事务，不能专注于重大决策的缺陷。

（3）有利于增强企业应对市场变化的灵活性。事业部在总部的决策框架内负责本部范围内的经营决策，包括研、产、销、人事、财务等方面的决策。由于权力下放，事业部直接面对市场，在一定程度上克服了企业总部在分部经营决策及时性方面存在的不足，有利于增强企业的适应能力，从而对市场变动快速做出反应。

（4）有利于培养和激励企业的经营性人才。由于事业部自成系统，自主经营，相当于一个完整的企业，事业部经理要经受企业高层管理者面临的各种考验，这无疑为企业内部培养全面管理人才创造了更多的机会。各事业部自主经营，独立核算，便于评价各事业部经理的业绩，事业部之间的可比性有利于形成“赛马”机制，激励经理人员的成长，企业总经理可以根据各事业部经理的表现选择接班人。一个常变常新的组织必定会使人才脱颖而出。美的集团事业部制结构自 1997 年实施以来不断变革，为经理人创造了无数的机会，培养了人才，留住了人才，使优秀人才迅速成长为企业的管理者。

4. 事业部制的应用有一些局限性

事业部制的应用也有一些局限性，表现在以下几个方面。

（1）事业部制可能导致研发、销售等职能的重复设置，这些纵向组建的机构或依附的资源都存在着不共享、重复设置的情况，增加了企业的管理成本。

（2）可能导致各个事业部各自为政，为了自身利益而损害整个公司的利益。因为独立核算、自负盈亏，事业部为了扩大自身的市场规模，可能盲目扩大投资，忽略了企业整体发展战略的实施，造成企业经营方向的扭曲，整体利益受损。

（3）集权和分权的关系难以协调，可能导致运营效率和管理效果大打折扣。事业部制要求公司适度分权，而过度集权使事业部制无法实施，分权过多又会削弱总部整体的领导能力，若未能有效把握分权的“度”，事业部制的应用效果适得其反。

（4）可能导致企业文化与理念难以贯彻执行。由于事业部经营的相对独立性，可能使企业文化与理念难以贯彻执行，造成企业文化的整体协调性较差，企业的内耗增多。

（二）事业部制的适用条件

事业部制是企业生命周期中特定发展阶段的产物，并不一定适用于所有的企业。判断企业是否符合事业部改制的条件，可从市场环境、企业规模、分化要素、人才方面来考虑。

1. 市场环境

市场多样化是促使组织采用事业部制结构的首要情景因素。只有一个统一市场的组织难以分拆成多个经营不同市场的事业部，然而面对多元化市场的组织自然会倾向于针对不同的市场分别构建事业部，这样组织就可以统一规划其战略组合，同时组合中的每一个部分都是独立自主的单元。研究表明，组织结构的事业部制发展正是对产品多样化的直接反应。

企业改制为事业部制的浪潮频起，尤其是第二次世界二战之后的发展趋势更为明显。美国《财富》杂志评选出的世界500强企业纷纷采用这种结构，大西洋彼岸的英、德、法、意等国的大型企业更是如此。

2. 企业规模

事业部制在管控上相对复杂，在管理成本上也要耗费大量的资金，要有足够的业务量搭载才能体现其价值。对于小企业来说，没有复杂业务及足够的业务量，不需要采用这一模式。对于中等规模以上的企业而言，由于规模化会导致企业运营效率降低，市场反应迟缓，有必要考虑是否转型为事业部制。因为事业部制既能保持企业的规模优势，又能消除“规模病”，其原理就是划小经营单元。

因此，当企业达到一定规模，尤其是出现多种产品经营的情况，即便这些产品线形成的业务是相关业务，也可能具备向事业部制转型的条件。

3. 分化要素

构建事业部制的一个主要思路就是找到事业部的具体分化要素，只有抓住这条主线，事业部的业务才能完成切割，事业部作为战略经营单位和带有各自特性的业务载体才能落地。

构建事业部制要考虑以下因素。

（1）产品种类、成长性与相关性。如果企业的产品多样化，就可以考虑将产品作为事业部改造的分化要素，从而形成产品、产品线或产品群事业部，这也是传统意义上典型的事业部制。如果产品的发展潜力很小或不具备经营规模，就不足以作为分化要素。另外，如果企业的产品相关性很强，而且总体经营规模不大，是否将产品作为分化要素也需要谨慎对待。

（2）客户分类与客户效益规模。如果企业更强调服务的针对性，那么分析客户群的特性，按细分客户进行事业部的分化是值得参考的要素。分析客户群是否可作为分化要素，重要的一点是看每个部分的客户群是否构成一个具有发展潜力的市场。如果客户群对应的市场购买力不足，不具有规模效益，那么可能并不适合将客户群作为分化要素。

（3）经营区域范围与规模。如果企业经营地域覆盖较广，那么地域可以作为事业部的分化要素。因为区域型经营可能导致每个地域的重复生产和研发，所以地域是否具备分化条件还要看企业的分化收益是否能覆盖重复设置发生的成本。比如银行、保险等行业的企业通常采用区域服务模式，在区域型事业部的管理上积累了比较丰富的经验。

（4）价值创造特性。如果企业达到一定规模，其销售、生产、研发等价值创造环节也能成为事业部的分化要素，比如企业可以根据销售职能成立销售事业部，成为独立的核算单元，创造利润，并且承担相应的责任。除此之外，企业的后勤保障、物流、信息化等职能也可以转型为事业部模式，以达到降低成本、增加效益的目的。

4. 人才

人才是决定一个事业部能否真正运行的关键因素。如果公司没有实施事业部的合适人才，那么责任落实下去，可能适得其反。事业部制对人才的需求是整体性的。对于事业部而言，事业部总经理是核心岗位，企业是否能派出得力的总经理人选直接决定事业部能否正式建立。此外，事业部分管业务的副总经理和总部职能管理部门负责人的素质与能力也非常重要。虽然在人才储备及管理业务上企业不可能做到尽善尽美，但是一些关键岗位还是要有合适的人选。只有这样，才能满足事业部制对于人才的整体要求，以驱动事业部制的良性运行。

（三）从通用汽车的事业部创制看事业部的原理

通用汽车通过事业部创制打败了自己的老对手福特，在世界汽车制造业历史上书写了浓墨重彩的一笔，至今，通用汽车的经验仍然具有普适性。

1. 各事业部负责深耕自己的产品和市场，这样的阵容助力通用汽车对福特在市场上形成立体化的阻截

在工业化生产的早期，1920 年以前，垄断汽车行业的巨头是福特，它在全世界汽车市场的占有率一度高达 70%，通用和其他公司加起来占 30%。福特无可撼动的地位后来发生了变化，美国经济的发展使得消费者分化，分为各个层次的消费者，汽车生产企业也随之分化。高收入阶层有了个性化的消费需求，物美价廉不再是市场唯一的诉求。

当时，老福特也想方设法推出新车形，但在一人独裁的直线型管理模式下，其他管理者不能独挑大梁，建立一个新业务，企业还是按照组织惯性生产产品，想象力止步于黑色 T 形车，福特 T 形车曾经是当时先进工业生产技术与管理的典范。这时，通用汽车迎来了活力勃发的金色年华，这个时期的掌门人斯隆堪称最伟大的职业经理人。

事业部制是斯隆的天才独创，他按照高、中、低三个档次将不同车

形的业务划分为不同事业部，每个事业部都有一个专属管理班子。**各事业部负责深耕自己的产品和市场，这样的阵容助力通用汽车对福特在市场上形成立体化的阻截。**

到第二次世界大战结束时，经过和福特一二十年的市场较量，通用完全扭转了局面，夺取了世界汽车市场60%的份额，福特则大幅缩减，只占据10%的市场份额。对于通用与福特之间旷日持久的商战，我的看法是：这是商业世界里先进组织方式的一次辉煌胜利，通用汽车以事业部群雄并立、协同进击的一群人打败了福特高居金字塔尖决策的一个人。

1921—1924年斯隆主持下的事业部结构如图4－2所示。

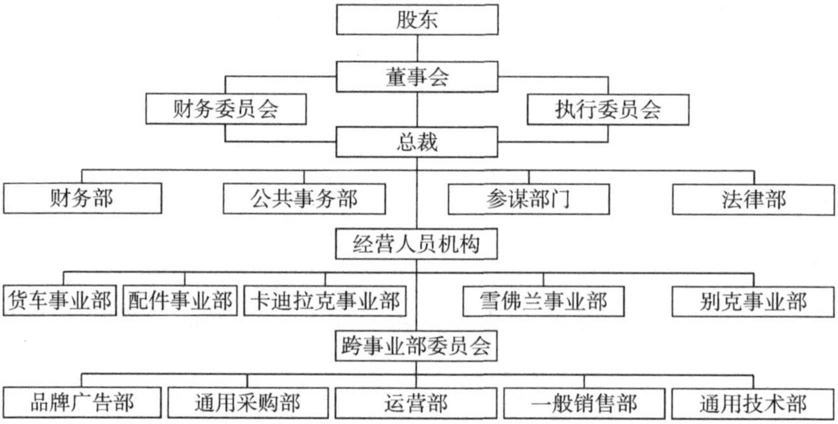

图4－2　1921—1924年斯隆主持下的事业部结构

斯隆在通用汽车的事业部管理创制为企业管理做出了巨大贡献，直到现在，他对事业部制的设计思想和结构安排依然是现代企业事业部制遵循的基本原则。

2. 斯隆进行事业部制改造的设计思想和要点

斯隆进行事业部制改造的设计思想和要点包括以下几个方面。

（1）不同的业务形态分成独立事业部，比如卡迪拉克、别克、雪佛兰等。

（2）每个事业部承担完整的经营责任，比如市场责任、利润责任、资产责任、员工责任等。

（3）每个事业部的核心考核指标是投资回报率（净资产利润率）。要有最低投资回报率的承诺，如果达不到基准水平，管理班子就要下课。

（4）总部成立公共平台（跨事业部的委员会），包括品牌广告部、通用采购部、通用技术部、运营部（对产销平衡进行协调）、一般销售部（共享的大客户和销售资源）。公共平台承担什么任务，遵循什么领导规则？它的治理权归属于各个跨事业部的委员会，讨论共同关联的品牌、产品标准、协调策略等问题。

这里强调一下，企业总部运作公共平台的管理水平是一个关键点。在优秀企业内部，跨事业部的委员会的治理特别有效。因为复杂组织内的各单元无法清晰地切分成完全独立的部分，他们相互间一定需要一些共同的策略，跨事业部的委员会的职责就是讨论、制定这些共同的策略。

（5）各个事业部之间采用市场定价机制。不同事业部之间的资源使用采用市场交易的法则。

（四）事业部制是培育新业务最有效的组织形式

过去，企业采用直线职能式组织管理方式，导致成本高，效率低，员工缺乏主动性。后来，企业改为矩阵式组织结构，但当面临新业务的扩张需求时，矩阵式组织结构会约束新业务的快速成长。现在，一些优秀企业摒弃传统的管理方式，建立事业部制，各个事业部之间既相互独立，又协同一致，形成了高效灵活的组织结构，提升了企业的整体实力。

1. 直线职能式组织很难管理新业务，因为顶层的决策力量不够

虽然各种组织形态各具特色，但从培育新业务的角度说，**到目前为止，事业部制是培育新业务最有效的组织形式。**

衡量组织结构优劣的标准是效率，在单一业务的情况下，直线职能式组织最有效。为什么？在直线职能式组织形式下，只要高层决策准确，它的执行效率是最高的。问题在于直线职能式组织很难管理新业

务，因为顶层的决策力量不够。当直线职能式组织高层只有一两个人在决策，他们能有效管理单个业务，当多元化业务需要领导者做出决策时，这时领导者的精力和知识储备都有限，决策的准确性大打折扣。因此，直线职能式组织结构很难孵化新业务。

2. 当面临新业务的扩张需求时，矩阵制结构会约束新业务的快速成长

矩阵制也是一些企业采用的一种组织结构，它存在哪些问题？当面临新业务的扩张需求时，矩阵制结构会约束新业务的快速成长。它的长处是能较好地解决责任和能力共享的问题，但它的运行难度大，对企业的管理水平要求高。华为的矩阵制结构一直非常有效，但从 2011 年开始，华为开始推行事业部制，成立了三大事业群：企业事业群、运营商事业群、消费者事业群。

之前，在矩阵制结构的业态下，华为从 2002 年开始做手机业务，运行了很多年，没有实质性突破，2011 年改为事业部制之后，它的手机业务和企业业务扩张得很快。由此可见事业部制适合培育新业务。

3. 中国企业里，业务扩张做得最好的当属美的

美的涉足多个领域，其治理结构是典型的事业部制，当美的的体量还处在 26 亿元的规模时，就开始运作多事业部制，所以它的扩张力很强，不断有涉足新领域的冲动。由此可以观察到事业部制天然地对企业进入新领域有一种适应能力。

孵化新业务的组织形式还有很多种，比如分层自治、准事业部制（不是完整的事业部，而是在营销端、研发端等部分切分出来的事业部），小米的生态链，阿米巴、小微，等等。实际上，这些组织形态都是事业部制的变形。我们掌握了事业部制的原理，就更加容易理解其他组织形态。

（五）案例：新业务管控之道，美的事业部的最佳实践

管控新业务有以下三个基本原则。

第一个原则是摆脱路径依赖。现在管控新业务不能采用过去的管理方式，要根据新业务的具体形态确定合适的管理方式，重在关注新业务

成功逻辑的要点。

第二个原则是赋能为主。新业务最重要的是能力，管控的目的是为了给它增加能量，不能为了管控而削弱它的能力。

第三个原则是管控最小化。鉴于新业务作为创新活动的特殊性，能不管控的就不干涉，对不得不管控的地方施加适度管控，遵循管控最小化原则。

美的成立事业部时，何享健先生就确立了美的事业部制管理的十六字方针——集权有道、分权有序、授权有章、用权有度。

在何享健先生的十六字方针下，美的有一套做法被称为“1471”，即“一个结合、四个强化、七个管住、十个放开”。

大家可以对照图 4－3 看一下。

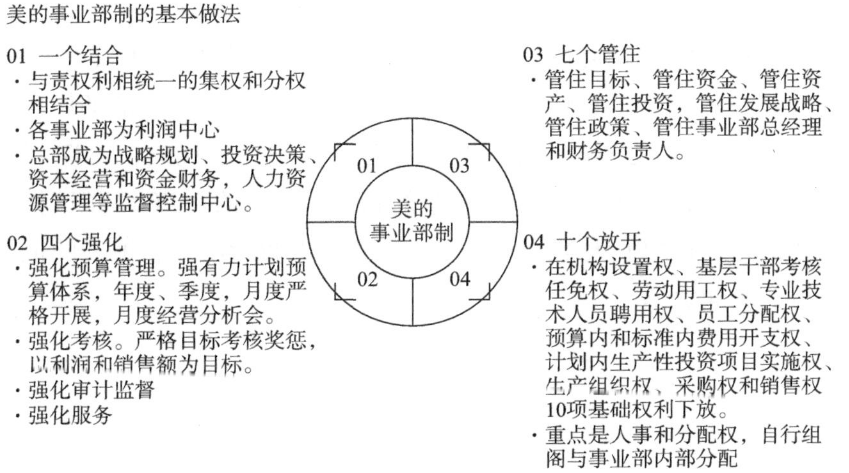

图 4－3 美的事业部制的基本做法

一个结合：责、权、利结合。

四个强化：将权力分配给各个部门，总部的角色是做投资规划、资本运营、人力资源管理等，事业部是利润中心，全责承担产品的经营。

分权的前提是四个强化，内容如下。

（1）强化计划预算管理。事业部可以分得权力，但你要告诉总部你的目标和计划是什么，整体计划预算得到批准，才能给你分配权力。事业部在执行过程中要强化计划预算管理。

（2）**强化考核**。没有评价就没有授权，所以一定是我能评价你，我才给你授权，美的当年对事业部的考核是以利润和销售额为目标。

（3）**强化审计监督**。

（4）**强化服务**。

以上是美的事业部分权管理的四个强化。

七个管住：管住目标、管住资金、管住资产、管住投资、管住发展战略、管住政策、管住事业部总经理和财务负责人。

十个放开：总部把要害岗位都管住以后，将其他权力分配给各个事业部。事业部负责人想设立什么部门，任命谁，总部一概不管，只管事业部层级的干部。劳动用工不管，专业人员聘用不管，员工利益分配不管，预算内和标准内费用的开支不管（总部只负责批准预算，之后由各个事业部自行决定），计划内生产性投资项目的实施不管（只管批准项目，不管具体如何实施），生产的组织权、采购权、销售权都不管。

大家在做新业务的时候，在事业部管理上可以参考美的的做法。美的是 1968 年成立的公司，到 1996 年做到 26 亿元的规模，1997 年业绩首次下滑，只有 20 亿元。经过事业部制改造的美的在 2000 年销售额突破 100 亿元。它的五大事业部把新业务的活力激发出来，把美的推上快速发展的崛起之路。

老板·创业			
一、经理人			
书名	**内容**	**书名**	**内容**
老总有想法，高层有干法 王清华　著	企业将、帅之间的定位问题、角色问题、方法问题、思维问题、管理问题等	**历史深处的管理智慧1：组织建设与用人之道** 刘文瑞　著	通过历史鉴照当今企业选人用人、二代接班人、创业团队管理等问题
历史深处的管理智慧2：战略决策与经营运作 刘文瑞　著	通过历史鉴照当今企业决策、战略规划、战略冒进、决策监督等问题	**历史深处的管理智慧3：领导修炼与文化素养** 刘文瑞　著	通过历史鉴照当今企业的领导修养、用权、管理风格等问题
老板经理人双赢之道 陈　明　著	经理人怎养选平台、怎么开局，老板怎样选/育/用/留		
二、用人			
用好骨干员工 王　敏　著	系统化分享关键人才打造与激励方法	**领导这样点燃你的下属** 孟广桥　著	领导者如何才能让员工积极主动地工作
让用人回归简单 宋新宇　著	帮助管理者抓住用人的要害，让用人变得简单		
三、转型·创业			
创业要过哪些坎 董　坤　著	15年创业咨询经验总结的创业遇到的问题及办法	**高潜牛人** 董　坤　著	创业和事业发展中如何找到牛人
成为下一个SaaS独角兽 崔牛会　主编	19位SaaS领专家，7个不同的视角总结SaaS行业实践	**创模式：23个行业创新案例** 段传敏　著	CEO社群23位企业家的思考与实践分享。
重生——中国企业的战略转型 施　炜　著	本书对中国企业战略转型的方向、路径及策略性举措提出了建议和意见。	**7个转变，让公司3年胜出** 李　蓓　著	企业估值、业务模式、营销、生产制造、客户服务、用户黏性到组织管理7个转变
企业二次创业成功路线图 夏惊鸣　著	五步骤给出了一幅企业二次创业经营突破、管理提升的成功路线图	**跟老板“偷师”学创业** 吴江萍　余晓雷　著	如何通过“偷师”学习与积累当老板的阅历
公司由小到大要过哪些坎 卢　强　著	企业成长路线图，现在我在哪，未来还要走哪些路，都清楚了	**跳出同质思维，从跟随到领先** 郭　剑　著	66个精彩案例剖析，帮助老板突破行业长期思维惯性
企业经营			
经营打造你的盈利系统 高可为　著	选择最有效的经营策略，打造属于自己的商业模式	**中国企业的觉醒** 王　涛　著	企业告别自私、野蛮，转向善良、爱，才会赢得消费者
成为敏感而体贴的公司 王　涛　著	未来有竞争力的企业，一定是那些敏感而体贴的公司！	**有意识的思考** 王　涛　著	对头脑中固有观念保持觉察，从而超越它们的局限
简单思考 孔祥云　著	著名咨询公司（AMT）CEO创业历程中的经验与思考	**写给企业家的公司与家庭财务规划** 周荣辉　著	以企业的发展周期为主线，写各阶段企业与企业主家庭的财务规划

续表

书名	内容	书名	内容
从10亿到100亿的企业顶层设计 刘建兆 著	重新定义企业成长方式，有效益、有效率、有效能、有效果、有品质的良性成长。	**活系统：跟任正非学当老板** 孙行健 尹贤 著	造活系统，使系统活，靠系统活，活得系统。
宗：一位制造业企业家的思考 刘建兆 著	发展20年营业额近亿元制造业企业家的思考与心得	**使命：驱动企业成长** 高可为 著	用大企业发展轨迹及企业家的心路历程，揭示企业成长的基因，做事的逻辑
让经营回归简单 宋新宇 著	战略、客户、产品、员工、成长、经营者的经营法则	**边干边学做老板** 黄中强 著	86个案例讲述中小公司成长过程遇到的问题和方法
盈利原本就这么简单 高可为 著	跨越业务与财务边界，为企业提高盈利水平提供方法。		
综合管理			
一、企业管理			
让管理回归简单 宋新宇 著	从目标、组织、决策、授权、人才、老板自己等提供方案	**管理的尺度** 刘文瑞 著	西医式的体检化验，又要施加中医式的望闻问切
管理：以规则驾驭人性 王春强 著	人性驾驭角度权度运筹安排的可兑现性，管理有效性	**看电影，学管理** 刘文瑞 著	十六部电影的解读，揭示电影内含的管理之道
好管理 靠修行 曾伟 著	从佛法、道法思想中寻找管理智慧	**公司大了，怎么管** 金国华 著	成长型企业发展中的共性问题，通过案例实录解开
低效会议怎么改 王玉荣 葛新红 著	从梳理公司会议体系的层面改变低效会议的现状	**年初订计划年尾有结果** 郭晓 著	总结七步落地方案让战略计划切实落地实现
分股合心 段磊 周剑 著	围绕股权激励，详细介绍相关知识和实行方法	**员工心理学超级漫画版** 邢磊 著	漫画形式对组织中个体心理的全面介绍和深入探讨
让投诉客户满意离开 孟广桥 著	投诉法律法规，应对各种投诉技巧等提升客诉能力		
二、管理思想			
管理学的奠基者 刘文瑞 著	近代以来的管理思想发展揭示管理思想的演化奥秘	**巴纳德组织理论研读** 郭威 著	深度研读巴纳德《经理人员的职能》，帮你理解和看懂
管理学在中国 刘文瑞 著	科学看待管理学流入中国，对继承发展进行深入阐述	**德鲁克管理学** 张远凤 著	以德鲁克管理思想发展为线展示20世纪管理学发展
德鲁克与他的论敌们 罗珉 著	德鲁克与马斯洛、戴明等诸多管理大师论战的故事	**德鲁克管理思想解读** 罗珉 著	作为德鲁克学生全面解构其思想的精髓与实践价值
治论：中国古代管理思想 张再林 著	深入分析中国古代哲学基本精神的基础上，梳理分析了儒法墨三家的管理思想		

续表

营销·销售			
一、企业销售			
书名	**内容**	**书名**	**内容**
大客户销售这样说这样做 陆和平　著	大客户销售活动的十大模块，68个典型销售场景	**向高层销售** 贺兵一　著	销售人员与客户高层打交道需要重点掌握的知识、技巧
资深大客户经理 叶敦明　著	将大客户经理必须具备的规划、策略、执行三种能力连通自如	**成为资深的销售经理** 陆和平　著	让销售经理成功把握销售管理6个关键点，并提供工具
销售是个专业活 陆和平　著	据客户采购流程拆分销售过程10阶段，讲解方法技巧	**学话术　卖产品** 张小虎　著	手机、电动车、家电、食品等消费品的一线销售话术
二、企业营销			
新营销组织力 迪智成　著	适应最新数字化外部环境，系统化协同组织能力建设	**营销按钮** 老　苗　著	讲述存在于人性以及各个营销环节中的“按钮”
精品营销战略 杜建君　著	“精品营销战略”核心逻辑与营销组合策略	**360°谈营销** 王清华　古怀亮　著	营销是立体的，从不同角度观察不同企业的营销精髓
互联网精准营销 蒋　军　著	互联网时代整3体策划、包装品牌和产品	**招招见销量的营销常识** 刘文新　著	做好基本的营销动作都可以提高销量、减低成本
用数字解放营销人 黄润霖　著	用数字说话覆盖营销工作的方方面面	**用营销计划锁定胜局** 黄润霖　著	让营销计划落地，营销人员只需解决两个问题：基数与概率
我们的营销真案例 联纵智达研究院　著	五芳斋粽子、诺贝尔瓷砖、利豪家具、保健品、娃哈哈	**中国营销战实录** 联纵智达研究院　著	51个案例，46家企业，46万字，18年积淀
弱势品牌如何做营销 李政权　著	产品与物流通道、服务通道、促销互动通路提供方法	**解决方案营销实战案例** 刘祖轲　著	十大工业品作者实操案例解码解决方案营销
升级你的营销组织 程绍珊　吴越舟　著	根据企业实际情况建立有机性营销组织	**变局下的营销模式升级** 程绍珊　叶　宁　著	十年大量案例归纳三种核心驱动要素，三种升级方向
老板如何管营销 史贤龙　著	以十六个招式，理论与案例相结合，高段位营销方法	**孙子兵法营销战** 刘文新　著	理解《孙子兵法》原意的同时，还可体悟到营销之用
三、品牌			
中国品牌营销十三战法 朱玉童　著	深度演绎最符合企业品牌营销策划的十三套实战战法	**中小企业如何打造区域强势品牌** 吴　之　著	如何建立强势品牌的角度解析扩张难题
四、营销策划			
这样写文案，就没有卖不动的产品 秦　剑　刘安丽　著	术、法、道三个层面由浅至深培养商业文案创作能力	**洞察人性的营销战术** 沈　坤　著	介绍了28个匪夷所思的营销怪招，大部分甚至可以直接运用

续表

书名	内容	书名	内容
双剑破局：沈坤营销策划案例集 沈　坤　著	双剑公司8年来的实操案例，每个项目诞生过程、策划角度和方法		
企业案例			
鲁花：一粒花生撬动的粮油帝国 余　盛　著	鲁花如何成长为优秀的带动农业产业发展的品牌，鲁花你一定学得会	**金龙鱼背后的粮油帝国** 余　盛　著	以金龙鱼为脉的一部中国粮油行业的史诗
你不知道的加多宝 曲宗恺　牛玮娜　著	以时间为轴线，详细叙述了加多宝品牌的发展历程	**静水流深** 黄治国　著	作者在美的十五年对何享健近内部讲话资料的整理
娃哈哈区域标杆 罗宏文　快车君 赵晓萌　寇尚伟	讲娃哈哈豫北市场如何成为娃哈哈全国第一大市场、全国增量第一的市场	**借力咨询：德邦成长背后的秘密** 官同良　王祥伍　著	德邦将自己积累的与咨询公司发展共赢的合作逻辑和盘托出
六个核桃凭什么从0过100亿 张学军　著	全视角深度解读养元企业的裂变成长，复盘十年蜕变轨迹	**像六个核桃一样** 王　超　著	六个核桃为什么卖得这么好，产品畅销的6大要义36条简明法则
中国首家未来超市 IBMG 集团　著	对乐城超市的掌门人及内部员工的采访详细阐释了乐城的经验	**三四线城市超市如何快速成长：解密甘雨亭** IBMG 集团　著	甘雨亭的许多关键经营指标均高于行业标准，学习其成功的方法
集团化企业阿米巴实战案例 初勇钢　著	作者在某酒厂推行阿米巴经营模式的心得		
经销商			
新经销：新零售时代教你做大商 黄润霖　著	探访近100位经销商在传统营销手法上的创新，传统营销微创新和新营销本地化	**商用车经销商运营实战** 杜建君　王朝阳 章晓青　著	对商用车经销商的经营与管理、4S店运营做了全方面的系统总结
跟行业老手学经销商开发与管理 黄润霖　著	从管理耐用消费品经销商角度提炼了48个代表性问题并给出解决办法	**快消品经销商如何快速做大** 黄润霖　著	经销商如何通过经营实现规模，通过管理实现规模效益
建材家居经销商实战42章经 王庆云　著	经营管理的心法和战法，帮助经销商成为“业务妙手”和“管理能手”	**成为最赚钱的家具建材经销商** 李治江　著	针对建材家居行业的经销商，从销售模式、产品、门店、市场等方面给出方法
白酒经销商的第一本书 唐江华　著	经销商如何选择厂家、合作、运营品牌等问题给建议	**快消品招商的第一本书** 刘　雷　著	从招商理论到招商动作进行系列化分解，化繁为简
中小企业			
中小企业如何打造区域强势品牌 吴　之　著	如何建立强势品牌的角度解析扩张难题	**用流程解放管理者** 张国祥　著	8个板块构成，共66篇文章，14幅流程管理图
用流程解放管理者2 张国祥　著	对中小企业规范化流程管理进行系统的阐述	**弱势品牌如何做营销** 李政权　著	产品与物流通道、服务通道、促销互动通路提供方法

续表

书名	内容	书名	内容
本土化人力资源管理8大思维 周　剑　著	用最贴近中国中小企业现实管理情境的案例去讲述周围人的“家事”	**中小农业企业品牌战法** 韩　旭　著	农业企业需要全产业链视野，更需要品牌实战方法
门店销售冠军复制系统 王吉坤　著	门店型企业如何打造可复制的销售冠军系统，凡是门店型企业都可以使用	**新零售动作分解与实操：建材·家居·家具** 盛斌子　著	对泛家居行业趋势、店面管理、团队管理、促销推广、五感营销等提供策略
家具建材促销与引流 薛　亮　李永锋　著	对泛家居营销执行模式和工具、关键环节等进行汇总	**建材家居门店6力爆破** 贾同领　著	产品力、导购力、形象力、推广力、服务力、组织力
家具行业操盘手 王献永　著	总结家具终端门店发展的现状及问题并给出策略	**手把手教你做专业督导** 熊亚柱　著	系统梳理督导的核心技能，岗位职责、工作流程及技能
手把手帮建材家居导购业绩倍增 熊亚柱　著	针对建材家居门店的业务人员，案例故事还原场景教你成为好导购	**10步成为最棒的建材家居门店店长** 徐伟泽　著	梳理店长管理的核心工作职责，店面管理规范和帮助销售人员成长
建材家居门店销量提升 贾同领　著	9个板块讲述建材门店一个单店如何做到经营的良性循环	**总部有多强大，门店就能走多远** IBMG集团　著	五大方向综合阐述连锁零售企业总部如何提升管理能力
赚不赚钱靠店长，从懂管理到会经营 孙彩军　著	注重专卖店的经营思路拓展，门店管理细节方面能力提升	**新医改了，药店就要这样开** 尚　锋　著	从药店定位的思考，内部和会员管理等几个方面探讨中小型药店发展方向
门店管理			
电商来了，实体药店如何突围 尚　锋　著	新时代药店经营三驾马车：药学专业服务、会员贴心服务和精准定向促销	**引爆药店成交率1：店员导购实战** 范月明　著	药店人的零售工作怎样接待顾客，完善销售技巧
引爆药店成交率2：药店经营实战 范月明　著	从药店经营角度如何建立改善门店现状的实用标准	**引爆药店成交率：专业化销售解决方案** 范月明　著	从简单的拿药服务到提供多角度的专业解决方案
互联网			
一、互联网转型			
画出公司的互联网进化路线图 李　蓓　著	18个“可以……吗”的问题作为你产品、客户和价值方面的指引牌	**7个转变，让公司3年胜出** 李　蓓　著	企业估值、业务模式、营销、生产制造、客户服务、用户黏性到组织管理7个转变
重生战略移动互联网和大数据时代的转型法则 沈　拓　著	四个重生战略对应四个法则告知传统企业的转型重生之路	**创造增量市场：传统企业互联网转型之道** 刘红明　著	为读者提供了寻找这些互联网的切入点和接触点的具体方法，带来增量市场
互联网+变与不变 本土管理实践与创新论坛　著	61篇精华文章，聚焦传统行业如何互联网+时代转型	**今后这样做品牌** 蒋　军　著	顶层设计、营销创新、产品战略、渠道变革、品牌策略
移动互联新玩法 史贤龙　著	立足现实，剖析新时代背景下的移动互联趋势与热点	**互联网时代的成本观** 程　翔　著	多维组合成本的互联网精神和大数据特征及应用

续表

书名	内容	书名	内容
正在发生的转型升级实践 本土管理实践与创新论坛　著	100多位本土管理专家当年对最新一年的思考和实践	**1000铁杆女粉丝** 张兵武　著	如何让普通女性成为忠实追随的铁杆粉丝，磁力点、情感结、甜蜜区、信任圈
混沌与秩序Ⅰ：变革时代企业领先之道 彭剑锋　施　炜 苗兆光　王祥伍 孙　波　夏惊鸣	新环境下企业面临变革应如何应对，作为企业家又应当如何坚守并与企业共同成长提出了深度思考	**混沌与秩序Ⅱ：变革时代管理新思维** 彭剑锋　施　炜 苗兆光　王祥伍 孙　波　夏惊鸣	对处于时代变革下的企业管理新机制、人力资源管理新思维，组织与人的新型关系，结合案例提出优化建议
消费升级：实践·研究 本土管理实践与创新论坛　著	从经营、管理、行业三个方面记录消费升级下的实践	**互联网精准营销** 蒋　军　著	互联网时代整体策划、包装品牌和产品
二、抖音、微信微商、电商			
抖音营销系统 刘大贺　著	抖音系统的实战营销知识，上百个从0做大的案例	**金牌微商团队长** 罗晓慧　著	微商团队长创业实操的指导工具书
微商生意经：真实再现33个成功案例操作全程 伏泓霖　罗晓慧　著	精心挑选的33个微商成功案例，阐述具体操作过程	**快速见效的企业微信营销方法** 孙　巍　著	站在微信生态的立体高度系统讲述企业微信快营销方法论
阿里巴巴实战运营：14招玩转诚信通 聂志新　著	产品定位、阿里巴巴排名因素、数据分析，标题优化等如何做好阿里巴巴	**阿里巴巴实战运营2：诚信通热卖技巧** 聂志新　著	打开诚信通运营的金钥匙，10大具体运营技巧
三、行业新营销			
餐饮新营销 杨　勇　程绍珊　著	聚焦餐饮企业转型，系统的餐饮企业营销管理体系	**新零售进化路径** 李政权　著	预先复盘新零售及商业的未来，找到方向
珠宝黄金新营销 崔德乾　著	珠宝业新营销/新品牌/新产品/新零售/新连接/新场景/新服务/新传播/新管理	**新经销：新零售时代教你做大商** 黄润霖　著	探访近100位经销商在传统营销手法上的创新，传统营销微创新和新营销本地化
新零售动作分解与实操：建材·家居·家具 盛斌子　著	对泛家居行业趋势、店面管理、团队管理、促销推广、五感营销等提供策略	**新营销** 刘春雄　著	让品牌商和渠道商掌握获得独立流量的能力，能够与平台商博弈
快速见效的企业网络营销方法　B2B　大宗B2C 张　进　著	数据和案例90%来自作者服务的中小企业，快速全面地学习企业网络营销方法	**移动互联下的超市升级** 联商网专栏　著	超市未来的发展趋势，对社区超市、生鲜、全渠道建设、O2O等提出观点
百货零售全渠道营销策略 陈继展　著	零售行业的竞争重点、行业本质，战略转型、未来趋势、经验和案例	**互联网时代的银行转型** 韩友斌　著	银行业在互联网金融变革浪潮中所做的积极应对和转型布局
触发需求：互联网新营销样本·水产 何足奇　著	通过鲜誉案例解读阐述水产行业如何进行互联网转型	**新农资如何弯道超车** 刘祖轲　著	从农业产业化、互联网转型、行业营销与经营突破四个方面阐述农资企业转型

续表

书名	内容	书名	内容
新零售　新终端 迪智成　著	将新零售系统打法做梳理并落地在新终端建设上		
医药医疗			
一、药店			
新医改了，药店就要这样开 尚　锋　著	从药店定位的思考，内部和会员管理等几个方面探讨中小型药店发展方向	电商来了，实体药店如何突围 尚　锋　著	新时代药店经营三驾马车：药学专业服务、会员贴心服务和精准定向促销
引爆药店成交率1：店员导购实战 范月明　著	药店人的零售工作怎样接待顾客，完善销售技巧	引爆药店成交率2：药店经营实战 范月明　著	从药店经营角度如何建立改善门店现状的实用标准
引爆药店成交率：专业化销售解决方案 范月明　著	从简单的拿药服务到提供多角度的专业解决方案		
二、药品销售			
医药第三终端：从控销到动销　诊所　基层医疗 王祥君　张芳文　著	用大量案例来梳理药企落地动销的策略、方法和技战术	医药营销：诊所开发维护与动销 张江民　著	从六个方面系统阐述基层诊所市场营销攻略
处方药合规推广实战宝典 赵佳震　著	对处方药推广体系搭建、推广人员岗位内容等六个方面进行阐述	医药代理商经营全指导 戴文杰　著	从产品选择、价格体系设计、路径管理等维度描述代理商产品操作的基本策略
处方药零售这样做 田　军　著	处方药零售的重要性及做市场的具体措施和方法	OTC医药代表药店开发与维护 鄢圣安　著	一位从初级OTC医药销售代表成长起来的销售经理的经验分享
OTC医药代表药店销售36计 鄢圣安　著	以《三十六计》为线，写OTC医药代表向药店销售的一些技巧与策略		
三、药企转型			
药企战略·运营与医药产业重构 杜　臣　著	对医药产业的深度认知与发展趋势结合，战略思考与经营操作相统一	医药行业大洗牌与药企创新 林延君　沈　斌　著	围绕着创新介绍医药行业，介绍近百家医药企业创新实践案例
医药新营销 史立臣　著	从药企最关心的八个方面阐述制药企业、医药商业企业营销模式转型	医药企业转型升级战略 史立臣　著	商业模式转型、管理转型、定位转型、运营模式转型和跨界转型五方面阐述转型
新医改下的医药营销与团队管理 史立臣　著	立足新医改相关政策的解读，为中小医药企业出谋划策	在中国，医药营销这样做 段继东　著	时代方略在医药营销领域思想、方法文章的精选合集
四、新医疗			
成为医疗器械领军者 王　强　著	中小型医疗器械生产企业和代理商怎样转型	新型诊所经营与创新 动脉网　著	对新型诊所从标准化管理、经营方式、团队建设、连锁模式四个方面进行解读

续表

书名	内容	书名	内容
医美新风口：颜值经济下的亿万市场 动脉网　著	详细介绍中国医疗美容行业的发展趋势，现状以及医美产业链等	互联网医院：正在发生的医疗新变革 动脉网　著	介绍互联网医院的建设与运营、管理，发展模式和市场布局，以及发展规律
快消品			
一、快消案例			
中国快消品营销这些年 史贤龙　著	一本书浓缩快消品营销15年的实战历程与前沿思考	这样打造大单品 迪智成　著	通过13个大案例帮助企业梳理打造大单品的路径
你不知道的加多宝 曲宗恺　牛玮娜　著	以时间为轴线，详细叙述了加多宝品牌的发展历程	娃哈哈区域标杆 罗宏文　快车君 赵晓萌　寇尚伟	讲娃哈哈豫北市场如何成为娃哈哈全国第一大市场、全国增量第一的市场
六个核桃凭什么从0过100亿 张学军　著	全视角深度解读养元企业的裂变成长，复盘十年蜕变轨迹	像六个核桃一样 王　超　著	六个核桃为什么卖得这么好，产品畅销的6大要义36条简明法则
5小时读懂快消品营销 陈海超　著	20年快速消品市场风云洞察解码，丰富的案例解析		
二、快消品区域经理			
快消品营销团队管理 刘　雷　伯建新　著	快消品团队管理相关的20余个工具+20余个案例	这样打造快消品区域标杆 罗宏文　牛玉龙　著	分为两篇解决如何成功打造标杆市场和进行持续增量管理两大问题
成为优秀的快消品区域经理（升级版） 伯建新　著	作为区域经理的“速成催化器”，升级版增加11篇内容	快消老手都在这样做：区域经理操盘锦囊 方　刚　著	一线成长起来的资深快消品营销人“压箱底”绝活亲囊而授
快消品营销人的第一本书 刘雷　伯建新　著	针对一线厂家业务员工作中常遇到的问题给予建议	销售轨迹：一位快消品营销总监的拼搏之路 秦国伟　著	一个普通营销人的故事，16年背井离乡的职场拼搏之路
快消品营销：一位销售经理的工作心得2 蒋　军　著	从市场操作、团队管理、传播推广、营销的具体策略和战略等方面提供方法		
三、快消品动销			
动销：产品是如何畅销起来的 余晓雷　著	怎么被消费者买走和竞争对手是谁这两个原点解决动销问题	动销操盘：节奏掌控与社群时代新战法 朱志明　著	用七个章节阐述关于动销操盘的要诀，节点、节奏、主次、条件匹配性等问题
动销四维：全程辅导与新品上市 高继中　著	从产品、渠道、促销和新品上市四个方面详细讲解提高动销的具体方法		
四、快消品渠道			
深度分销 施　炜　著	流道价值链、模式选择、渠道策略与管理、零售经销商管理、最佳实践、团队建设	通路精耕操作全解周俊 陈小龙　著	对康师傅制胜法宝通路精耕进行系统介绍与说明，图表和完善入微的操作方法

续表

书名	内容	书名	内容
酒水饮料快消品餐饮渠道营销手册 朱伟杰　著	对餐饮渠道深入挖掘，建立适合餐饮渠道发展的服务模式和组织保障措施	**快消品经销商如何快速做大** 杨永华　著	经销商如何通过经营实现规模，通过管理实现规模效益
快消品营销与渠道管理 谭长春　著	解决日常涉及的渠道管理、市场、产品等营销事务	**快消品招商的第一本书** 刘　雷　著	从招商理论到招商动作进行系列化分解，化繁为简
采纳方法：化解渠道冲突 朱玉童　著	21个最新的渠道冲突案例立体地介绍渠道冲突的现象和方法		
五、快消品企业战略			
重构：快消品企业重生之道 杨永华　著	从战略，品牌，市场，产品，营销，系统，管理7个方面进行重构	**变局下的快消品实战策略** 杨永华　著	从5个角度针对快消品企业如何应对行业变局给出答案
新营销 刘春雄　著	让品牌商和渠道商掌握获得独立流量的能力，能够与平台商博弈	**采纳方法：破解本土营销8大难题** 朱玉童　著	破解困扰营销人的八大难题变给出解决方法
白酒营销培训宝典：复制高业绩 刘孝鞅　著	总结白酒营销人员系统运作市场的要点，转化为易学可复制的动作和工具表单	**酒水饮料快消品餐饮渠道营销手册** 朱伟杰　著	对餐饮渠道深入挖掘，建立适合餐饮渠道发展的服务模式和组织保障措施
白酒营销的第一本书 唐江华　著	多角度阐释白酒一线市场操作的最新模式和方法	**白酒经销商的第一本书** 唐江华　著	经销商如何选择厂家、合作、运营品牌等问题给建议
白酒到底如何卖 赵海永　著	多角度地阐释了白酒一线市场操作的最新模式和方法	**白酒到底如何卖2：从市场培育到动销** 赵海永　著	系统化、标准化、模式化的促成动销的实战操作方式和方法
变局下的白酒企业重构 杨永华　著	白酒企业重构期的营销战略与实操策略6大方法	**酒业转型大时代** 微　酒　著	酒水营销、新闻资讯及行业分析、预测的知识宝典
区域型白酒企业营销必胜法则 朱志明　著	以36条法则从战略、营销、推广、产品线、品牌、市场、战术、等方面提供方法	**10步成功运作白酒区域市场** 朱志明　著	从市场攻守、产品攻略、新品上市、占领渠道、促销等十个层面阐述
茶·调味品·油·乳业			
营销中国茶：2小时读懂茶叶营销 史贤龙　著	中国茶营销的“困局”“破局”和“创举”	**中国茶叶营销第一书** 柏　龑　著	纵览中国茶叶市场的全局，并且有针对性地提出问题并阐述解决方法
调味品营销第一书 陈小龙　著	15年监控中国市场50个中外著名调味品品牌市场运作、管理等得到的经验总结	**调味品企业八大必胜法则** 张　戟　著	提炼了调味品企业八大规律性的关键成功要素
食用油营销的第一本书 余　盛　著	从小包装油行业概述到产品的基本知识，从基本执行动作到品牌整体策划等	**鲁花：一粒花生撬动的粮油帝国** 余　盛　著	鲁花如何成长为优秀的带动农业产业发展的品牌，鲁花你一定学得会

续表

书名	内容	书名	内容
金龙鱼背后的粮油帝国 余　盛　**著**	以金龙鱼为脉的一部中国粮油行业的史诗	**乳业营销的第一本书** 侯军伟　**著**	区域型乳品企业如何才能够稳健的发展
		工业品	
一、工业品销售			
大客户销售这样说这样做 陆和平　**著**	大客户销售活动的十大模块，68个典型销售场景	**销售是个专业活　B2B** 陆和平　**著**	据客户采购流程拆分销售过程10阶段，讲解方法技巧
成为资深的销售经理：B2B　工业品 陆和平　**著**	让销售经理成功把握销售管理6个关键点，并提供工具	**一切为了订单：订单驱动下的工业品营销实践** 唐道明　**著**	以订单流程的三个环节为主线讲述工业品营销管理新思路
二、工业品营销			
工业品营销管理实务（第4版） 李洪道　**著**	是信任导向工业品营销体系的深化版、工业品营销管理体系优化咨询升级版	**工业品企业如何做品牌** 张东利　**著**	为当下中国制造的品牌化转型提供经过实践证明的理念、方法和体系
工业品市场部实战全指导 杜　忠　**著**	解决职能不清、市场部五大职能如何运作、职业发展路径等具体问题	**解决方案营销实战案例** 刘祖轲　**著**	十大工业品作者实操案例解码解决方案营销
资深大客户经理：策略准　执行狠 叶敦明　**著**	将大客户经理必须具备的规划、策略、执行三种能力连通自如		
三、工业品企业			
变局下的工业品企业7大机遇 叶敦明　**著**	探索工业品企业成长的新机会，7大战略与战术性机会	**两化融合管理体系贯标流程与方法** 戴　勇　**著**	融合五十多家企业在两化融合贯标过程的经验，总结重点与举措
丁兴良讲工业4.0 丁兴良　**著**	多角度阐述中国在工业4.0的机遇和挑战		
		建材家居	
一、建材家居门店			
家居建材促销与引流 薛　亮　李永锋　**著**	对泛家居营销执行模式和工具、关键环节等进行汇总	**新零售动作分解与实操：建材·家居·家具** 盛斌子　**著**	对泛家居行业趋势、店面管理、团队管理、促销推广、五感营销等提供策略
家具行业操盘手 王献永　**著**	总结家具终端门店发展的现状及问题并给出策略	**手把手教你做专业督导** 熊亚柱　**著**	系统梳理督导的核心技能，岗位职责、工作流程及技能
手把手帮建材家居导购业绩倍增 熊亚柱　**著**	针对建材家居门店的业务人员，案例故事还原场景教你成为好导购	**10步成为最棒的建材家居门店店长** 徐伟泽　**著**	梳理店长管理的核心工作职责，店面管理规范和帮助销售人员成长
建材家居门店销量提升 贾同领　**著**	9个板块讲述建材一个单店如何做到经营的良性循环	**建材家居门店6力爆破** 贾同领　**著**	产品力、导购力、形象力、推广力、服务力、组织力
二、建材家居经销商			
新经销：新零售时代教你做大商 黄润霖　**著**	探访近100位经销商在传统营销手法上的创新，传统营销微创新和新营销本地化	**建材家居经销商42章经** 王庆云　**著**	经营管理的心法和战法，帮助经销商成为"业务妙手"和"管理能手"

续表

书名	内容	书名	内容
成为最赚钱的家具建材经销商 李治江　著	针对建材家居行业的经销商，从销售模式、产品、门店、市场等方面给出方法		
三、建材家居企业			
定制家居黄金十年 韩　锋　翁长华　著	对中国定制家居行业20年发展历程深度、系统、专业的解读	**建材家居营销：除了促销还能做什么** 孙嘉晖　著	探索家居建材行业营销的革命，回顾和思考来发现行业"营销天花板"的突破口
建材家居营销实务：新环境、新战法 程绍珊　杨鸿贵　著	针对建材家居市场特点提出以客户价值为基础的整体营销价值链		
零货·超市·百货			
新零售进化路径 李政权　著	预先复盘新零售及商业的未来，找到方向	**新零售　新终端** 迪智成　著	将新零售系统打法做梳理并落地在新终端建设上
移动互联下的超市升级 联商网　著	超市未来的发展趋势，对社区超市、生鲜、全渠道建设、O2O等提出观点	**百货零售全渠道营销策略** 陈继展　著	零售行业的竞争重点、行业本质，战略转型、未来趋势、经验和案例
超市卖场定价策略与品类管理 IBMG集团　著	零售企业的市场拓展与商品定位、商品结构与商品陈列、毛利分析与库存分析	**连锁零售企业招聘与培训破解之道** IBMG集团　著	围绕零售企业组织架构、培训体系建设等内容进行深刻探讨
总部有多强大，门店就能走多元 IBMG集团　著	五大方向综合阐述连锁零售企业总部如何提升管理能力	**三四线城市超市如何快速成长：解密甘雨亭** IBMG集团　著	甘雨亭的许多关键经营指标均高于行业标准，学习其成功的方法
中国首家未来超市：解密安徽乐城 IBMG集团　著	对乐城超市的掌门人及内部员工的采访详细阐释了乐城的经验	**零售：把客流变成购买力** 丁　昀　著	通过大量的实际案例对中国零售业态的升级转型之路提出思考
餐饮·服装·影院			
餐饮新营销 杨　勇　程绍珊　著	聚焦餐饮企业转型，系统的餐饮企业营销管理体系	**电影院的下一个黄金十年** 李保煜　著	介绍了中国电影产业的运作模式以及电影院的开发、设计思路
餐饮企业经营策略第一书 吴　坚　著	阐述餐饮企业产品之道、市场之道、顾客之道及盈利之道	**赚不赚钱靠店长，从懂管理到会经营** 孙彩军　著	注重专卖店的经营思路拓展，门店管理细节方面能力提升
农牧业			
一、农资			
饲料营销有方法 陈石平　著	饲料营销的7大核心命题	**农资营销实战全指导** 张　博　著	深度营销在农资市场行之有效的营销策略和工具
新农资如何弯道超车 刘祖轲　著	从农业产业化、互联网转型、行业营销与经营突破		

续表

书名	内容	书名	内容
二、农牧企业			
中国牧场管理实战 黄剑黎　著	牧场管理标准、管理制度、操作规程做出剖析和指引	**中小农业企业品牌战法** 韩　旭　著	农业企业需要全产业链视野，更需要品牌实战方法
变局下的农牧企业9大成长策略 彭志雄　著	为农牧企业量身打造了9个立足现在、展望未来的成长策略	**农产品营销实战第一书** 胡浪球　著	针对33个农产品营销的核心问题提供具体招数
		地产·汽车	
一、地产			
中国城市群房地产投资策略 吕俊博　刘　宏　著	挖掘主要城市群的现状特征、发展因子、演化趋势、竞争关系等，给出分析建议	**产业园区/产业地产：规划、招商、实战运营** 阎立忠　著	认知、规划、招商、运营四方面系统解读产业园区的建设精要和运营技巧
人文商业地产策划 戴欣明　著	“全球化视野（创意）”+“人文+”思维		
二、汽车			
商用车经销商运营实战 杜建君　著	对商用车经销商的经营与管理、4S店运营做了全方面的系统总结	**汽车配件这样卖** 俞士耀　著	适合轮胎、机油、维修、快保、美容、洗车等汽车服务业态销售实操办法
润滑油销售：这样说，这样做更有效 张金荣　著	总结润滑油销售面对三大客户常遇到的200余个营销问题解决方法		
		投资理财·收购资本	
交易心理分析 马克·道格拉斯 【美】　著	一语道破赢家的思考方式，并提供了具体的训练方法	**财报背后的投资机会** 蒋　豹　著	零基础轻松掌握财务报表的相关知识，快速入门
写给企业家的公司与家庭财务规划 周荣辉　著	以企业的发展周期为主线，写各阶段企业与企业主家庭的财务规划	**分股合心** 段　磊　周　剑　著	围绕股权激励，详细介绍相关知识和实行方法
成功并购300问 浩德并购军师联盟　著	系统学习资本运作和企业并购知识的金融工具书	**并购名著阅读指南** 叶兴平　著	全球5000多本并购图书中精选200本并进行评价
		阿米巴	
阿米巴经营的中国模式 李志华　著	基于阿米巴经典理念提出了适合中国本土的员工自主经营的“1532”模型	**集团化企业阿米巴实战案例** 初勇钢　著	作者在某酒厂推行阿米巴经营模式的心得
中国式阿米巴落地实践之激活组织 胡八一　著	划分原则、裂变与整合、组织管控、重新定位、巴长竞聘和组阁	**中国式阿米巴落地实践之从交付到交易** 胡八一　著	从6个方面阐述经营会计，从交付到交易是成功实施阿米巴的标志
中国式阿米巴落地实践之持续盈利 胡八一　著	企业做平台、平台做成阿米巴、阿米巴做成合伙制		

续表

人力资源管理			
一、绩效·薪酬			
书名	内容	书名	内容
回归本源看绩效 孙　波　著	从目的和概念帮助企业梳理绩效管理与经营的关系	**走出薪酬管理误区** 全怀周　著	7个常见薪酬误区入手为企业提供一套系统解决方法
曹子祥教你做绩效管理 曹子祥　著	作者核心授课课程的还原，掌握绩效管理的核心内容	**曹子祥教你做激励性薪酬设计** 曹子祥　著	作者28年咨询经验总结，如何进行科学的薪酬体系设计
二、招聘·面试·培训			
把招聘做到极致 远　鸣　著	多年人力资源资深招聘经理多年工作心得提炼	**把面试做到极致** 孟广桥　著	一套实用的确定岗位招聘标准、提升面试官技能方法
人才评价中心漫画版 邢　雷　著	用漫画形式写成的人才测评专业书籍	**世界500强资深培训经理人教你做培训管理** 陈　锐　著	从构建培训体系、培训组织、培训文化、开发培训资源教你做培训管理
三、HR高管·劳动法			
经营型HRD 黄渊明　著	总结企业HRD如何支撑企业经营成功抓好七件关键事情	**人才供应链：实现高绩效均衡的人才管理模式** 许　锋　著	打造人才供应链的四大支柱，十项修炼的完整体系
新任HR高管如何从0到1 新　海　著	到互联网创业型企业担任HRVP，从0到1建立较完善的HR体系	**人力资源体系与e－HR信息化建设** 刘书生　陈　莹 王美佳　著	6大框架、28个关注点、5大目标、6大优势、166个交付物咨询体系和盘托出
集团化人力资源管理实践 李小勇　著	针对集团型企业人力资源管理急问题，提出科学建议	**我的人力资源管理笔记** 张　伟　著	第三方咨询视角跳出“技术方法”看人力资源管理
人力资源的5分钟劳动法 李皓楠　著	入职管理、在职管理、离职管理中遇到的劳动法问题及应对		
四、HRBP			
HRBP是这样炼成的之菜鸟起飞 黄渊明　著	作者在初步转型HRBP两年时间里摸索实践的亲身经历与总结	**HRBP是这样炼成的之中级修炼** 黄渊明　著	结合作者亲身从事HRBP的工作经历，总结HRBP的作战故事
HRBP高级修炼 黄渊明　著	故事方式，HRD角度深度呈现运用HRBP的思维、方法		
企业文化			
企业文化落地本土实践 王祥伍　著	华夏基石“知信行”模型描绘企业文化落地路线图	**企业文化的逻辑** 王祥伍　著	从文化起源深刻剖析文化、效率、企业、企业文化联系
企业文化定位·落地一本通 王明胤　著	企业文化理念传播和落地聚焦的17种方法，解读了近100个实战案例	**36个拿来就用的企业文化建设工具** 海融心胜　著	汇集整理了36个通用的企业文化实践工具

续表

书名	内容	书名	内容
企业文化激活沟通 宋杼宸　安　琪　著	系统阐述沟通与企业文化的关系，给予企业提升沟通效能的企业文化解决方案	企业文化建设超级漫画版 邢　雷　著	用漫画形式写成的企业文化建设专业书籍，理论体系和 29 个具体的操作方法
在组织中绽放自我 朱仁建　著	个人与组织之间的关系，文化对组织化形成的影响		
流程管理			
营销·研发·供应链业务架构与流程管理 谭勋晖　著	对营销、研发、供应链这三大业务流程变革实践经验总结	打造集成供应链 王春强　著	第一用力在"集成"上，梳理内外部各相关模块及其依赖关系
人人都要懂流程 金国华　余雅丽　著	50 幅流程管理漫画，内部对流程价值理念的高度共识	用流程解放管理者 张国祥　著	8 个板块构成，共 66 篇文章，14 幅流程管理图
用流程解放管理者 2 张国祥　著	对中小企业规范化流程管理进行系统的阐述	跟我们学建流程体系 陈立云　罗均丽　著	在《跟我们做流程管理》基础上丰富了标杆实践案例
16949 质量管理体系落地与全套文件汇编 谭洪华　著	对 IATF16949 每个条款讲解采用理解、作用、落地、模板、成功案例四个模块解析	ISO9001：2015 制造业文件模板全集 贺红喜　著	五篇内容组成的完整的质量管理体系工具文件
精益质量管理实战工具 贺小林　著	四个方面对精益质量管理进行了全方位介绍和解读，并提供大量方法工具	五大质量工具详解及运用案例 谭洪华　著	APQP、FMEA、MSA、SPC、PPAP 这五大质量工具的具体运用
IATF16949 质量管理体系详解与案例文件汇编 谭洪华　著	针对 IATF16949 的标准原文做详细解说，同时提供大量表单案例	SA8000：2014 社会责任体系认证实战 吕　林　著	将 SA8000 多版本及 10 多年的体系实战经验汇编成书
ISO9001：2015 新版质量管理体系解读与案例文件汇编 谭洪华　著	ISO9001：2015 新版标准理解和运用操作进行详细解读	ISO14001：2015 新版环境管理体系解读与案例文件汇编 谭洪华　著	ISO14001：2015 改版后的差别和操作运用进行详细讲解
精益生产			
一、精益·JIT·IE			
精益思维 刘承元　著	作者二十余年企业经营和咨询管理的经验总结	比日本工厂更高效 刘承元　著	管理提升无极限＋超强经营力＋精益改善里的成功实践
计划与物流精益改善之道 于晓光　著	围绕"计划与物流战略咨询的方法论"进行解析，提供方法论和案例	300 张现场图看懂精益 5S 乐　涛　著	通过日本丰田、上市企业案例，用 300 张现场图系统讲解 5S 管理
3A 顾问精益实践 1：IE 与效率提升 党新民　苏迎斌 蓝旭日　著	系统、全面地介绍 IE 工厂管理技术，提高效率创造价值	3A 顾问精益实践 2：JIT 与精益改善 肖智军　党新民　著	系统、全面地介绍 JIT 生产方式，并加入实践案例
高员工流失率下的精益生产 余伟辉　著	从三方面论述推行精益管理时如何应对员工流失		

续表

书名	内容	书名	内容
二、生产管理			
化工企业工艺安全管理实操 黄 娜 著	围绕化工工艺安全14要素来展开分析	手把手教你做专业生产经理 黄 娜 著	生产经理如何在信息流、物流、资金流三大流中开展工作
欧博心法：好工厂 靠管理 曾 伟 著	从管人篇和管事篇帮助读者解决人难管、事难控	欧博工厂案例1：生产计划管控对话录 曾 伟 曾子豪 著	工厂管理生产计划管控模块的8个全景细节大案例
欧博工厂案例2：品质技术改善对话录 曾 伟 曾子豪 著	工厂管理品质、技术、效率管理模块的10个全景细节大案例	欧博工厂案例3：员工执行力提升对话录 曾 伟 曾子豪 著	工厂管理人员管控模块的5个全景细节大案例
工厂管理实战工具 曾 伟 著	中国传统文化指导下的工厂管理工具		
全能型班组：城市能源互联网与电力班组升级 国网天津电力公司 著	从互联网时期的班组转型升级出发，对新型班组组织模式和运行机制进行设想	国网天津电力全能型班组建设实务 国网天津电力公司 著	聚焦天津电力公司在探索全能型班组转型升级时的优秀实践
车间人员管理那些事儿 岑立聪 著	小事入手把基层车间管理者头疼的事务打包解决		
咨询·培训师			
培训师事业长青之道 廖信琳 著	培训师自我管理的“洋葱模型”，十项内容与五个层级	管理咨询师的第一本书 熊亚柱 著	深度剖析初级入行咨询师在工作中会遇到的问题
资深管理咨询顾问工作心得 张国祥 著	使用手册讲述咨询师如何操作项目，老板如何选择咨询师，企业如何自主落地	手把手教你做顶尖企业内训师 熊亚柱 著	从开、控、收、编、制、用的角度去践行培训师的职责
TTT培训师精进三部曲上 廖信林 著	手把手教您“深度改善现场培训效果”的一招一式	TTT培训师精进三部曲中 廖信林 著	建构一整套培训课程设计与开发的认知架构和方法体系
TTT培训师精进三部曲下 廖信林 著	通过“沉淀职业功力的六度模型”，帮助培训师在职业技能上的持续精进		
产品·研发			
研发体系改进之道 靖 爽 陈年根 马鸣明 著	取材数十家企业研发改进的咨询实践，提炼一套实操的改进步骤与工具	新产品开发管理，就用IPD（升级版） 郭富才 著	把产品经营的思想凝结在新产品开发管理机制中，升级版更丰富
产品开发管理：方法·流程·工具 任彭枞 著	结合超过300家企业的实际研发管理方法，总结问题和方法，大量表格	资深项目经理这样做新产品开发管理 秦海林 著	采用过程管理方法，对新产品开发的四大过程进行分析，主要针对小电器产品
产品炼金术Ⅰ：如何打造畅销产品 史贤龙 著	如何打造畅销产品的四个方法	产品炼金术Ⅱ：如何用产品驱动企业成长 史贤龙 著	经营者视角重新认识产品，对产品现状快速诊断
中东历史与现状二十讲 黄民兴 著	对中东几千年的历史和动荡的现状进行了一个白描	非暴力抵抗的诞生 甘 地 著	甘地南非21年为印度侨民争取政治权利的艰苦历程

续表

书名	内容	书名	内容
中国古代政治制度上：皇帝制度与中央政府 刘文瑞　著	探究中国古代政治制度的规则和机制，论证古代皇帝制度的形成和演变历程	中国古代政治制度下：地方体制与官僚制度 刘文瑞　著	探究中国古代政治制度的规则和机制，论证古代地方政府的发展演变过程
两晋南北朝十二讲 李文才　著	分12个专题对两晋南北朝的历史进行阐述	每个中国人身上的春秋基因 史贤龙　著	透过真实的春秋历史，看到人性里的黑暗与光明、卑劣与高尚
二、哲学			
车过麻城·再晤李贽 张再林　著	用游记的方式，展示李贽独到的学术眼力和理论建树	王阳明万物一体论 陈立胜　著	“万物一体”是王阳明思想的基本精神。大人者，能与天地万物为一体
自我与世界：以问题为中心的现象学运动研究 陈立胜　著	对现象学运动之中的“意向性”“自我”“他人”“身体”及“世界”进行深入分析	作为身体哲学的中国古代哲学 张再林　著	对中国古代哲学之性质内容给予一种全新的理论解读
中西哲学的歧义与汇通 张再林　著	揭示中西哲学“你中有我，我中有你”之旨		
三、传统文化			
与老子一起思考·道篇 史贤龙　著	一本将《老子》思想本义、思想价值、思想史地位、文明史意义讲透的著作	与老子一起思考·德篇 史贤龙　著	考、释、译、论四个方面的工作对《老子》进行解读
国富策：读管子知天下财富 翟玉忠　著	《管子》轻重十六篇为核心的轻重术，深刻阐发并从中汲取有益时代的经验教训	说服天下：鬼谷子的中国沟通术 翟玉忠　著	为纵横家正名，对纵横术进行了系统总结
中国商道 翟玉忠　著	对中国先秦和明清时期商业典籍系统整理和诠释	梁涛讲孟子之万章篇 梁　涛　著	对《万章》的讲解通俗、富有新意
中国思想文化十八讲 张茂泽　著	中国宗教文化课程10年基础上撰写而成，介绍中国古代宗教思想	孔门心法，中道而行：史幼波中庸讲记 史幼波　著	史幼波讲的《中庸》提炼出中华传统心性之学的精髓
大学之道，圣学纲目：史幼波大学讲记 史幼波　著	史幼波讲的《大学》帮助我们在自己身上找到一个精神的皈依处	史幼波《周子通书》《太极图说》讲记 史幼波　著	根据史幼波围绕这两篇儒学经典的系列讲座整理而成
四、书法·太极·教育·英语			
跟陈忠建学写名家书法Ⅰ 陈忠建　著	用视频跟陈忠建学名家书法之楷书·行书	跟陈忠建学写名家书法Ⅱ 陈忠建　著	用视频跟陈忠建学名家书法之隶书·楷书·行书
郑子太极拳理拳法 杨竣雄　著	作者14岁入郑子太极之门，用故事性的方式讲述教学	内功太极拳训练教程 王铁仁　著	训练方法及练习，用内气演练过程予以详析，有视频
别让你的执着毁了孩子 廖信林　著	复盘与孩子互动过程中的关键时刻，有效的亲子教育	像美国人一样讲话 马方旭　著	美国最常用的800句习惯用语搭配场景例句，有视频